Dieter Grande / Bernd Schäfer

Kirche im Visier

Dieter Grande / Bernd Schäfer

Kirche im Visier

SED, Staatssicherheit und Katholische Kirche in der DDR

Unter Mitarbeit von
Manfred Ackermann
Georg Diederich
Karl-Joseph Hummel
Hubertus Zomack

benno
VERLAG

Die Deutsche Bibliothek – CIP-Einheitsaufnahme

Grande, Dieter: Kirche im Visier :
SED – Stasi – Kirche / Dieter Grande/Bernd Schäfer. –
Leipzig : Benno-Verl., 1998
ISBN 3-7462-1247-2

ISBN 3-7462-1247-2

Satz: Kontext – Satz & Layout, Lemsel
Druck und Binden: Tiskárny Vimperk, a. s., Pasovská 55, Vimperk

Inhalt

0. Einleitung

Im April 1993 konstituierte sich in Berlin eine von der damaligen „Arbeitsgemeinschaft der Bischöfe der Deutschen Bischofskonferenz - Region Ost“ im Februar dieses Jahres eingesetzte „Arbeitsgruppe zur Aufarbeitung der Tätigkeit staatlicher und politischer Organisationen/MfS gegenüber der katholischen Kirche“.[1] Ihre Aufgabe bestand in der Ermittlung und Sichtung zugänglicher Akten staatlicher und politischer Organe der ehemaligen DDR in den öffentlichen staatlichen Archiven. Insbesondere befaßte sie sich, auf der Grundlage der §§ 32 und 33 des am 1. Januar 1992 in Kraft getretenen Stasi-Unterlagengesetzes (StUG), mit Akteneinsichten in der Behörde des Bundesbeauftragten für die Unterlagen des Staatssicherheitsdienstes (BStU) in Berlin und in ihren Außenstellen. Die Arbeitsgruppe sollte Erkenntnisse für die Bewertung staatlicher Akten im Prozeß der innerkirchlichen Aufarbeitung bereitstellen und damit der katholischen Kirche in der ehemaligen DDR zur Klarheit über die Bereiche ihrer Vergangenheit verhelfen, die sich in den staatlichen Akten widerspiegeln. Gewonnene Einsichten zur Aktenführung des Ministeriums für Staatssicherheit (MfS) über die Kontakte katholischer Amtsträger und haupt- und ehrenamtlicher Laien sowie zu den teilweisen Besonderheiten der Aktenführung im kirchlichen Bereich wurden ständig erweitert und aktualisiert.[2] Im Rahmen der Arbeitsgruppe wurden Erfahrungen und Erkenntnisse über die Aufarbeitung in den einzel-

---

1 Ihr gehörten in ehrenamtlicher Funktion an: Prälat Dieter Grande (Bistum Dresden-Meißen, zugleich Leiter), Pfarrer Manfred Ackermann (Erzbistum Berlin), Rat Ulrich Berger (Bistum Magdeburg), Dr. Georg Diederich bzw. Dr. Renate Krüger (Erzbischöfliches Amt Schwerin), Msgr. Dr. Karl-Heinz Ducke (Bistum Erfurt), Prälat Hubertus Zomack (Bistum Görlitz) sowie ab 1996 Dr. Karl-Joseph Hummel (Bonn, Kommission für Zeitgeschichte). Als hauptamtlicher wissenschaftlicher Mitarbeiter mit Sitz in Berlin arbeitete Bernd Schäfer.

2 Siehe die im Anhang veröffentlichten „Erkenntnisse zur Aktenführung über die Kontakte katholischer Amtsträger sowie haupt- und ehrenamtlicher Laien zum Ministerium für Staatssicherheit der ehemaligen Deutschen Demokratischen Republik“. Vgl. grundsätzlich mit den einschlägigen Texten des MfS: Helmut Müller-Enbergs (Hg.), Inoffizielle Mitarbeiter des Ministeriums für Staatssicherheit. Richtlinien und Durchführungsbestimmungen, Berlin [2]1996; Bernd Schäfer, ‚Inoffizielle Mitarbeiter‘ und ‚Zusammenarbeit‘. Zur Differenzierung von MfS-Unterlagen im Bereich der katholi-

nen Diözesen ausgetauscht. In der Verantwortung des jeweiligen Diözesanbischofs wurden unterschiedliche Wege zur Feststellung eventueller Tätigkeiten für das MfS begangen. Diese reichten von der Überprüfung von Personen in Einzelfällen bis zur Überprüfung größerer Personenkreise bis hin zur Regelüberprüfung aller hauptamtlichen kirchlichen Mitarbeiter.[3]

Zur Ermittlung von Akten und zur Auswertung vorhandener Unterlagen wurden einzelne Werkverträge sowie verschiedene Aufträge an Zeitzeugen zur Bewertung von Vorgängen vergeben. Die Werkvertragsarbeiten beschäftigten sich mit der staatlichen Differenzierungspolitik gegenüber dem Bistum Berlin und dem Bischöflichen Amt Magdeburg zwischen 1961 und 1971 bzw. den Bischofswechseln in der Berliner Ordinarienkonferenz in den Jahren 1969 und 1970 (Thomas Raabe), mit der Friedensarbeit der katholischen Kirche und der „Ökumenischen Versammlung" zwischen 1978 und 1989 (Norbert Axmann) sowie mit den kirchlichen Kontakten zu Katholiken in Polen bis 1989 (Theo Mechtenberg).[4] Im Jahre 1994 wurde, als ein Ergebnis der Tätigkeit der Arbeitsgruppe, von Dieter Grande und Bernd Schäfer eine Dokumentation staatlicher und kirchlicher Quellen zu Vorgeschichte, Verlauf und Rezeption des Katholikentreffens in Dresden im Juli 1987 veröffentlicht.[5] Seit 1992 sind mehrere Quel-

---

schen Kirche, in: Klaus-Dietmar Henke/Roger Engelmann (Hgg.), Aktenlage. Die Bedeutung der Unterlagen des Staatssicherheitsdienstes für die Zeitgeschichtsforschung, Berlin [2]1997, S. 47-55.

[3] Vgl. dazu Dieter Grande/Bernd Schäfer, Probleme der Aufarbeitung. Aspekte zu ‚Staatssicherheit und katholische Kirche in der DDR', in: Ost-West Informationsdienst des Katholischen Arbeitskreises für zeitgeschichtliche Fragen, 189/1996, S. 30-40. Im Bistum Dresden-Meißen wurde eine Regelüberprüfung aller kirchlichen Amtsträger und Mitarbeiter durchgeführt, im Erzbistum Berlin wurden die leitenden Mitarbeiter des Ordinariates überprüft, in den anderen Bistümern kam es zu Überprüfungen auf freiwilliger Basis sowie zahlreichen Überprüfungen und Nachforschungen in allen bekanntgewordenen Verdachtsfällen.

[4] Die Manuskripte der Werkverträge sowie ein Gutachten von Prof. Claus-Peter März (Erfurt) zur IM-Akte „Otto" (Prälat Otto Groß, Berlin) sind einsehbar im „Regionalarchiv Ordinarien Ost" im Bistumsarchiv Erfurt. (Postfach 296, 99006 Erfurt).

[5] Dieter Grande/Bernd Schäfer, Zur Kirchenpolitik der SED. Auseinandersetzungen um das Katholikentreffen 1983-1987, Leipzig 1994.

leneditionen[6], Monographien[7] und Sammelbände[8] publiziert worden, die Aufschlüsse zur Thematik „Staat und katholische Kirche in der DDR" bereitstellen. Die Enquête-Kommission des Deutschen Bundestages zur ‚Aufarbeitung von Geschichte und Folgen der SED-Diktatur in Deutschland' hat 1995 auch zwei Bände zu den Kirchen vor-

---

6 Zu einer gemeinsamen Edition staatlicher und kirchlicher Quellen vgl. eine Dokumentation, von der bisher zwei Bände erschienen sind: Martin Höllen, Loyale Distanz? Katholizismus und Kirchenpolitik in der SBZ und DDR. Ein historischer Überblick in Dokumenten, Band I (1945 bis 1955), Berlin 1994, sowie Band II (1956 bis 1965), Berlin 1997. Zu bisherigen Editionen ausgewählter kirchlicher Quellen vgl. Gerhard Lange/Ursula Pruß/Franz Schrader/Siegfried Seifert (Hgg.), Katholische Kirche - Sozialistischer Staat DDR. Dokumente und öffentliche Äußerungen 1945-1990, Leipzig ²1993; Josef Pilvousek (Hg.), Kirchliches Leben im totalitären Staat. Seelsorge in der SBZ/DDR 1945-1976. Quellentexte aus den Ordinariaten, Hildesheim 1994; Gerhard Lange/Ursula Pruß (Hgg.), An der Nahtstelle der Systeme. Dokumente und Texte aus dem Bistum Berlin. 1. Halbband: 1945-1961, Leipzig 1996.
Zu Editionen staatlicher Akten vgl. Manfred Wilke (Hg.), SED-Kirchenpolitik 1953 bis 1958. Die Beschlüsse des Politbüros und des Sekretariats des ZK der SED zu Kirchenfragen, Berlin 1992; Gerhard Besier/Stephan Wolf (Hgg.), ‚Pfarrer, Christen und Katholiken'. Das Ministerium für Staatssicherheit der ehemaligen DDR und die Kirchen, Neukirchen/Vluyn ²1992; Frédéric Hartweg (Hg.), SED und Kirche. Eine Dokumentation ihrer Beziehungen. Band 1: SED 1946-1967/bearbeitet von Joachim Heise, Band 2: SED 1968-1989/bearbeitet von Horst Dohle, Neukirchen/Vluyn 1995.

7 Vgl. in der Reihenfolge des Erscheinens: Katrin Löffler, Die Zerstörung. Der Fall der Leipziger Universitätskirche 1968, Leipzig 1993; Jürgen Selke, Katholische Kirche im Sozialismus? Der Hirtenbrief der katholischen Bischöfe in der DDR zum Weltfriedenstag 1983, Altenberge 1994; Thomas Raabe, SED-Staat und Katholische Kirche. Politische Beziehungen 1949-1961, Paderborn/München/Wien/Zürich 1995; Johannes Gönner, Die Stunde der Wahrheit. Eine pastoraltheologische Bilanz der Auseinandersetzung zwischen den Kirchen und dem kommunistischen System in Polen, der DDR, der Tschechoslowakei und Ungarn, Frankfurt am Main/Berlin/Bern/New York/Paris/Wien 1995; Peter-Paul Straube, Katholische Studentengemeinde in der DDR als Ort eines außeruniversitären Studium generale, Leipzig 1996; Georg M. Diederich, Aus den Augen, aus dem Sinn. Die Zerstörung der Rostocker Christuskirche 1971, Bremen/Rostock 1997.

8 Vgl. z.B. Franz Georg Friemel (Hg.), „... wie die Träumenden". Katholische Theologen zur gesellschaftlichen Wende, Leipzig 1990; Hans Ester/Hermann Häring/Erika Poettgens/Klaus Sonnberger (Hgg.), Dies ist nicht unser Haus. Die Rolle der katholischen Kirche in den politischen Entwicklungen in der DDR, Amsterdam/Atlanta 1992; Claus-Peter März (Hg.), Die ganz alltägliche Freiheit. Christsein zwischen Traum und Wirklichkeit, Leipzig 1993; Horst Dähn (Hg.), Die Rolle der Kirchen in der DDR. Eine erste Bilanz, München 1993; Clemens Vollnhals (Hg.), Die Kirchenpolitik von SED und Staatssicherheit. Eine Zwischenbilanz, Berlin ²1997; Ulrich von Hehl/Hans Günter Hockerts (Hgg.), Der Katholizismus - gesamtdeutsche Klammer in den Jahrzehnten der Teilung? Erinnerungen und Berichte, Paderborn/München/Wien/Zürich 1996.

gelegt, die drei Gutachten zur katholischen Kirche in der DDR enthalten.[9]

Der vorliegende komprimierte Bericht ist eine Zusammenfassung von Erkenntnissen auf der Basis bis Ende November 1997 erschlossener und ermittelter Akten. Alle wiedergegebenen Sachverhalte beruhen auf der Auswertung von Unterlagen öffentlich zugänglicher Archive. Weil sich der Auftrag an die Arbeitsgruppe auf die ehemaligen katholischen Jurisdiktionsbezirke in der DDR beschränkte, behandelt der Bericht nicht die angefallenen Erkenntnisse zu den Aktivitäten staatlicher und politischer Einrichtungen der DDR gegenüber dem Vatikan und der katholischen Kirche in der Bundesrepublik Deutschland.

Zunächst wird auf den Stand der erhalten gebliebenen und zugänglichen Aktenüberlieferungen in den staatlichen Archiven eingegangen. Anschließend wird der Bereich des Staats- und Parteiapparates der DDR, der sich mit „Kirchenfragen" befaßte, in seinen Strukturen und in den Methoden seiner „Bearbeitung" der katholischen Kirche dargestellt. In diesem Zusammenhang werden auch die im Laufe der Geschichte der DDR immer wieder erneuerten innerkirchlichen Richtlinien zu Gesprächen mit staatlichen und politischen Organen thematisiert.[10] Die „operative Arbeit" des MfS zwischen 1950 und 1989 auf der in diesem Staatsorgan so bezeichneten „katholischen Linie" wird ausführlich behandelt, gegliedert nach der Tätigkeit der Hauptabteilungen in Berlin und der einzelnen Bezirksverwaltungen. Die „IM-Vorgänge" („Täterakten") konnten dabei insgesamt umfassender ermittelt werden als die sogenannten „operativen Vorgänge" („Opferakten"), weil zu letzteren die Zuarbeit durch

---

[9] Deutscher Bundestag (Hg.), Materialien der Enquête-Kommission „Aufarbeitung von Geschichte und Folgen der SED-Diktatur in Deutschland", Bände VI-1 und VI-2, Baden-Baden und Frankfurt am Main 1995, darin die Gutachten von Konrad Feiereis (Weltanschauliche Strukturen in der DDR und die Folgen für die Existenz katholischer Christen, Band VI-1/S. 583-614), Ulrich von Hehl/Wolfgang Tischner (Die katholische Kirche in der SBZ/DDR 1945-1989, Band VI-2/S. 875-949) und Josef Pilvousek (‚Innenansichten'. Von der ‚Flüchtlingskirche' zur ‚katholischen Kirche in der DDR', Band VI-2/S. 1134-1163).

[10] Vgl. Dieter Grande/Bernd Schäfer, Interne Richtlinien und Bewertungsmaßstäbe zu kirchlichen Kontakten mit dem MfS, in: Clemens Vollnhals (Hg.), Die Kirchenpolitik von SED und Staatssicherheit. Eine Zwischenbilanz, Berlin [2]1997, S. 388-404.

betroffene Personen erforderlich ist. Die Benennung von „IM-Vorgängen" soll im vorliegenden Bericht nicht vordergründiger Enthüllung dienen, sondern die staatlichen Informationsnetze in der DDR offenlegen, damit sie in der Gegenwart keine schädliche Wirkung mehr entfalten können.

Dieser Schwerpunkt im vorliegenden Bericht ergibt sich aus der umfangreichen, unmittelbar gegen Personen und Einrichtungen in der Kirche ausgerichteten Tätigkeit des MfS. Die Staatssicherheit hat die katholische Kirche weniger nach kirchlichen Jurisdiktionsbezirken als nach der politisch-administrativen Struktur der DDR wahrgenommen. Deshalb hat die Perspektive einer territorialen Gliederung ihre Berechtigung, wenn die staatliche Tätigkeit nachgezeichnet wird, unbeschadet der Tatsache, daß die Bezirksgrenzen nicht den Grenzen der katholischen Jurisdiktionsbezirke entsprachen.[11] Nach dem Versuch einer Bewertung der Tätigkeit staatlicher und politischer Organe gegenüber der katholischen Kirche werden schließlich im Anhang exemplarische Dokumente aus der „Arbeit" des MfS dokumentiert.

Diesem Bericht liegt die Sichtung oder Ermittlung von bisher insgesamt 252 „IM-Vorgängen" auf den sogenannten „katholischen Linien" des MfS zugrunde, unter denen sich Geistliche, katholische Laien, Mitarbeiter des Staatsapparates und der CDU sowie auf die katholische Kirche angesetzte Personen befinden. Auf den „katholischen Linien" waren demnach auch einige Nicht-Katholiken sowie zahlreiche Nicht-Christen tätig. Insgesamt 117 personenbezogene Überwachungsunterlagen zu katholischen Geistlichen, kirchlichen Mitarbeitern und katholischen Laien wurden bisher ausfindig gemacht und teilweise eingesehen, wobei deren tatsächliche Zahl weitaus höher liegen dürfte. Zu fast allen erwähnten „Decknamen", die den als „Inoffizielle Mitarbeiter" (IM) geführten Personen nicht immer bekannt waren, verfügen die Autoren des Berichts in aller Regel auch über die „Klarnamen", die durch Entschlüsselungen und Akteneinsichten in den Dienststellen des BStU sowie durch Auskünfte Dritter ermittelt werden konnten. „Klarnamen" werden im vorliegenden Text nur benannt bei wichtigen hauptamtlichen Staats- und

---

[11] Vgl. entsprechende Karten im Anhang.

Parteifunktionären von SED und CDU, Offizieren der Staatssicherheit sowie den kirchlichen Gesprächsbeauftragten gegenüber den staatlichen Stellen.

Mehrfach vergebene Decknamen lassen nicht auf identische Personen bzw. Vorgänge schließen, jeweilige Identifikationen konnten fast durchweg vorgenommen werden.[12] In der Regel konnte in den Fußnoten die entsprechende MfS-Registriernummer bzw. oft auch eine Archivnummer angegeben werden, über die sich durch Anträge an die Behörde des BStU personenbezogene Vorgänge zumindest identifizieren lassen. In einzelnen, zumeist weniger bedeutenden Fällen wurden IM-Vorgänge nur mit Deckname und „Einsatzrichtung" bekannt, ohne daß eine Signatur ermittelt werden konnte. In solchen Fällen findet sich keine Signatur in den Fußnoten.

Grundsätzlich sollte gelten: Ein im Text mit der MfS-Bezeichnung „IM-Vorgang" verbundener Deckname ist, unter dem Vorbehalt einer erfolgten Nachprüfung, oft, aber nicht in jedem Fall mit einer tatsächlichen „Tätigkeit" für das MfS gleichzusetzen.

Die Autoren bedanken sich für die unerläßliche organisatorische und technische Hilfestellung durch die ehemalige Außenstelle Berlin des Sekretariates der Deutschen Bischofskonferenz unter Leitung von Prälat Josef Michelfeit und durch die Sekretariatsarbeit von Frau Marianne Klaunick und Frau Margot Ulbrich. Zudem danken die Autoren den auskunftsbereiten Zeitzeugen inner- und außerhalb der katholischen Kirche, allen Archivarinnen und Archivaren und insbesondere vielen engagierten Mitarbeiterinnen und Mitarbeitern des BStU, an erster Stelle Herrn Rüdiger Stang und Frau Brigitte Richter in Berlin.

---

[12] Vgl. das Decknamen-Verzeichnis im Anhang. Bei identischen Decknamen in den Hauptabteilungen bzw. in den Bezirksverwaltungen des MfS lassen sich aus dem Kontext der konkreten Erwähnung des Decknamens im vorliegenden Bericht entsprechende Zuordnungen und Unterscheidungen vornehmen.

1. Zur Aktenüberlieferung

1.1. Unterlagen von Parteien und Massenorganisationen der DDR

Die Unterlagen der „Arbeitsgruppe Kirchenfragen" und ihrer Vorläufer im Zentralkomitee (ZK) der SED sind für die gesamte Periode der DDR annähernd vollständig vorhanden und zur wissenschaftlichen Nutzung zugänglich. Ebenso wie die stellenweise für die Kirchen relevanten, komplett erhaltenen Protokolle aller wöchentlichen Sitzungen des Politbüros des ZK der SED, befanden sie sich zunächst in der Verwaltung der PDS im „Institut für Marxismus-Leninismus" bzw. „Institut für die Geschichte der Arbeiterbewegung" in Berlin-Mitte. Inzwischen ist das „Zentrale Parteiarchiv der SED" in die „Stiftung Archiv der Parteien und Massenorganisationen der DDR im Bundesarchiv" eingegliedert und befindet sich in Berlin-Lichterfelde. Die entsprechenden Akten mit Relevanz für die katholische Kirche wurden vollständig eingesehen.

Gesichtet wurden zudem ausgewählte Bestände „Kirchenfragen" der SED-Bezirksleitungen Cottbus, Dresden, Erfurt, Frankfurt/Oder, Halle, Magdeburg, Neubrandenburg, Potsdam, Rostock und Schwerin. Diese befanden sich zunächst in der Verwaltung der PDS in den Gebäuden der ehemaligen SED-Bezirksleitungen, bevor sie in die jeweiligen Staatsarchive der neuen Bundesländer übergingen. In manchen Archiven waren die Bestände der Bezirksleitungen noch nicht bis zum Jahre 1989 erschlossen und zugänglich, doch insgesamt hat es den Anschein, daß diese Bestände fast annähernd komplett vorhanden sind.

Die Bestände der Abteilung Kirchenfragen und ihrer Vorläufer beim Hauptvorstand der (Ost-) CDU sind für die gesamte Zeit der DDR offensichtlich vollständig und wurden im Archiv für Christlich-Demokratische Politik der Konrad-Adenauer-Stiftung in Sankt Augustin bei Bonn eingesehen.

Die Unterlagen des Nationalrates der Nationalen Front in Berlin, die unter anderem die zentralen Bestände der „Arbeitsgruppe Christliche

Kreise" und der „Berliner Konferenz katholischer Christen aus europäischen Staaten" bzw. „Berliner Konferenz europäischer Katholiken" (BK) enthalten, wurden nur stichprobenartig gesichtet. Die „Arbeitsgruppen Christliche Kreise" in den Bezirken, Städten und Kreisen der DDR waren gegenüber der katholischen Kirche nur von geringer Relevanz. Die gelegentliche Beteiligung einzelner geistlicher Amtsträger und katholischer Laien ist zudem aus staatlichen Akten ersichtlich, die in anderen Archiven eingesehen werden konnten. Relevante Bestände zu dem 1964 gegründeten staatsloyalen Transmissionsriemen „BK" befinden sich parallel in mehreren Archiven, weil diese Organisation in der DDR durch das MfS kontrolliert und gesteuert sowie gemeinsam von ZK der SED, Staatssekretär für Kirchenfragen, Hauptvorstand der CDU und dem formal federführenden Nationalrat der Nationalen Front angeleitet wurde. Die Unterlagen der Nationalen Front befinden sich nach Zwischenstationen in Berlin-Hohenschönhausen und Dahlwitz-Hoppegarten inzwischen in der „Stiftung Archiv der Parteien und Massenorganisationen der DDR" in Berlin-Lichterfelde.

1.2. Unterlagen staatlicher Organe

1.2.1. Dienststelle des Staatssekretärs für Kirchenfragen und Räte der Bezirke

Bezüglich der katholischen Kirche systematisch und vollständig gesichtet wurden die Unterlagen der Dienststelle des Staatssekretärs für Kirchenfragen (1957 bis 1989) und ihrer Vorläufer in der zentralen staatlichen Bürokratie seit 1950. Im Jahre 1990 wurde das Archiv dieser Dienststelle bis Ende September dieses Jahres „geordnet". Anschließend wurden die stellenweise offensichtlich lückenhaften Akten in das ehemalige Zentrale Staatsarchiv der DDR, nunmehr „Bundesarchiv, Abteilungen Potsdam", überführt. Inzwischen befinden sie sich in den Abteilungen des Bundesarchivs in Berlin-Lichterfelde. Insgesamt ist der aufschlußreiche Bestand zur katholischen Kirche bis in die letzten Monate der DDR hinein als annähernd vollständig zu betrachten. Fehlbestände sind vor allem beim Schriftverkehr zwischen der Dienststelle und dem ZK der SED zu verzeichnen.

Die Akten der Referate „(Staatspolitik in) Kirchenfragen" der einzelnen Räte der Bezirke wurden systematisch gesichtet für die ehemaligen Bezirke Cottbus, Dresden, Frankfurt/Oder, Magdeburg, Neubrandenburg, Potsdam, Rostock und Schwerin. Sie befinden sich in den Hauptstaatsarchiven der jeweiligen neuen Bundesländer. Wesentliche Vorgänge aus den anderen Bezirken konnten durch die zentralen Unterlagen des ZK der SED und der Dienststelle des Staatssekretärs für Kirchenfragen sowie paralleler Bestände in den Archiven der SED-Bezirksleitungen abgedeckt werden. Im Unterschied zu den SED-Bezirksparteiapparaten wurden in diesen staatlichen Organen stellenweise erhebliche Mengen an Akten zu „Kirchenfragen" vernichtet oder anderweitig zum Verschwinden gebracht, besonders flächendeckend in Magdeburg, aber auch bei den Beständen aus den achtziger Jahren in Dresden.

1.2.2. Aktenbestände des Ministeriums für Staatssicherheit

Als im November 1989 erste Nachrichten über angelaufene Aktenvernichtungen der Staatssicherheit bekannt wurden, konnten durch die mutigen Aktivitäten vieler Mitglieder von Bürgerkomitees in der gesamten DDR unter persönlichen Risiken die Dienststellen des MfS zwischen Anfang Dezember 1989 und Ende Januar 1990 besetzt und die noch vorhandenen Akten mehr oder weniger versiegelt und vor Vernichtung und Verschwinden bewahrt werden.[13] Nach den verschiedenen Gesetzgebungsverfahren in der neugewählten letzten Volkskammer der DDR und seit Oktober 1990 im Deutschen Bundestag wurde schließlich das Berliner Zentralarchiv des MfS dem Bundesbeauftragten für die Unterlagen des Staatssicherheitsdienstes der ehemaligen DDR (BStU) unterstellt, der auf der Grundlage des im November 1991 durch den Deutschen Bundestag verabschiedeten „Stasi-Unterlagengesetzes" (StUG) tätig wurde. Die Bestände in den ehemaligen MfS-Bezirksverwaltungen (BV), erweitert um die noch verfügbaren Akten der Kreisdienststellen (KD), wurden als Außenstellen der Berliner Zentralbehörde des BStU zugeordnet.

---

[13] Vgl. Michael Richter, Die Staatssicherheit im letzten Jahr der DDR, Weimar/Köln/Wien 1996; Walter Süß, Entmachtung und Verfall der Staatssicherheit. Ein Kapitel aus dem Spätherbst 1989 (BF informiert, Nr. 5), Berlin 1994.

Durch das am 1. Januar 1992 in Kraft getretene StUG wurde es auch den Kirchen möglich, als Arbeitgeber alle Geistlichen und hauptamtlichen Mitarbeiter, die sich zu diesem Zeitpunkt im kirchlichen Dienst befanden, auf eine eventuelle Tätigkeit für das MfS zu überprüfen. Nicht möglich war zunächst die Überprüfung verstorbener oder ehemaliger kirchlicher Mitarbeiter und auf die Kirche angesetzter IM sowie die Einsicht in die Akten von „Personen der Zeitgeschichte" oder in nicht explizit personenbezogene Unterlagen. Neben ersten Akteneinsichten für bischöfliche Beauftragte in einzelnen Außenstellen, konnten dann jedoch solche Bestände schließlich, nach Bildung der Arbeitsgruppe ab Mitte 1993, über Forschungsaufträge nach den §§ 32 und 33 StUG in den Abteilungen Bildung und Forschung (BF) bzw. Auskunft/Projektgruppe Wissenschaft (AU/PGW) des BStU in Berlin unter Heranziehung umfangreicher personen- und sachbezogener Akten zur katholischen Kirche eingesehen werden. Diese Akten wurden durch eigene Anträge ermittelt bzw. im Prozeß der Aufarbeitung durch die Behörde des BStU aufgefunden. Hierzu wurden Hunderte von Akten mit Seitenzahlen, die sich ingesamt im Hunderttausenderbereich bewegen, aus der Zentrale und allen Außenstellen des BStU geordert und insbesondere durch Pfarrer Manfred Ackermann und Bernd Schäfer in Berlin gesichtet.

1.2.2.1. Klassifizierung von IM-Akten

Die Bestände des MfS lassen sich nach den Kriterien des BStU in unmittelbar personenbezogene Akten sowie in „Sachakten" unterteilen.

a) Personenakten umfassen

– Überwachungs- und Kontrollvorgänge, die sich, abgestuft nach Intensität der „Bearbeitung" durch das MfS, aufteilen in „Operative Vorgänge" (OV), „Operative Personenkontrollen" (OPK), „Überprüfungsvorgänge" (ÜV), „Allgemeine Personenablagen" (AP), „Sicherungsvorgänge" (SiVo) und „Kerblochkartei-Erfassung" (KK-Erfassung). Diese Unterlagen lassen sich unter dem seit 1990 geläufigen Terminus der „Opferakten" zusammenfassen.[14]

[14] In der folgenden Darstellung werden dagegen die aufgeführten offiziellen MfS-Bezeichnungen bzw. die korrespondierenden Abkürzungen verwendet. Siehe das Abkürzungsverzeichnis im Anhang.

– Vorgänge zu diversen Kategorien „Inoffizieller Mitarbeiter", die durch interne Vorschriften des MfS in den Jahren 1950, 1952, 1958, 1968 und 1979 jeweils neu definiert wurden. Diese Unterlagen lassen sich mit dem Begriff „IM-Akten" zusammenfassen, landläufig seit 1990 auch als „Täterakten" bezeichnet.[15]

b) „Sachakten" ist dagegen der Sammelbegriff

für alle anderen Unterlagen des MfS, die nicht explizit einer Person oder mehreren Personen als Gruppe zugeordnet sind. Es kann sich hierbei um Ablagematerial, um interne Vorgänge des Staatsapparates, aber auch um Unterlagen handeln, die zu bestimmten Ereignissen und größeren Veranstaltungen in den Kirchen angefallen sind. Sie enthalten oft auch zahlreiche personenbezogene Informationen.

1.2.2.2. Vernichtungs- und Erschließungsgrad

Die Bürgerkomitees konnten mit ihren Besetzungen die Fortführung der in verschiedenen MfS-Dienststellen bereits angelaufenen Aktenvernichtungen weitgehend verhindern, doch bis dahin waren bereits viele Unterlagen vernichtet bzw. verschwunden. Besonders der etwa fünfwöchige Zeitraum zwischen der Besetzung erster Bezirksverwaltungen (BV) am 3./4. Dezember 1989 und der Auflösung der Berliner MfS-Zentrale erst ab 15. Januar 1990 gab der dort tätigen Hauptabteilung (HA) XX/4, die für die Kirchen zuständig war, die Möglichkeit zu einer laut „Löschbefehlen" vermutlich flächendeckenden und unterschiedslosen Vernichtung noch nicht archivierter Vorgänge.

Inzwischen konnten jedoch seit 1996 erste „vorvernichtete Akten" der HA XX/4, in vier bis acht Schnipsel zerrissene DIN-A-4-Seiten in Hunderten von Säcken, durch Mitarbeiter des früheren Bundesamtes für Asyl in Zirndorf bei Nürnberg rekonstruiert werden. Darunter befinden sich auch kirchenrelevante Aktenbestände, unter anderem zur katholischen Kirche.

In allen Außenstellen des BStU wurden zunächst die personenbezogenen Akten erschlossen, die „sachbezogenen" Unterlagen man-

[15] Da nicht jede als IM registrierte Person zwangsläufig als „Täter" bezeichnet werden kann, werden im folgenden ebenfalls die MfS-Termini verwendet. Vgl. Müller-Enbergs, a.a.O. (Anmerkung 2).

gels Personal und Forschungskapazitäten bisher kaum. Vorwiegend in der Zentrale des BStU wurden die Forschungsanträge zu den Kirchen bearbeitet, verstärkt seit Anfang 1995 durch die Einstellung von zusätzlichem Personal. Der jeweilige Vernichtungs- bzw. Erschließungsgrad der MfS-Akten in Berlin und den ehemaligen Bezirksstädten ist in der folgenden Darstellung den einzelnen Abschnitten von Kapitel 2.3. zu entnehmen.

2. Staatliche und politische Apparate und ihre „Bearbeitung" der katholischen Kirche

2.1. Partei- und Staatsorgane – Strukturen und Methoden

2.1.1. SED-Parteiapparat auf Zentral- und Bezirksebene

Im Parteiapparat der SED[16] wurden „Kirchenfragen" seit 1946 zunächst durch die Abteilung „Kultur und Erziehung" im Zentralsekretariat wahrgenommen, die überwiegend von ehemaligen Sozialdemokraten und evangelischen Pfarrern getragen wurde. In den Jahren 1948 bis 1950 wurden diese jedoch verdrängt bzw. zogen sich enttäuscht zurück. Kirchenpolitik wurde schließlich maßgeblich von führenden Mitgliedern des Politbüros des ZK der SED betrieben, welches wiederum von Walter Ulbricht über das „Kleine Sekretariat" angeleitet wurde. Ulbricht begründete schon früh die später dann auch von Erich Honecker weitergeführte Praxis, daß der Erste Sekretär bzw. der Generalsekretär der SED sich wichtige kirchenpolitische Entscheidungen persönlich vorbehielt.

Am 3. Juni 1950 wurden verschiedene ZK-Abteilungen in eine zentrale Abteilung „Staatliche Verwaltung" unter Leitung von Anton Plenikowski und seinem Stellvertreter Willi Barth integriert. In dieser Abteilung wurde im selben Jahr ein Sektor „Kirchen und religiöse Sekten" geschaffen, dessen Leiter bis zu seiner Verhaftung im Januar 1953 Bruno Wolff und anschließend Hans Weise war. Im Gefolge der innerparteilichen Turbulenzen nach Stalins Tod und dem Volksaufstand in der DDR im Juni 1953 begann die SED erst im Jahre 1954 mit der Entwicklung einer systematischeren Politik gegen die Kirchen, die zentral durch Politbüro und ZK angeleitet und für alle anderen politischen und staatlichen Organe verbindlich werden sollte. Am 24. November 1954 wurde deshalb im ZK der SED eine „Abteilung",

[16] Vgl. als Überblick Martin Georg Goerner, Die Arbeitsgruppe Kirchenfragen im ZK-Apparat der SED, in: Clemens Vollnhals (Hg.), a.a.O. (Anm. 8), S. 59-78.

später „Arbeitsgruppe Kirchenfragen“ mit Willi Barth als Leiter und Rudi Bellmann als seinem Stellvertreter gegründet. Barth wurde schließlich 1977 aus Altersgründen in der Leitung der Arbeitsgruppe von Rudi Bellmann abgelöst und dieser wiederum 1988 aus denselben Gründen von Peter Kraußer. Bis zum Ende der DDR unterstand diese Arbeitsgruppe immer einem Sekretär des ZK der SED, der zugleich auch Mitglied des Politbüros war. Von 1954 bis zu seiner Ablösung im Jahre 1957 bekleidete der Sekretär für Kultur und Erziehung, Paul Wandel, diese Funktion, danach zwischen 1957 und 1984 der Sekretär für Sicherheit, Paul Verner, und schließlich ab 1984 bis zum Ende der DDR der Sekretär für Handel und Versorgung, Werner Jarowinsky.

In den Bezirksstädten der DDR verfügte der 1. Sekretär der Bezirksleitung der SED in der Regel über einen Mitarbeiter für Kirchenfragen, der ihm persönlich zugeordnet war. Die Arbeitsgruppe Kirchenfragen im ZK der SED instruierte diese Mitarbeiter in regelmäßigen Zusammenkünften. Das MfS durfte im SED-Parteiapparat, im Unterschied zu SED-Mitgliedern im Staatsapparat, keine IM werben. Die Mitarbeiter aus den Kirchenabteilungen des MfS hatten jedoch eng mit den Vertretern des Parteiapparates auf Zentral- und Bezirksebene zusammenzuarbeiten und sie mit den geheimdienstlich gewonnenen „Informationen“ zu versorgen. Wichtige Entscheidungen zum Vorgehen in konkreten Situationen mußte sich das MfS theoretisch durch den Generalsekretär des ZK der SED bzw. durch die 1. Sekretäre der SED-Bezirks- und Kreisleitungen bestätigen lassen.[17]

Die Arbeitsgruppe Kirchenfragen im ZK fungierte jeweils als „Büro“ der Politbüromitglieder Wandel, Verner und Jarowinsky. Sie mußte Informationen verwerten, Konzepte erarbeiten und Vorlagen erstellen, die entweder in den Sitzungen des Politbüros entschieden oder in der laufenden Arbeit im ZK der SED behandelt wurden. Zudem kontrollierten und instruierten die zuständigen Politbüromitglieder die Dienststelle des Staatssekretärs für Kirchenfragen über

[17] Zu den frühen Machtansprüchen des MfS auch gegenüber dem Parteiapparat vgl. Siegfried Suckut, Generalkontrollbeauftragter der SED oder gewöhnliches Staatsorgan? Probleme der Funktionsbestimmung des MfS in den sechziger Jahren, in: Siegfried Suckut/Walter Süß (Hgg.), Staatspartei und Staatssicherheit. Zum Verhältnis von SED und MfS, Berlin 1997, S. 151-167.

die Arbeitsgruppe des ZK. Dieselben hierarchischen Zuordnungen existierten zwischen den SED-Bezirksleitungen und den Räten der Bezirke bzw. den SED-Kreisleitungen und den Räten der Kreise.

Diese Parteiorgane führten in der Regel keine direkten Gespräche mit kirchlichen Amtsträgern. Im Verlaufe der Geschichte der DDR häuften sich jedoch die Ausnahmen vor allem im Bereich der evangelischen Kirchen. Bezüglich der katholischen Kirche, die in ihren internen Richtlinien direkte Gespräche mit Parteiorganen wiederholt untersagte, gab es zwei zeitweilige regionale Ausnahmen. Zwischen 1985 und 1987 führte die SED-Bezirksleitung unter Hans Modrow in Dresden Gespräche mit Bischof Gerhard Schaffran und Generalvikar Hermann Joseph Weisbender, wobei die Initiative von beiden Seiten ausging.[18] Im Eichsfeld kam es unter Vermittlung und Teilnahme der örtlichen CDU im Jahre 1986 zu einem Gespräch zwischen dem 1. Sekretär der SED-Kreisleitung Heiligenstadt und dem Bischöflichen Kommissarius des Eichsfeldes, Propst Paul Julius Kockelmann.[19]

2.1.2. Dienststelle des Staatssekretärs für Kirchenfragen und Vorläufer

Bis zur Tätigkeit einer Dienststelle des Staatssekretärs für Kirchenfragen ab April 1957 waren im Staatsapparat verschiedene Stellen mit Kirchenfragen befaßt, die zum Teil miteinander konkurrierten. Ministerpräsident Otto Grotewohl und seine Regierungskanzlei nahmen seit 1950 nach außen die formale staatliche Hauptverantwortung in der Kirchenpolitik wahr. Als Kontaktstelle für die Annahme sowie Bearbeitung kirchlicher Anliegen war jedoch die seit Januar 1950 bestehende „Hauptabteilung Verbindung zu den Kirchen" gedacht, die von dem stellvertretenden Ministerpräsidenten und CDU-Vorsitzenden Otto Nuschke geleitet wurde. Weil diese Stelle häufig als

18 Vgl. die Aktennotizen der SED-Bezirksleitung zu den beiden Gesprächen zwischen Hans Modrow und Bischof Schaffran am 27.2.1986 (Bundesarchiv, Abteilungen Potsdam, 1256) und am 6.4.1987 (Hauptstaatsarchiv Sachsen, SED-Bezirksleitung, Akte 12010). Siehe auch Ute Haese, SED-Kontakte der katholischen Kirche im Bistum Dresden-Meißen, in: Kirchliche Zeitgeschichte, 2/1995, S. 510-531.

19 Siehe ein Fernschreiben des Erfurter CDU-Bezirksvorsitzenden an die Abteilung Kirchenfragen beim Hauptvorstand der CDU vom 16.5.1986, in: Archiv für Christlich-Demokratische Politik (ACDP) St. Augustin, VII-013, 3155.

Interessenvertreterin kirchlicher Anliegen auftrat, wurde sie von SED-Apparat und MfS mit höchstem Mißtrauen beobachtet. Der von der Sowjetunion oktroyierte politische Kurswechsel im Juni 1953 bewahrte unter anderem als „Nebeneffekt" die „Hauptabteilung Verbindung zu den Kirchen" vor ihrer Auflösung. Spätestens seit Anfang 1953 bis zum Tode von Otto Nuschke im Dezember 1957 war sie jedoch faktisch entmachtet und ohne relevante Kompetenzen. Die entscheidenden exekutiven Stellen im Staatsapparat zur Durchsetzung der Kirchenpolitik befanden sich vor 1957 in verschiedenen Abteilungen im Ministerium des Innern (MdI) bzw. in einem zwischenzeitlichen „Staatssekretariat für Innere Angelegenheiten".

Nach verschiedenen Vorläufen und entsprechenden Entscheidungen des Politbüros der SED nahm am 1. April 1957 eine Dienststelle des Staatssekretärs für Kirchenfragen ihre Tätigkeit auf.[20] Erster Staatssekretär wurde der frühere Thüringer SED-Ministerpräsident und zwischenzeitliche DDR-Botschafter in Rumänien, Werner Eggerath. Das Amt des Stellvertreters des Staatssekretärs wurde immer mit einem Politiker der CDU besetzt. Die eigentliche „Stellvertretung" nahm jedoch, für alle Bereiche außer dem der katholischen Kirche, zumeist der SED-Hauptabteilungsleiter wahr, der zugleich die offiziellen Verbindungen zum MfS hielt. Darüberhinaus durchsetzte letzteres die Dienststelle mit mehreren „Inoffiziellen Mitarbeitern" in allen Abteilungen. Werner Eggerath wurde 1960 nach Differenzen mit dem ZK zum Rücktritt als Staatssekretär veranlaßt. Nachfolger wurde Hans Seigewasser, zuvor ein hoher Funktionär im Nationalrat der Nationalen Front. Nach Seigewassers Tod im Jahre 1979 wurde die Dienststelle bis 1988 von Klaus Gysi geleitet, dem früheren Kulturminister der DDR, der zuvor von seinem Amt als Botschafter der DDR in Italien abgelöst worden war. Gysi wurde im Sommer 1988 wegen seines, aus Sicht des Politbüros inkonsequenten, Kurses gegenüber den Kirchen durch Kurt Löffler ersetzt. Dieser war zuvor Staatssekretär im Ministerium für Kultur gewesen und fungierte danach als Staatssekretär für Kirchenfragen bis zum Dezember 1989. Stellvertreter des Staatssekretärs waren die CDU-Politiker Max Hartwig (1957-1960), Fritz Flint (1960-1977) und Hermann Kalb (1977 bis

[20] Vgl. als Überblick Armin Boyens, Das Staatssekretariat für Kirchenfragen, in: Clemens Vollnhals (Hg.), a.a.O. (Anm. 8), S. 59-78.

1989), die mächtigen Hauptabteilungsleiter waren Hans Weise (1957 bis 1982) und Peter Heinrich (1982-1989). In der Dienststelle existierte ein eigenes Referat, später eine Abteilung für die Katholische Kirche – in der Regel ein Mitarbeiter mit Sekretariat. In dieser Funktion waren in dieser Reihenfolge die SED-Mitglieder Johannes Klein (1957-1961), Frank Rupprecht (1962-1964), Horst Hartwig (1964 bis 1971), Horst Pätzke (1972-1982), Kurth (1983/84) und von 1984 bis 1989 erneut Horst Hartwig tätig.

Im Gegensatz zu den SED-Parteiorganen stand die Dienststelle des Staatssekretärs im regelmäßigen Gesprächs- und Verhandlungskontakt mit den katholischen Bischöfen und ihren Beauftragten. Allerdings kam es ab Mai 1958 für über drei Jahre zu keinen Gesprächen mit Bischof Julius Döpfner als Vorsitzendem der BOK und seinem Beauftragten Johannes Zinke, nachdem die Dienststelle dem Berliner Bischof die Einreise in die DDR außerhalb Berlins verweigert und alle Kontakte zu ihm und Zinke abgebrochen hatte.[21] Erst nach der veränderten politischen Situation nach dem Mauerbau fanden ab September 1961 unter dem neuen Berliner Bischof Alfred Bengsch wieder Verhandlungen mit Beauftragten der katholischen Kirche statt. In der Regel führte der Staatssekretär für Kirchenfragen selbst einmal jährlich ein Gespräch mit dem Vorsitzenden der „Berliner Ordinarienkonferenz" (BOK) bzw. „Berliner Bischofskonferenz" (BBK).[22] Nur in Einzelfällen führte der Staatssekretär für Kirchenfragen, im Gegensatz zur Regelmäßigkeit seines Stellvertreters, auch Gespräche mit anderen Mitgliedern der BOK bzw. BBK. Zur Vor- und Nachbereitung dieser Begegnungen sowie zu einer Fülle von Einzelthemen aus allen kirchlichen Jurisdiktionsbezirken in der DDR führten die Beauftragten der BOK bzw. BBK laufend Gespräche mit dem Stellvertreter des Staatssekretärs bzw. dem Abteilungsleiter Katholische Kirche in der Dienststelle. Kirchliche Verhandlungsbeauftragte auf der zentralen staatlichen Ebene in Berlin waren die Prälaten Johannes Zinke

[21] Vgl. ein Schreiben des Staatssekretärs für Kirchenfragen, Werner Eggerath, vom 30.5.1958 an Prälat Johannes Zinke, in: BAP, O-4, 362.

[22] Die „Berliner Ordinarienkonferenz" (BOK) wurde im Juli 1950 als Zusammenschluß der Ordinarien aller katholischen Jurisdiktionsbezirke in der DDR durch den Vatikan errichtet. Im September 1976 wurde sie durch ein vatikanisches Dekret als „Berliner Bischofskonferenz" (BBK) im Gefolge der internationalen Anerkennung der DDR und der vatikanischen Ostpolitik kirchenrechtlich errichtet und gegenüber der „Deutschen Bischofskonferenz" (DBK) verselbständigt.

(Gespräche bis 1958), Bernhard Drews (ab September 1961), Otto Groß (ab September 1967) und Gerhard Lange (ab September 1974 bis 1989).

In enger Zusammenarbeit mit den Räten der Bezirke bestand die Aufgabe der Dienststelle des Staatssekretärs in konzeptionellen Analysen und Einschätzungen der Kirchen und ihrer Amtsträger. Daraus wurde unter anderem eine systematische „Differenzierungspolitik" gegen die Kirchen abgeleitet, die sich als Versuch des gegeneinander ausspielenden Spaltens definieren läßt. So wurden beispielsweise Gespräche mit den katholischen Bischöfen nach Nuancen ausgewertet und dabei immer wieder nach Möglichkeiten zu einer „Differenzierung" gesucht. Kirchliche Amtsträger wurden in politische Kategorien wie „Positiv bzw. progressiv – loyal bzw. realistisch – negativ bzw. reaktionär oder feindlich" eingestuft. Um das „Kräfteverhältnis in den Kirchen" zugunsten der beiden ersten Kategorien zu verändern, wurde zumindest in den sechziger und siebziger Jahren systematisch auch mit katholischen Geistlichen und Laien im Sinne einer politischen Erziehung zu „arbeiten" versucht. Dazu wurden Personendossiers angelegt, finanzielle Fonds bereitgehalten („Politik mit der Mark")[23] und Dienstreisen durch Berliner Mitarbeiter der Dienststelle in alle Winkel der DDR durchgeführt. Ziel war es, auch mit katholischen Geistlichen und Laien zu regelmäßigen Gesprächskontakten zu kommen. Der diesbezügliche Eifer der Dienststelle erlahmte jedoch in diesem Bereich ab Mitte der siebziger Jahre mangels meßbarer Erfolge.

2.1.3. Räte der Bezirke

In jedem Rat des Bezirkes in der DDR war der Stellvertreter des Vorsitzenden für Inneres für die „Kirchenfragen" zuständig, die allein schon durch diese Zuordnung als ein potentielles Problem der „inneren Sicherheit" eingestuft wurden. Ihm arbeitete jeweils ein „Referat" bzw. „Sektor (Staatspolitik in) Kirchenfragen" zu, in dem ein

---

[23] Vgl. Peter Beier, Die „Sonderkonten Kirchenfragen". Sachleistungen und Geldzuwendungen an Pfarrer und kirchliche Mitarbeiter als Mittel der DDR-Kirchenpolitik (1955-1990), Göttingen 1997.

Referatsleiter und wenige weitere Mitarbeiter beschäftigt waren. In der Regel führten der Vorsitzende des Rates des Bezirkes, sein Stellvertreter für Inneres und der Referatsleiter auch ein jährliches Gespräch mit dem im Bezirk ansässigen katholischen Bischof. Ansonsten hatten die Bischöfe jeweils eigene Beauftragte für die Gespräche mit dem Rat des Bezirkes benannt. Die Häufigkeit dieser Gespräche war von den vor Ort anstehenden Sachfragen abhängig. Diese Beauftragten führten auch meistens die erforderlichen Gespräche mit den jeweiligen örtlichen Räten.

Der Stellvertreter des Vorsitzenden für Inneres und das Referat Kirchenfragen in den Bezirken waren der örtlichen SED-Bezirksleitung, aber auch der Dienststelle des Staatssekretärs für Kirchenfragen in Berlin berichtspflichtig. Die Mitarbeiter für Kirchenfragen aus den Bezirken, Städten und Kreisen wurden durch die Berliner Dienststelle des Staatssekretärs angeleitet. Die kirchenpolitischen Mitarbeiter in den Räten der Bezirke nutzten vor Ort Möglichkeiten zur „Differenzierungspolitik" besonders durch gezielte Ungleichbehandlung, weil kirchliche Vertreter in vielen praktischen Fragen auf die Gespräche mit den Staatsorganen angewiesen waren (z.B. Bauangelegenheiten, öffentliche Veranstaltungen). Seit den siebziger Jahren erstellten sie auf der Grundlage der Berichte aus den Städten und Kreisen zweimonatliche „Informationsberichte" über die „kirchenpolitische Arbeit" im Bezirk, die alle Gesprächskontakte mit kirchlichen Amtsträgern analysierten. Diese Gespräche sollten jedoch nicht nur der Klärung von Sachfragen dienen, sondern auch die kirchlichen Vertreter politisch beeinflussen. Nicht selten bargen die Gespräche kirchlicher Amtsträger, ob beauftragt oder nicht, mit Mitarbeitern des Rates des Bezirkes die Gefahr einer späteren Kontaktierung durch das MfS, weil fast alle diese Mitarbeiter in den Räten der Bezirke zugleich IM waren und ihrem Auftraggeber als „Partner des Politisch-Operativen Zusammenwirkens" (POZW)[24] entsprechend zuarbeiteten (siehe Kapitel 2.3.1.11.).

---

[24] Vgl. z.B. eine Diplomarbeit des MfS-Offiziers Peter Rottke von der Kreisdienststelle Heiligenstadt aus dem Jahre 1984 über den Einsatz eines Mitarbeiters für Kirchenfragen im Rat des Kreises Heiligenstadt mit dem Titel „Die Arbeit einer KD des MfS mit den Partnern des POZW zur vorbeugenden Verhinderung, Aufdeckung und Bekämpfung der Versuche des Feindes zum Mißbrauch der katholischen Kirche im Eichsfeld für die politische Untergrundtätigkeit": BStU, ZA, JHS 20595.

Tatsächliche „differenzierungspolitische Erfolge" mit Amtsträgern der katholischen Kirche gelangen dem Staatsapparat auf Bezirksebene nur in den sechziger Jahren in Magdeburg über die Kontakte zwischen Referatsleiter Fritz Bellstedt (bis 1959 hauptamtlich im MfS; ab 1987 IME „Franz Kaltofen"[25]) und Prälat Heinrich Jäger als dem Beauftragten von Weihbischof Rintelen. In Dresden konnten flexible Referatsleiter (Horst Dohle/IME „Horst"[26], Gerhard Lewerenz/IME „Lutz Walter"[27]) und Mitarbeiter (Harald Johne/GMS „Johannes"[28]) das Vertrauen einzelner katholischer Gesprächspartner gewinnen und gleichzeitig das MfS darüber oft detailliert informieren. Das Muster der Kontrolle des Staatsapparates durch das MfS und der Informationsrückfluß auch aus den Referaten für Kirchenfragen war auf zentraler wie regionaler Ebene in der DDR signifikant.

2.1.4. CDU, Nationale Front, Berliner Konferenz europäischer Katholiken (BK)

Bezüglich der katholischen Kirche waren die Rolle der CDU, der Arbeitsgruppen „Christliche Kreise" des Nationalrates der Nationalen Front, des Deutschen Friedensrates und seiner Bezirks- und Kreisausschüsse sowie auch des Transmissionsriemens der BK quantitativ eher unbedeutend. Deshalb wird dieser Komplex hier nur summarisch behandelt.

Die CDU wurde nach 1945 in Kreisen der katholischen Kirche zunächst als Chance wahrgenommen, um politischen Einfluß in der Sowjetischen Besatzungszone zu nehmen. Die stalinistische Transformation der Partei nach 1948 reduzierte allerdings diese Hoffnungen erheblich, so daß es nur noch in Einzelfällen auf regionaler und lokaler Ebene zur Zusammenarbeit zwischen Vertretern der CDU und der katholischen Kirche kam, wie beispielsweise im Eichsfeld. Nach dem Tode des Vorsitzenden Otto Nuschke im Dezember 1957 fielen in der SED und der ihr verbundenen CDU-Spitze auch die letzten

---

[25] BStU, Ast Magdeburg, AIM 326/91 (leere Aktendeckel bis auf Quittungen über Zuwendungen).

[26] BStU, Ast Dresden, XII 745/73 und A 95/89.

[27] BStU, Ast Dresden, AIM 2769/90.

[28] BStU, Ast Dresden, AIM 209/91.

Hemmungen, die kirchenpolitischen Ziele der Blockpartei an diejenigen der „führenden Kraft" anzugleichen. Zum Teil von der SED benutzt, zum Teil mit ihr konkurrierend, entwickelte die CDU vor allem in der Amtszeit von Gerhard Quast (GI „Otto"[29]), der von 1965 bis 1974 als Abteilungsleiter Kirchenfragen beim Hauptvorstand fungierte, eine „differenzierungspolitische" Arbeit, die sich mit derjenigen der kirchenpolitischen Staatsorgane vergleichen läßt. Im Bezug auf die Amtsträger der katholischen Kirche hatte sie, im Sinne der Gewinnung von Personen zur öffentlichen politischen Akklamation, keine Erfolge zu verzeichnen.

Auch den „Christlichen Kreisen" der Nationalen Front gelang es nicht, zwischen 1950 und 1989 eine öffentliche Unterstützung der Politik der DDR durch katholische Amtsträger zu erreichen. Einzige Ausnahme war der Neustrelitzer Pastor Karl Fischer (siehe Kapitel 2.3.5. und 2.3.11.), der häufig akklamierend auftrat und publizierte. Zwischen 1950 und 1961 saß er für die „Vereinigung der Verfolgten des Naziregimes" und danach für die CDU in der Volkskammer. 1955 wurde er von kirchlicher Seite vorzeitig pensioniert. 1961 wurden ihm nach seiner unautorisierten Teilnahme an dem propagandistischen Gespräch einer „christlichen Delegation" mit Walter Ulbricht alle priesterlichen Tätigkeiten untersagt.[30]

Die 1964 gegründete „Berliner Konferenz katholischer Christen aus europäischen Staaten", die sich 1978 in „Berliner Konferenz europäischer Katholiken" umbenannte, wurde von einer Koordinierungsgruppe angeleitet, die sich aus Vertretern der Arbeitsgruppe Kirchenfragen im ZK der SED, der Dienststelle des Staatssekretärs, des Nationalrats der Nationalen Front und der CDU zusammensetzte. Die Aufgabe der BK im Rahmen der „Differenzierungspolitik" war es, sogenannte „progressive" Katholiken zu gewinnen, um in öffentlichen „Tagungen" Druck auf die kirchliche Hierarchie auszuüben, der offiziellen Politik der DDR zuzustimmen.

Die BK konnte aber immer nur einen kleinen, relativ festen und wenig fluktuierenden Stamm von Katholiken häufig aus der CDU gewinnen, die sich politisch mit der DDR identifizierten und auch

[29] BStU, ZA, AIM 3010/68 und AGMS 6940/80.

[30] Vgl. dazu die GI-Akten „Marduk" zu Karl Fischer aus der Zeit von 1950 bis 1966: BStU, Ast Frankfurt/Oder, AIM 205/66.

zumeist unterschiedlich intensive MfS-Kontakte unterhielten (siehe 2.3.1.11.). Weder aus den Reihen des katholischen Klerus noch in Kreisen katholischer Laien mit kirchlichen Funktionen konnte die BK in der DDR mit ihren durchsichtigen Methoden öffentliche Unterstützung herbeiführen.[31]

Exkurs: Interne kirchliche Richtlinien zu Gesprächen mit staatlichen und politischen Organen[32]

Bereits am 20. Dezember 1947 hatte der in Westberlin residierende Kardinal Konrad Graf von Preysing für alle kirchlichen Mitarbeiter im Bistum Berlin eine Anweisung mit dem Titel „Erklärungen zu Zeitfragen im Namen der katholischen Kirche Deutschlands" gegeben, die allgemein als „Preysing-Erlaß" bekannt werden sollte. Sie war die erste einer Reihe von innerkirchlichen Richtlinien zur Regelung von öffentlichen Erklärungen und Gesprächen mit staatlichen und politischen Stellen in der SBZ/DDR. In diesem Erlaß wurden öffentliche politische Äußerungen allein dem Bischof vorbehalten. In diese Richtung zielten auch ähnliche kirchliche Anweisungen aus Bautzen, Magdeburg und Berlin im Jahre 1950, als die Nationale Front katholische Amtsträger und Laien zu öffentlichen Bekenntnissen gewinnen wollte.

Im Jahre 1957 folgten aufgrund der intensiver einsetzenden staatlichen „Differenzierungspolitik" allein fünf kircheninterne Erlasse zur Frage der Gesprächskontakte. Im Erlaß des Bistums Meißen vom 22. Februar 1957 wurde zwischen den staatlichen Gesprächsebenen unterschieden: Demnach sollten Pfarrer mit örtlichen Dienststellen verhandeln, die Erzpriester mit dem Rat des Kreises, bischöfliche Beauftragte mit dem Rat des Bezirkes und der Bischof mit höheren Regierungsstellen. Über alle Verhandlungen sei das Bischöfliche Ordinariat schriftlich zu informieren. Ähnliche innerkirchliche Anweisungen, die im Laufe der Jahre wiederholt wurden und sich prinzi-

---

[31] Vgl. Bernd Schäfer, „Um ‚anzukommen', muß man sich ‚ankömmlich' artikulieren": Zur ‚Berliner Konferenz' (BK) zwischen 1964 und 1993, in: Michael Richter/Martin Rißmann (Hgg.), Die Ost-CDU. Beiträge zu ihrer Entstehung und Entwicklung, Weimar/Köln/Wien 1995, S. 111-125.

[32] Vgl. die Zusammenfassung und entsprechende Quellenangaben bei Grande/ Schäfer, a.a.O. (Anm. 10), in: Vollnhals (Hg.), a.a.O. (Anm. 8).

piell nicht mehr änderten, erfolgten im Mai 1957 in Görlitz, im August in Magdeburg, im November wiederum im Bistum Meißen und schließlich am 26. November 1957 in Berlin. Der Erlaß des Bistums Berlin mit dem programmatischen Titel „Einheitliches Handeln gegenüber Staat und Partei" wurde als „Döpfner-Erlaß" bekannt.[33] Aus staatlicher Sicht war er pars pro toto der permanente Behinderungsfaktor „differenzierungspolitischer" Maßnahmenpläne. Er legte zusätzlich zu den bisherigen Erlassen der anderen Diözesen auch noch fest, daß Verhandlungen von kirchlicher Seite stets nur mit Regierungsstellen, in keinem Falle unter Einschaltung von Parteien und Massenorganisationen zu führen seien. Bei diesen Verhandlungen sollte nach Möglichkeit stets eine zweite Person anwesend sein – eine Praxis, die auf zentraler kirchlicher Ebene in Berlin nur gelegentlich in Gesprächen mit der Dienststelle des Staatssekretärs für Kirchenfragen geübt werden sollte. Mit dem MfS konnten die kirchlichen Beauftragten zwischen 1958 und 1989 immer nur allein sprechen.

Die Erlasse aus dem Jahre 1957 wurden in ihren Grundzügen bestätigt und nur wenig modifiziert durch die kirchlichen Gesprächsordnungen der BBK vom 1. Juni 1977 und 6. März 1985. Diese kir-

---

[33] Unter anderem bestimmte dieser Erlaß:
„ [...] 3. Seitens des Klerus sind Verhandlungen mit staatlichen Stellen nur insoweit zu führen, als es sich um ein unmittelbares Anliegen für die Gemeinde handelt, die seiner Sorge anvertraut ist. Für Verhandlungen mit den Räten der Bezirke ist das Bischöfliche Ordinariat zuständig, welchem die für die Verhandlung notwendigen Unterlagen zuzuleiten sind. Bei allen Verhandlungen möge man Sorge tragen, daß auch kirchlicherseits stets eine zweite Person anwesend ist.
4. Verhandlungsgegenstände, die über den Bereich einer Seelsorgestelle hinausgehen bzw. grundsätzlichen Charakter haben, gehören in die Zuständigkeit des Bischöflichen Ordinariats und sind demselben zur Aufnahme der Besprechung zu melden.
5. Verhandlungen sind von kirchlicher Seite stets nur mit Regierungsstellen, in keinem Falle unter Einschaltung von Parteien oder Massenorganisationen zu führen.
6. Über alle Verhandlungen mit staatlichen Stellen ist dem Bischöflichen Ordinariat sofort ein Bericht in zweifacher Ausfertigung zuzustellen.
[...] 8. Auskünfte, die von staatlichen oder sonstigen nichtkirchlichen Stellen über das Bischöfliche Ordinariat, über seelsorgliche Veranstaltungen, über Mitbrüder und kirchliche Angestellte sowie Gläubige eingefordert werden, sind strikte zu verweigern. Alle Geistlichen und kirchlichen Angestellten sind strikte verpflichtet, in jedem Fall sofort dem Bischöflichen Ordinariat von einer solchen Aufforderung zur Berichterstattung Mitteilung zu machen und dabei über die Person des Fragenden und über den ganzen Inhalt des Gespräches dem Bischöflichen Ordinariat umgehend gewissenhaft zu berichten. [...]"

cheninternen Richtlinien hatten eine langfristige Wirkungsgeschichte und sollten, obwohl selten explizit formuliert, insbesondere auch der Verhinderung von konspirativen MfS-Kontakten kirchlicher Mitarbeiter dienen (siehe Exkurs nach Kapitel 2.2.2.).

2.2. Das Staatsorgan MfS als „Schild und Schwert" der SED

2.2.1. HA V/4/II bzw. HA XX/4/II bzw. Abt. XX/4 der Bezirksverwaltungen des MfS

Das MfS wurde am 8. Februar 1950 gegründet. Es konnte personell auf die politische Polizei der Abteilung „K 5" zurückgreifen, die seit Dezember 1947 in der „Deutschen Verwaltung des Innern" bestand und eng mit dem sowjetischen Geheimdienst NKWD zusammenarbeitete. Kirchenfragen waren im MfS zunächst als „Sachgebiet Kirchen" der Hauptverwaltung in Berlin bzw. den Abteilungen VI auf Länder- bzw. später Bezirks- und Kreisebene zugeordnet.[34] Durch eine Anweisung von Staatssekretär Erich Mielke vom 17. September 1952 wurden die „Sachgebiete CDU, LDP, Kirchen und Sekten" schließlich an die Abteilung V übergeben, in der ein zusätzliches „Referat E" zur „Bearbeitung" der Kirchen eingerichtet wurde. Am 21. Dezember 1954 wurde im vorübergehenden „Staatssekretariat für Staatssicherheit" (SfS; das MfS wurde etwa für zwei Jahre wegen seines Versagens im Juni 1953 vom „Ministerium" zum „Staatssekretariat" degradiert) in Berlin erstmals eine Hauptabteilung (HA) V/6, später V/4, zur „Bearbeitung" der Kirchen geschaffen. Innerhalb dieser Abteilung beschäftigte sich Referat II mit der katholischen Kirche. Erstmals wurde nun auch in allen BV ein Referat für die Kirchen gebildet. Im Jahre 1964 wurde die HA V zur HA XX, die für Kirchen zuständige Abteilung war nun die HA XX/4, das für die katholische Kirche zuständige Referat die HA XX/4/II. Leiter der Abteilungen V

---

[34] Vgl. als Überblick für die gesamte Zeit der DDR Clemens Vollnhals, Die kirchenpolitische Abteilung des Ministeriums für Staatssicherheit, in: Vollnhals (Hg.), a.a.O. (Anm. 8), S. 79-119.

bzw. XX waren Bruno Beater (1953-1955), Fritz Schröder (1955-1963) und Paul Kienberg (1964-1989). Die Kirchenabteilungen V/6 bzw. V/4 bzw. XX/4 wurden zwischen 1955 und 1957 von Willi Butter, danach bis 1969 von Hans Ludwig, bis 1979 von Franz Sgraja und schließlich bis 1989 von Joachim Wiegand geleitet. Die Referate für die katholische Kirche leiteten bis 1962 Arno Schulz, danach wohl Hans Buhl bzw. Helmut Wegener und von 1975 bis 1989 schließlich Hans Baethge. Im Jahre 1988 umfaßte Baethges Referat neben dem Leiter weitere hauptamtliche Offiziere als Mitarbeiter (Werner Sprotte, Bernd Thieme, Dieter Leutloff, Heinz Nordt).

Die konkrete Tätigkeit und die Methoden des MfS zur „Bearbeitung" der katholischen Kirche werden in den folgenden Kapiteln entfaltet. Generell ist festzustellen, daß die Mitarbeiter der Staatssicherheit eine geheimdienstliche Sichtweise mit einem extremen Feindbild hatten. „Abweichendes Verhalten" oder gar „öffentlichkeitswirksame Aktionen" außerhalb der sozialistischen Normen galten als potentiell „staatsfeindlich". Verschwörungstheoretisch wurden sie häufig auf Fremdsteuerung durch den (auswärtigen) „imperialistischen Gegner" zurückgeführt. Die Kirchen bzw. ihre konkreten Mitarbeiter und Mitglieder, galten pauschal als verdächtig und wurden als tatsächliche oder vermeintliche Systemgegner „zur vorbeugenden Verhinderung" überwacht. Durch „Einschleusung und Gewinnung von IM" wurden spaltende „Differenzierungsprozesse" initiiert und „Zersetzungsmaßnahmen" gegen konkrete Personen durchgeführt. Damit versuchte das MfS, die Institution Kirche als solche zu „steuern".

2.2.2. Interne Kategorien des MfS zur Führung von „Inoffiziellen Mitarbeitern"

Die Mitarbeiter des MfS bemühten sich bei ihrer Aktenführung im paramilitärisch organisierten Apparat des Geheimdienstes wie in keiner anderen staatlichen, politischen oder gesellschaftlichen Einrichtung der DDR um den Erhalt möglichst genauer und wahrheitsgemäßer Informationen, um den Herrschaftsapparat der SED effizient mit Herrschaftswissen zu versorgen. Diese Bemühungen waren insgesamt zwar durchaus erfolgreich, schlossen aber zahlreiche ideologische (Fehl-)Interpretationen sowie sowohl sachlich begründete als auch menschliche Fehlerquellen keineswegs aus. Der Wahrheitsgehalt von Berichten der MfS-Mitarbeiter sowie ihrer „inoffiziellen Quellen“ war letztlich innerhalb des Apparates faktisch nicht im einzelnen zu überprüfen. Bestenfalls konnte durch den Vergleich von Quellen eine Verifizierung, Falsifizierung oder Korrektur von Informationen stattfinden.

Neben den „technischen Methoden“ der Telefonüberwachung (Tarnbuchstabe für diese „operativen Maßnahmen“ war in den Akten „A“ oder die Bezeichnung „Abteilung 26“), Postkontrolle („M“) und dem gelegentlichen Einsatz von Abhörgeräten („O“ und später „B“), waren Gespräche mit den IM bzw. deren Berichte für das MfS die hauptsächlichen Informationsquellen. IM als „wichtigste Waffe im Kampf gegen den Feind“ (Erich Mielke) sollten im Idealfall durch einen Vorwand (die sogenannte „Legende“) geworben werden und danach aus „Überzeugung“ mit dem MfS zusammenarbeiten. „Faustpfand“ sollte eine schriftliche Verpflichtungserklärung sein. In der Folge sollten die IM sich regelmäßig mit MfS-Mitarbeitern („Führungsoffiziere“) treffen, falls erforderlich unter konspirativen Umständen. Sie hatten die „Aufträge“ des MfS entgegenzunehmen und sollten diesem darüber schriftlich bzw. mündlich durch Besprechen eines Tonbandes „berichten“. Wenn die Treffen in einer „konspirativen Wohnung“ des MfS stattfanden, entsprach dieses schon per se der „mündlichen Berichterstattung“, weil diese Lokalitäten in der Regel mit Abhörtechnik ausgestattet waren, was den IM nicht immer bekannt gewesen sein dürfte. Ende der siebziger Jahre verfügte z.B. die „katholische Linie“ der HA XX/4 in Berlin über mindestens sechs „konspirative Wohnungen“ („Evelyn“, „Grete Menzel“, „Helmut“, „Spinne“, „Winzer“, „Zander“), deren Besitzer als „Inoffizielle Mitarbeiter“ (IMK) geführt und entlohnt wurden.

Die Arbeit mit IM wurde durch das MfS in internen Richtlinien aus den Jahren 1950, 1952, 1958, 1969 und 1979 detailliert geregelt.[35] Für den Bereich der katholischen Kirche waren demnach folgende interne Kategorien des MfS relevant:

– Zwischen 1950 und 1967 wurden die IM in die Kategorien „Geheimer Informator“ (GI) als Grundstufe und „Geheimer Mitarbeiter“

---

[35] Vgl. Müller-Enbergs, a.a.O. (Anm. 2).

(GM) als höhere Stufe unterteilt. Letztere wurden definiert als IM mit „besonderen Verbindungen mit Personen, die eine feindliche Tätigkeit" ausüben. In der ersten umfassenderen Richtlinie 1/58 vom 1. Oktober 1958 wurden die GI und GM genauer definiert, ohne daß diese Kategorien grundsätzlich verändert wurden.

– In der Richtlinie 1/68 vom Januar 1968 wurden dann erstmals die Kategorien von IM ausdifferenziert. Grundstufe waren demnach neuerdings die „IMV": IM, „die unmittelbar an der Bearbeitung und Entlarvung im Verdacht der Feindtätigkeit stehender Personen mitarbeiten". Ausdruck der verstärkten Abgrenzungsbemühungen der DDR gegenüber der Bundesrepublik in diesen Jahren war die Definition der höheren IM-Stufe als „IMF": IM „der inneren Abwehr mit Feindverbindungen zum Operationsgebiet". Letzteres war die MfS-interne Bezeichnung für die Bundesrepublik. Als „IME" wurden seither „IM für einen besonderen Einsatz" bezeichnet, zumeist Träger von „Schlüsselpositionen" in staatlichen oder gesellschaftlichen Einrichtungen, unter anderem auch solchen, die sich mit der „Bearbeitung" der katholischen Kirche befaßten.

– In der letzten Richtlinie 1/79 vom 8. Dezember 1979 wurden schließlich die Kategorien IMV und IMF in der neuen höheren Kategorie des „IMB" zusammengefaßt: IM „der Abwehr mit Feindverbindung bzw. zur unmittelbaren Bearbeitung im Verdacht der Feindtätigkeit stehender Personen". Als neue Grundstufe wurde ein „IMS" eingeführt und definiert als IM „zur politisch-operativen Durchdringung und Sicherung des Verantwortungsbereiches". In der Richtlinie 1/79 wurden erstmals „Hauptamtliche Inoffizielle Mitarbeiter" (HIM) eingeführt, die an ihrem jeweiligen Arbeitsplatz für das MfS spionierten und für diese Tätigkeit zusätzlich besoldet wurden, weil sie zumeist gezielt in Einrichtungen „eingeschleust" waren. Einzelne HIM wurden so auch im Bereich der Kirchen „zum Einsatz gebracht", in der katholischen Kirche ist ein Fall bekannt (HIM „Erika", siehe Kapitel 2.3.3.2.).

Exkurs: Interne kirchliche Richtlinien zu Kontakten mit dem MfS

Richtlinien zu Kontakten kirchlicher Mitarbeiter mit dem MfS wurden schriftlich sehr selten explizit formuliert. Implizit zielten dagegen manche allgemeine Formulierungen in den offiziellen kirchlichen Gesprächsregelungen speziell auf das MfS und wurden durch mündliche Instruktionen ergänzt und verstärkt.[36]

Spätestens seit 1954 lassen sich in den Sitzungsprotokollen der BOK und in Gesprächen katholischer Bischöfe mit staatlichen Stellen immer wieder Beschwerden über die Anwerbungsversuche des MfS gegenüber kirchlichen Mitarbeitern nachweisen. In der Regel konnten solche Versuche neutralisiert werden, wenn sich die Angesprochenen ihren kirchlichen Vorgesetzten offenbarten („dekonspirierten"). Oft wurden daraufhin anderen staatlichen Stellen, oder auch dem MfS direkt, die Namen dieser Personen mit der Aufforderung benannt, sie künftig nicht mehr zu behelligen. Das MfS ließ sich davon generell wenig beeindrucken, auch wenn es in konkreten Fällen einzelne Personen nicht weiter bedrängte. Ein Indiz für die Zunahme von Anwerbungsversuchen durch das MfS sind vor allem Richtlinien aus den Jahren 1957 und 1958. Sowohl eine Anweisung des Ordinariates des Bistums Meißen vom 6. November 1957 mit dem Titel „Auskünfte über innerkirchliche Angelegenheiten und kirchliche Personen" wie der „Döpfner-Erlaß" vom 26. November 1957 als auch eine Pastoralanweisung der BOK vom 15. April 1958 an alle katholischen Priester in der DDR enthielten eindeutige Passagen, die Informationen gegenüber dem MfS untersagten und eine umfassende Berichterstattung gegenüber den kirchlichen Vorgesetzten verlangten. Durch mündliche Instruktionen an Geistliche und kirchliche Mitarbeiter wurden die Richtlinien der fünfziger Jahre stets wiederholt: Kontaktaufnahmen durch das MfS seien den kirchlichen Dienstvorgesetzten zu melden, um sie gegebenenfalls zum Abbruch bringen zu können. Bedeutung und Wirkkraft dieser Anweisungen sind trotz gelegentlicher Überschreitungen im katholischen Bereich nicht zu unterschätzen.

2.2.3. Typologie „Inoffizieller Mitarbeiter" im Bereich der katholischen Kirche

Der in den Richtlinien des MfS definierte Idealtypus der verpflichteten, konspirativ tätigen und berichtenden IM fand sich auch im

[36] Vgl. als Überblick Grande/Schäfer, a.a.O. (Anmerkung 10). Siehe auch den Exkurs nach Kapitel 2.1.4.

Bereich der katholischen Kirche, zumeist in Kreisen von Laien. In der Praxis aber war das Spektrum der registrierten IM-Vorgänge ein sehr weites. Die Vorgehensweise des MfS war pragmatisch, weil das vorrangige Ziel, nämlich der Erhalt von Informationen, durch das Insistieren auf formalen Kategorien nicht gefährdet werden sollte. Katholiken, die sich ohne schriftliche Verpflichtung und eigene Berichte zu Gesprächen mit dem MfS bereitfanden, konnten zumindest „abgeschöpft" werden. Solche Gesprächskontakte hätte sich das MfS verbaut, wenn die kirchlichen Gesprächspartner von vorneherein mit einer schriftlichen Verpflichtung und Abfassung von Berichten konfrontiert worden wären. Bei fast allen Kontakten legte das MfS bei Vorhandensein einer „Gesprächsbereitschaft" aber in der Regel eine IM-Akte an, bisweilen auch über die Vorstadien einer Registrierung als „Kontaktperson" (KP) bzw. eines „IM-Vorlaufes".

Folgende Typen der IM-Registrierungen können im Bereich der katholischen Kirche[37] festgestellt werden, wobei die Tatsache einer Registrierung nicht notwendigerweise in jedem Fall mit einer konsequent daraus resultierenden Tätigkeit für das MfS identisch ist:

– Bis auf Prälat Johannes Zinke, der seit 1958 als nicht-konspirativer Gesprächsbeauftragter der katholischen Bischöfe regelmäßig mit dem MfS verhandelte (siehe Kapitel 2.3.1.1.), wurden ab 1967 alle weiteren kirchlichen Beauftragten zu Gesprächen mit dem MfS auf Berliner Zentralebene sowie im Bereich des Bischöflichen Amtes Magdeburg und des Bistums Dresden-Meißen ohne ihr Wissen als „IM" geführt. Insgesamt handelt es sich dabei um neun Personen (siehe Kapitel 2.3.1.2., 2.3.3.2., 2.3.7.2., 2.3.10.2.).

– Katholische Priester und einige Laien, die sich unter Verstoß gegen die kirchlichen Gesprächsordnungen ohne Information ihrer Vorgesetzten zu Gesprächen mit dem MfS bereitfanden, wurden von diesem gezielt „abgeschöpft". Obwohl sie nicht „verpflichtet" wurden und dem MfS keine direkten „Berichte" lieferten, wurden sie unter einem ihnen zumeist nicht bekannten Decknamen als IM registriert. Beispielsweise findet sich in entsprechenden Akten der BV Dresden häufig folgende Standardformel: „Auf der Grundlage der bisherigen Erkenntnisse mit leitenden Amtsträgern der katholischen Kirche

[37] Vgl. Schäfer, a.a.O. (Anm. 2) und den Text „Erkenntnisse zur Aktenführung" im Anhang.

(sowie den Weisungen des Ministers zur Zusammenarbeit mit IM auf der Linie XX/4) wird mit N.N. kein Werbungsgespräch über die inoffizielle Zusammenarbeit geführt, und es erfolgt keine schriftliche Verpflichtung. Es ist vorgesehen, mit N.N. regelmäßig Gespräche zu führen mit dem Ziel, 1. ihn allseitig abzuschöpfen und 2. über ihn Einfluß auf den Klerus zu nehmen".

– Schließlich findet sich, selten bei Priestern, häufiger bei katholischen Laien, der Regelfall einer schriftlichen Verpflichtungserklärung. Diese Personen arbeiteten danach oft konspirativ mit dem MfS durch eigene schriftliche oder mündliche Berichterstattung zusammen.

– Äußerst selten, im katholischen Bereich bisher in nur zwei Fällen, finden sich auch Akten „fiktiver IM". Solche Personen unterhielten selbst keine Kontakte zum MfS, wurden aber durch tatsächlich für das MfS tätige IM ohne ihr Wissen um deren Tätigkeit „abgeschöpft".[38]

Hierbei handelt es sich nicht um die zu Beginn der Diskussion um die MfS-Kontakte von Manfred Stolpe 1992 ins Spiel gebrachte, auch in östlichen Gliedkirchen der EKD vertretene Variante angeblich „fiktiver" IM. Solche IM fallen unter die obengenannte Kategorie der „Abschöpfung", weil sie zwar nicht für das MfS berichteten, aber zumeist konspirativ mit dessen hauptamtlichen Vertretern sprachen und ihnen deren MfS-Zugehörigkeit bekannt war. Insofern waren solche Kontakte nicht „fiktiv".

2.3. Die „operative Arbeit" des MfS auf der „katholischen Linie" 1950 bis 1989

2.3.1. HA V/4 bzw. HA XX/4 und Bezirksverwaltung Berlin

Die in Berlin ansässige Hauptabteilung zur Bearbeitung der Kirchen übernahm in der „Hauptstadt der DDR" viele Funktionen in eigener Regie, die in den Bezirksstädten von den dortigen Bezirksverwaltungen wahrgenommen wurden. Die BV Berlin hatte deshalb im Bereich

[38] Bekannt ist der Vorgang eines westdeutschen Journalisten („Doktor"), den die HA XX/4 kurzfristig auf diese Weise registrierte, und ein langjähriger Vorgang der BV Dresden zu einem katholischen Priester („Grimma"; BStU, Ast Dresden, XII 11/67).

der katholischen Kirche, abgesehen von der zentralen „Bearbeitung" des Kolpingwerkes, nur untergeordnete Überwachungstätigkeiten zu leisten und weniger bedeutende IM-Vorgänge zu führen. Die Hauptabteilung beanspruchte außerdem zentrale „Bearbeitung" oder zumindest die koordinierende Anleitung, wenn es sich um überregionale Zusammenhänge kirchlicher Strukturen handelte. Aufgrund vorhandener jährlicher Maßnahmepläne zur katholischen Kirche aus den Jahren 1959 bis 1987 sind den Hauptabteilungen bzw. der BV Berlin folgende Bereiche, mehr oder weniger hauptsächlich, zuzuordnen: Zentrale Verhandlungsschiene zur katholischen Kirche, BOK/BBK als Institution, Studentengemeinden, Akademikerarbeit, Kolpingwerk, Ordensgemeinschaften, kirchliche Ausbildungsstätten und Caritasverband. Darüberhinaus wurden in Berlin durch die Hauptabteilungen einzelne „operative Vorgänge" wie auch IM aus anderen Bezirken zentral „bearbeitet".

Zahlreiche Unterlagen der HA V/4 bzw. XX/4 sind in den Archiven des BStU vorhanden – bis auf die im November 1989 noch nicht archivierten Vorgänge. Spätestens seit dem 30. November 1989 kam es laut „Löschbefehlen" zur flächendeckenden (Vor-) Vernichtung noch laufender IM-Akten sowie gleichermaßen von „operativen Vorgängen" und Sachakten-Ablagen. Gleichwohl ist die Entschlüsselung von Decknamen über Karteikarten möglich, „vorvernichtetes" Material ist stellenweise wieder rekonstruiert worden. In der BV Berlin sind dagegen alle Ende 1989 noch nicht archivierten IM-Akten auf der „katholischen Linie" der Abteilung XX/4 fast lückenlos bis auf wenige frühere Teilablagen vernichtet. Selbst Entschlüsselungen sind nur im Einzelfall möglich.

Prälat Johannes Zinke (1903-1968), als Nachfolger von Bischof Heinrich Wienken seit 1952 in Berlin Leiter des Commissariats der Fuldaer Bischofskonferenz und der Hauptvertretung des Deutschen Caritasverbandes, wurde als zentraler Beauftragter der BOK zu Gesprächen mit den staatlichen Stellen im Januar 1953 in einem Nebenraum des MdI mit Vertretern des MfS konfrontiert.[39] Weil Zinke diesen Kontakt zum Anlaß nahm, bald darauf in der Angelegenheit eines verhafteten Priesters selbst beim MfS zwecks Verhandlungen vorzusprechen, brach letzteres den Kontakt sofort wieder ab. Als sich Zinke dagegen Ende 1958 in der MfS-Zentrale in Berlin-Lichtenberg meldete, um in der Angelegenheit von vier verhafteten und später zu längeren Haftstrafen verurteilten Jesuiten aus Berlin-Biesdorf[40] zu verhandeln, ließ sich das MfS auf Gespräche ein. In der Folge entwickelte sich daraus die bis Ende 1989 aktive zentrale „Verhandlungsstrecke" zwischen Beauftragten des Vorsitzenden der BOK bzw. BBK und dem MfS. Kirchlicherseits wurde (vergeblich) erhofft, durch diese nicht-konspirativen Beauftragten die MfS-Kontakte auf Personen des Vertrauens zu kanalisieren und zu beschränken. Zu Beginn der Kontakte Zinkes Ende 1958 war diese Konstellation für beide Seiten attraktiv gewesen: Die Dienststelle des Staatssekretärs für Kirchenfragen hatte im Mai 1958 dem Berliner Bischof Julius Döpfner die Einreise in die DDR außerhalb Berlins verweigert und jegliche Kontakte zu ihm und Johannes Zinke abgebrochen. Über die Schiene des MfS kam Zinke aber wieder mit einem Staatsorgan ins Gespräch, das zudem durch den direkten Kontakt in das ZK der SED über Einfluß auf Entscheidungen verfügte sowie selbst sehr daran interessiert war, in Angelegenheiten der Kirchenpolitik als vorgeordnetes Organ gegenüber der Dienststelle des Staatssekretärs für Kirchenfragen zu agieren. Die Direktkontakte mit einem nicht-konspirativen kirchlichen Beauftragten verbuchte das MfS als Möglichkeit zur Beeinflussung der BOK. Zu den Gesprächen Zinkes zwischen 1958 und seinem Tode im November 1968 konnte bisher keine zusammenfassende MfS-Akte gefunden werden. Aus einzelnen Fund-

---

39 Vgl. BStU, ZA, AOP 614/59.
40 Vgl. Kapitel 2.3.1.6.

stücken[41] wie kirchlichen Aktenvermerken[42] Zinkes über diese Gespräche läßt sich festhalten, daß sowohl über sehr grundsätzliche als auch über detaillierte und personenbezogene Vorgänge verhandelt wurde und Zinke nicht als GI oder IM geführt wurde. Sein hauptsächlicher Gesprächspartner im MfS war bis 1962 Referatsleiter Arno Schulz alias „Müller", danach vermutlich dessen Nachfolger Hans Buhl bzw. Hans Ludwig.

Nach dem Tode des Ostberliner Prälaten Bernhard Drews im September 1967, der als Beauftragter von Bischof Bengsch für die Gespräche mit der Dienststelle des Staatssekretärs für Kirchenfragen fungiert hatte, wurde Prälat Otto Groß (1917-1974) dessen Nachfolger. Die MfS-Offiziere Hans Ludwig und Helmut Wegener alias „Lorenz" sprachen deshalb Groß bald darauf direkt an, um ihn auch für ihre Gesprächsebene zu gewinnen. Da Prälat Johannes Zinke zwar weiterhin offizielle Kontakte mit dem MfS unterhielt, aber zunehmend gesundheitlich beeinträchtigt und wegen seines Westberliner Wohnsitzes für die Ostberliner Bistumsleitung nicht ständig erreichbar war, wurde Otto Groß durch Kardinal Bengsch ebenfalls mit der Wahrnehmung von MfS-Kontakten beauftragt. Bis zu seinem Tode im August 1974 führte er sehr viele Gespräche mit Helmut Wegener, die bisher aus einer von diesem angelegten dreibändigen IM-Akte „Otto"[43] und einigen wenigen kirchlichen Vermerken[44] teilweise rekonstruierbar sind. Jede Seite meinte „Erfolge" hinsichtlich gegenseitiger Beeinflussung und auch gelegentlicher gemeinsamer Absprachen verzeichnen zu können. In der Nachfolge und Tradition von Otto Groß führte Prälat Paul Dissemond (*1920), Sekretär der BOK bzw. BBK, zwischen Ende 1974 und Mai 1987 offiziell die Gespräche auf dieser Verhandlungsschiene. Zunächst war er von Helmut Wegener angesprochen worden. Nach dessen tödlichem Verkehrsunfall im Dezember 1974 fungierte aber bald der neue Referatsleiter Hans Baethge alias „Ebert" als neuer Gesprächspartner Dissemonds, bisweilen auch zusätzlich die Abtei-

---

41 In einer Information der HA XX/4 vom 1.8.1964 über ein Gespräch mit Zinke wurde jener als „Beauftragter des Erzbischofs Bengsch" bezeichnet: BStU, ZA, AIM 6973/73, Teil I, Bl. 160f.

42 Vgl. Berichte Zinkes aus den Jahren 1959 und 1960, in: DAB, Asig 31/50 und 31/52.

43 BStU, ZA, AIM 2716/75.

44 „Regionalarchiv Ordinarien Ost" (ROO) im Bistumsarchiv Erfurt, I II.

lungsleiter Hans Ludwig bzw. Joachim Wiegand alias „Wagner". Vom MfS wurde Dissemond als IMB „Peter" geführt, die Akte(n) wurden im Dezember 1989 laut Vernichtungsprotokoll „gelöscht".[45] Noch verbliebene Bestände an MfS-„Informationen" zwischen 1975 und 1985, die „Peter" zugeschrieben werden, lassen auch hier auf einen weitreichenden „Informationsaustausch" schließen. Nach dem Ausscheiden von Prälat Dissemond als Generalsekretär der BBK im Frühjahr 1987 wurde sein Nachfolger Prälat Josef Michelfeit (*1937) von Kardinal Joachim Meisner, dem Vorsitzenden der BBK, auch mit den Gesprächskontakten zum MfS betraut, welches durch Hans Baethge sowie Werner Sprotte alias „Grote" mit ihm Gespräche führte und ihn als IMS „Anton" registrierte.[46] Auch diese Akte(n) wurden laut Vernichtungsprotokoll im Dezember 1989 „gelöscht", dem Decknamen „Anton" zugeordnete Informationen sind in MfS-Unterlagen bisher nicht aufgefunden worden. Prälat Michelfeit wurde mit diesen Kontakten durch Kardinal Meisner beauftragt, obwohl das MfS signalisiert hatte, daß es Prälat Gerhard Lange (*1933), den Beauftragten der BBK für die Verhandlungen mit der Dienststelle des Staatssekretärs für Kirchenfragen, als Gesprächspartner wünschte. In der vergeblichen Hoffnung, daß wie in der Zeit von Otto Groß zwischen 1967 und 1974 auf kirchlicher Seite „alles in einer Hand" sein würde, hatte das MfS dazu 1987 bereits einen IM-Vorlauf „Eminenz" zu Lange angelegt.[47] Dieser Vorlauf[48] wurde in der HA XX/4, aufgrund eines frühen Löschbefehls vom November 1989, Anfang Dezember noch vor den Akten der offiziellen Gesprächsbeauftragten laut Vernichtungsprotokoll „gelöscht".
Auf zentraler Ebene wurden zusätzlich zwei Geistliche von Kardinal Bengsch beauftragt, Gespräche mit dem MfS zu führen, nachdem sie 1969 bzw. 1970 von diesem angesprochen wurden und Bengsch darüber berichteten. In seiner Eigenschaft als Leiter der Zentralstelle des Deutschen Caritasverbandes in Ostberlin nahm Theodor Hubrich (1919-1992) seit 1969 Kontakte mit Helmut Wegener wahr. Die HA

---

[45] BStU, ZA, XV 665/75.

[46] BStU, ZA, XV 4072/87.

[47] Vgl. eine Presseerklärung des Bistums Berlin vom 20.1.1994.

[48] Aus der Tatsache, daß das MfS zu einer Person einen „IM-Vorlauf" anlegte, geht nicht notwendigerweise hervor, daß bereits zum Zeitpunkt des Anlegens ein Kontakt zu dieser Person bestand. Im vorliegenden Fall ist aufgrund fehlender Unterlagen keine Beurteilung möglich.

XX/4 setzte sie auch nach 1972 über Hans Baethge alias „Heine" fort, obwohl Hubrich Generalvikar in Magdeburg geworden war und über solche Gespräche mit regionalen Inhalten auch seinen Magdeburger Bischof Johannes Braun informierte. Nach seiner Ernennung zum Bischof von Schwerin im Dezember 1987 kam es, nach neuestem Erkenntnisstand, zumindest noch im Juli 1989 zu einem weiteren Gespräch. Die vom MfS seit 1970 angelegte IM-Akte „Theodor" wurde im Dezember 1989 laut Vernichtungsbefehl „gelöscht".[49] Monsignore Norbert Kaczmarek (*1929), Caritasdirektor für den Ostteil des Bistums Berlin und später Leiter des Seelsorgeamts im Bischöflichen Ordinariat, wurde im Dezember 1970 von Hans Baethge alias „Ebert" angesprochen und daraufhin von Kardinal Bengsch beauftragt, in enger Abstimmung mit Prälat Otto Groß und später Prälat Paul Dissemond ebenfalls Gespräche mit dem MfS zu führen. 1971 wurde deshalb zu ihm eine IM-Akte „Norbert" angelegt, die im Dezember 1989 laut Vernichtungsprotokoll „gelöscht" wurde[50], obwohl Kaczmarek mit der Beendigung seiner Tätigkeit im Ordinariat und nach Übernahme einer Berliner Pfarrei diese Kontakte schon 1981 beendete. Bisher aufgefundene Auszüge aus Treffberichten und einzelne Informationen, die unter anderem „Norbert" als Quelle angeben, stammen aus dem Zeitraum zwischen 1972 und 1980.

2.3.1.2. Beeinflussungs- und Überwachungsversuche der BOK bzw. BBK

Das MfS verfügte zwischen 1950 und 1989 nur über zwei direkte Ansprechpartner aus den Reihen der BOK bzw. BBK. Außer dem langjährigen Gesprächsbeauftragten Theodor Hubrich, der seit 1975 als Weihbischof in Magdeburg amtierte und 1988 Bischof in Schwerin wurde, fand sich nur der Bischöfliche Kommissar Josef Schönauer (1894-1984) in Meiningen zwischen 1956 und 1959 vorübergehend zu Gesprächen bereit.[51] Schönauer wurde sporadisch durch das MfS

---

[49] BStU, ZA, XV 600/70.

[50] BStU, ZA, XV 3578/71.

[51] Zwei an dieser Stelle zu erwähnende „Besuche" des MfS-Offiziers Dieter Schanze 1985 und 1987 in Dresden bei Bischof Gerhard Schaffran, zusammen mit dem kirchlichen Gesprächsbeauftragten Othmar Faber, behandelten laut Schanzes Vermerken keine Themen im Zusammenhang mit der BBK: Vgl. BStU, Ast Dresden, XII 1593/84 („Konstantin").

aufgesucht, ohne sein Wissen als GI „Brücke“ geführt und geringfügig „abgeschöpft“, bis die Kontakte von der Staatssicherheit 1959 wegen seiner „feindlichen“ Einstellung zur DDR abgebrochen wurden.[52] In beiden Fällen ist aus den bisher aufgefundenen Akten zumindest keine Instrumentalisierung dieser Geistlichen zur Beeinflussung der Konferenzen der Bischöfe ersichtlich. Die in einem Maßnahmeplan der HA XX/4 vom Januar 1970 angekündigte „Werbung“ eines Mitgliedes der BOK unter dem Decknamen „Römer“[53] wurde nicht realisiert, eine Kontaktaufnahme fand nicht statt.

Indirekten Einfluß konnte das MfS nur über die Kontaktpartner auszuüben versuchen, die als Beauftragte der Bischöfe auf zentraler Ebene die Gespräche wahrnahmen und darüber zum Teil anläßlich der Sitzungen der BOK bzw. BBK informierten (Johannes Zinke, Otto Groß, Paul Dissemond, Josef Michelfeit). Weil deren Kontakte jedoch allen Bischöfen bekannt waren, war eine konspirative Einflußnahme nicht möglich, solange sich die Beauftragten gegenüber ihren Auftraggebern transparent verhielten. Eine schwierige Aufgabe war es, im Einzelfall zu entscheiden, in welcher Form die Beauftragten in Gesprächen mit dem MfS auf Meinungsbildungen und Beschlüsse aus den Sitzungen der Bischöfe eingingen bzw. dazu autorisiert waren.

Informationen aus der BOK bzw. BBK suchte das MfS vor allem auf anderen Wegen zu erhalten. In den Jahren 1958 und 1959 konnten durch „operative Technik“, also Abhöranlagen, im Arbeitszimmer von Bischof Otto Spülbeck in Bautzen, im Bischöflichen Kommissariat in Magdeburg und im Bischöflichen Ordinariat in Westberlin wichtige Informationen auch aus den Beratungen der Bischöfe gewonnen werden. Nach dem Einbau einer weiteren Anlage in der Ostberliner Wohnung von Weihbischof Alfred Bengsch und deren Auffinden wurden 1959 alle Abhörvorrichtungen durch das MfS aus Angst vor weiteren Entdeckungen nicht mehr benutzt.[54] Trotz fortgesetzter Pläne in den sechziger Jahren wurden Anlagen zum Abhören einzelner Bischöfe und ihrer gemeinsamen Sitzungen wohl nicht

---

[52] BStU, ZA, AIM 2396/61.

[53] Vgl. den Werbungsplan der HA XX/4 vom 10.2.1969, in: Gerhard Besier/Stephan Wolf (Hgg.), ‚Pfarrer, Christen und Katholiken‘. Das Ministerium für Staatssicherheit der ehemaligen DDR und die Kirchen, Neukirchen/Vluyn ^{2}1992, S. 269f.

[54] Vgl. einen Bericht der HA V/4 vom 23.12.1959, in: BStU, ZA, AP 10870/72, Bl. 16. Siehe den vollständigen Bericht im Anhang.

mehr installiert. Dagegen war in der Wohnung des Ostberliner Prälaten und späteren Generalvikars Theodor Schmitz, in der sich gelegentlich hochrangige Geistliche zu internen Gesprächen aufhielten, durch aktive Mithilfe des IM-Ehepaares „Vorwärts"[55] im gleichen Wohnhaus zwischen dem 22.9.1964 und 23.10.1972 eine Abhöranlage („Hase") in Betrieb.

Ab etwa 1985 dürften dann jedoch sowohl die Sitzungen der BBK als auch deren gemeinsame Beratungen mit Mitgliedern der Deutschen Bischofskonferenz und des Bonner „Zentralkomitees der deutschen Katholiken" durch Richtmikrophone abgehört worden sein, weil sich der Sitzungssaal im Ostberliner Ordinariat gegenüber einem Gebäude der SED-Bezirksleitung Berlin befand.[56] Die Analyse der MfS-„Informationen" seit 1985, die sich durch die partielle Wiedergabe der Inhalte von Referaten und Diskussionen qualitativ erheblich von den eher allgemeinen Erkenntnissen zu solchen Sitzungen aus den Jahrzehnten zuvor unterschieden, legt den Verdacht einer „technischen Quelle" sehr nahe. Eine weitere bedeutende Quelle zum Erhalt von Informationen aus der Konferenz der Bischöfe war das systematische Abhören von Telefongesprächen innerhalb Westberlins sowie zwischen dem Bundesgebiet und Westberlin. Solche Gespräche führten die Berliner Bischöfe und ihre Beauftragten im Rahmen ihrer Aufenthalte im Westteil des Bistums Berlin.

2.3.1.3. Katholische Studentengemeinden

Besonders gefährlich erschienen den staatlichen Stellen seit Beginn der fünfziger Jahre die Katholischen Studentengemeinden (KSG) und ihre Pfarrer in den Hochschulstädten wegen befürchteter „politischer Diversion" und „ideologischer Zersetzung".[57] Die Überwachungsmaßnahmen des MfS begannen spätestens mit dem Katholikentag in

[55] Vgl. BStU, ZA, 4834/59.

[56] Siehe dazu Dokumente im Anhang.

[57] Vgl. Peter-Paul Straube, Katholische Studentengemeinde in der DDR als Ort eines außeruniversitären Studium generale, Leipzig 1996. Noch in der sowjetischen Besatzungszeit war der Rostocker Studentenpfarrer Hermann Jansen Anfang 1949 verhaftet und zu 25 Jahren Zwangsarbeit verurteilt worden. 1957 wurde er aus der Haft entlassen und siedelte in den Westen über. Seine Haftzeit war die längste eines katholischen Geistlichen auf dem Gebiet der SBZ/DDR.

Berlin im August 1958 und verstärkten sich in den Jahren nach 1961.[58] Besonders beobachtet und beargwöhnt wurden die Kontakte mit westdeutschen Studentengemeinden. Verantwortlich für die „operative Bearbeitung" der KSG war der MfS-Offizier Heinz Nordt alias „Horn" von der Berliner HA XX/4. Zielrichtung des MfS war der Erhalt von Informationen über die Arbeit der KSG und deren politische Inhalte. Hierzu konnten aus Überwachungsakten, die sich gegen die Person einzelner Studentenpfarrer richteten, und durch das Anlegen eines umfangreichen OV „Schild" zur KSG Leipzig unter Einbau einer Wanze im Oratorium in Leipzig-Plagwitz zwischen 1969 und 1974 detaillierte Informationen gewonnen werden.[59] Neben einigen herangeschleusten Studenten und nur wenigen erfolgreichen Werbungen in den Kerngruppen der KSG selbst, konnte Heinz Nordt mit der erfolgreichen Kontaktaufnahme zu dem im Jahre 1970 amtierenden Ostberliner Studentenpfarrer einen Erfolg verbuchen. Dieser Pfarrer, der als IM „Berg" (1970-1975) bzw. „Johannes" (1975-1989) geführt wurde[60], vermittelte dem MfS zwischen 1970 und 1976 detaillierte Informationen zu den Westkontakten der KSG Berlin, deren sonstigen Aktivitäten und den DDR-weiten Konferenzen aller Studentenpfarrer. Weitere Pfarrer konnten aber zu keinem Zeitpunkt für dauerhafte konspirative Gespräche gewonnen werden, so daß nach 1976 das MfS nicht mehr über Informationen aus den Studentenpfarrerkonferenzen verfügte. Die „Bearbeitung" der KSG nahm seit Mitte der siebziger Jahre an Intensität ab, als sich eine nachrückende Studentengeneration von den gesellschafts- und sozialismusverändernden Positionen abwandte, die bis dahin die Arbeit mancher KSG in der DDR bestimmt hatten und vom MfS als „versuchte Unterminierung" angesehen wurden. Trotzdem wurden Westverbindungen, im MfS-Jargon „Kontaktpolitik" genannt, aber auch Kontakte nach Polen weiterhin zu beobachten versucht. Zum „Berliner Bildungszentrum" im Westen der Stadt wurde dazu ein OV „Zentrum" angelegt. Dieser Aktenvorgang wurde Ende 1989 laut Vernichtungsbefehl von der HA XX/4 „gelöscht". In Berlin wurden ehemalige Studenten

---

[58] Vgl. BStU, ZA, HA XX/4, 2509.

[59] Vgl. BStU, Ast Leipzig, XIII 863/69 bzw. AOP 1311/74.

[60] BStU, ZA, XV 685/70. Die Unterlagen wurden bis auf eine, allerdings aussagekräftige, Teilablage für die Jahre 1970 bis 1976 laut Vernichtungsbefehl im Dezember 1989 „gelöscht". Vgl. zu „Johannes" auch 2.3.1.7.

der Ostberliner KSG und ihre Westkontakte zwischen 1971 und 1974 im OV „Luke“ mit IM und Wanzen wegen des Verdachts der Bildung einer „staatsfeindlichen Gruppe“ überwacht.[61] In der Regel bereitete es dem MfS keine größeren Probleme, in die für alle offenen KSG studentische oder jugendliche IM heranzuschleusen wie z.B. „Kunst“[62], „Rita“[63], „Hans“[64] und „Cloud“[65] in Berlin in den siebziger und achtziger Jahren, um zumindest einen gewissen Informationsbedarf zu decken. Tatsächliche IM-„Werbungen“ aus dem aktiven Kern einer KSG waren dagegen relativ selten oder mißlangen (z.B. „Reiner“[66] in der KSG Berlin in den siebziger Jahren).

2.3.1.4. Katholische Akademikerarbeit

Die oft aus den KSG hervorgegangenen Mitglieder katholischer Akademikerkreise sowie die Pfarrer, die sich in der Akademikerarbeit betätigten, waren vor allem zwischen 1961 und der Mitte der siebziger Jahre auffällig im Blickfeld des MfS. Vielen dieser Gesprächs– und Arbeitskreise, die sich oft in Privatwohnungen trafen, unterstellte das MfS eine „Untergrundarbeit“, um systematisch „in die sozialistische Gesellschaft einzudringen“. Die katholische Bindung einer im sozialistischen Bildungssystem ausgebildeten Intelligenz legte für die Staatssicherheit den permanenten Verdacht von „Illoyalität“ und potentieller „Unterminierung“ des jeweiligen Arbeitsumfeldes nahe. Akademikerkreise wurden durch das MfS nicht zentral, sondern von den BV vor Ort „bearbeitet“.

Im Bereich der HV/BV Berlin wurde ein von einem katholischen Laien aus Schirgiswalde geleiteter ökumenischer Gesprächskreis der „Una-Sancta-Bewegung“, der in einer katholischen Pfarrei in Berlin tagte, in Zusammenarbeit mit der BV Dresden zwischen 1965 und 1980 als OV „Begegnung“[67] durch eingeschleuste IM („Erika“ und

[61] BStU, ZA, HA XX/4, 2510.
[62] BStU, ZA, VI 531/67.
[63] BStU, ZA, XV 3866/76.
[64] BStU, ZA, XV 2362/72.
[65] BStU, ZA, XV 4404/85. Die Akte wurde laut Vernichtungbefehl der HA XX/4 im Dezember 1989 „gelöscht“.
[66] BStU, ZA, XV 2839/73 bzw. AIM 10507/79.
[67] BStU, ZA, XII 725/65 bzw. AOV 2765/80.

„Wolf"[68]) überwacht. Eine 1988 archivierte OPK „Akademiker" existierte zu den von dem Berliner Akademikerseelsorger betreuten Berufsgruppen und dem „Kurt-Huber-Kreis"[69].

2.3.1.5. Kolpingwerk

Das Kolpingwerk war in der Sowjetischen Besatzungszone gleich 1945 nach Absprachen mit Vertretern der Sowjetischen Militäradministration wie selbstverständlich unter dem Dach von Kirchengemeinden als Kolpingfamilie wieder tätig geworden und hielt besonders über Westberlin seine gesamtdeutschen Verbindungen mit der Zentrale in Köln aufrecht. Etwa ab 1953 geriet es ins Visier von Polizei und MfS, weil seine männlichen Mitglieder als „Arbeiter" tätig waren und der „Wirtschaftsspionage" verdächtigt wurden. Durch vorübergehende Verhaftungen und Verhöre sowie durch die Werbung des bald intensiv dem MfS zuarbeitenden „(Peter) Schramm" aus Berlin-Pankow[70] im September 1953 erhielt die Staatssicherheit Informationen, die sie veranlaßten, die „feindliche" Tätigkeit des Kolpingwerkes durch GI besonders überwachen zu lassen. Aufgrund der relativ offenen Struktur des Kolpingwerkes war es dem MfS möglich, einzelne katholische Laien als Informanten zu gewinnen und getarnte Agenten an Kolpingmitglieder heranzuschleusen.

Seit den sechziger Jahren waren die Aktivitäten des MfS gegenüber dem Kolpingwerk verknüpft mit dem Offizier Edwin Hille von der Abteilung XX/4 der BV (Groß-) Berlin. Während er den bereits seit 1953 tätigen GI/IM „Schramm" bis zum Ende der DDR übernehmen konnte, baute er in Berlin weitere Gesprächskontakte mit Kolpingbrüdern auf und konnte so über ein gewisses IM-Netz verfügen. Von besonderer Bedeutung waren die langjährigen IM „Drescher" aus Berlin-Prenzlauer Berg (1962-1989)[71], „Mahlsdorf" aus Berlin-Kauls-

---

[68] Zu „Erika" siehe Kapitel 2.3.3.2. „Wolf" war evangelischer Diakon in Dresden und später Pfarrer in Bitterfeld. Er arbeitete dem MfS stets in intensiver Weise zu und wollte später sogar aus dem Pfarramt hauptamtlich zur Staatssicherheit wechseln, was diese jedoch nicht zuließ: BStU, Ast Halle, XII 2007/63.

[69] BStU, ZA, AOP 1159/87.

[70] BStU, ZA, 3716/61, Teil II, 9 (Rest-) Bände für die Zeit von 1953 bis 1980 sowie ein Band von Teil III (Zahlungsbelege).

[71] BStU, ZA, 1310/62 bzw. AIM 1790/91. Vorhanden ist eine Teilablage für die Jahre 1962 bis 1969.

dorf (1965-1989)[72] und „Irmchen" (1974-1989)[73], die Ehefrau von „Schramm". Die in den achtziger Jahren in Berlin erfolgten Werbungen von „Franz Schmidt" und „Hermann Marquart" konnten aufgrund der Vernichtungen der entsprechenden IM-Akten durch die MfS-BV Berlin Ende 1989 nicht mehr identifiziert werden. Ebenfalls nicht identifiziert werden konnte bisher „Eduard"[74] (als IM mindestens von 1958 bis 1980 tätig). Mindestens sieben weitere Kontakte waren kurzfristig. Zum Teil erfolgten IM-Registrierungen, obwohl die Kontaktversuche zum Teil abgelehnt wurden („Bernd/Berndt", „Falaszek", „Johannes"[75], „Lippert"[76], „Schlosser", „Schwägerin", „Stern").

Mit den aus diesen Kontakten gewonnenen Informationen fabrizierte Edwin Hille zusammen mit hauptamtlichen und Führungs-IM der BV Berlin (HIM „Vörster" alias „Kolpingbruder Wolff"[77], FIM „Schulte" und FIM „Schukalla"[78]) anonyme Rundbriefe (getarnt als „Kolping-Echo", später zusätzlich „Morgenröte") mit zum Teil obszönen Inhalten zur „Zersetzung" des Kolpingwerkes. Auf diese Weise streuten Hille und seine Helfer zahllose Gerüchte und Verdächtigungen, die Irritationen erzeugten, aber die Kolpingarbeit selbst insgesamt kaum beeinträchtigten. Anschauliches Material liefert hierzu der von Hille zwischen 1975 und 1981 geführte OV „Kontra"[79], der vergeblich die grenzüberschreitende Zusammenarbeit des Kolpingwerkes in Berlin unterbinden wollte. Zuvor wurden im OV „Tourist" die Kontakte der Berliner Kolpingsfamilien zu ihren Partnern in Limburg und Köln überwacht. Das Dilemma in seiner „Zersetzungstätigkeit" bestand für Offizier Edwin Hille darin, daß er, trotz seines umfangreichen Wissens über Personen und Aktivitäten im Kolpingwerk, das Risiko vermeiden mußte, durch falsche Maßnahmen seine konspirativen IM zu enttarnen. Durch die intensive Tätigkeit und zentrale Funktion von „Schramm" und „Irmchen" im Kolpingwerk

---

72 BStU, ZA, AIM 4292/89.

73 BStU, ZA, XV 1534/74. Die Akte ist offensichtlich „gelöscht".

74 BStU, ZA, 14135/60.

75 BStU, ZA, 14167/60 bzw. AIM 9000/62.

76 BStU, ZA, XV 2328/63 bzw. AIM 4714/68.

77 BStU, ZA, 1961/54 bzw. 3137/61 bzw. AHIM 17118/85.

78 Diese beiden FIM-Vorgänge konnten bisher nicht identifiziert werden.

79 BStU, ZA, XV 1302/75 bzw. AOP 12462/81. Siehe auch den dokumentierten Maßnahmeplan im Anhang.

konnte für die gesamte DDR dessen breite MfS-Überwachung von Berlin aus weitgehend bewerkstelligt werden.[80]

2.3.1.6. Katholische Ordensgemeinschaften

Die Niederlassungen katholischer Ordensgemeinschaften in der DDR unterstanden in der Regel Ordensoberen, die außerhalb der DDR ansässig waren, so daß sich für das MfS daraus der Verdacht der „Außensteuerung" und „Spionagetätigkeit" ergab. Zudem hielten die Staatssicherheitsoffiziere die Orden zumindest in den fünfziger Jahren für besonders gefährliche „Elitetruppen" der katholischen Kirche zur Bekämpfung des Sozialismus. Sie wurden deshalb seit den fünfziger Jahren zentral durch die HA V/4 bzw. XX/4 in Berlin „bearbeitet".

Besonders im Visier war der Jesuitenorden, dessen Niederlassungen in Berlin, Magdeburg, Leipzig und Weimar in den Jahren 1958 und 1959 durch Wanzen überwacht wurden. Am 22. Juli 1958 wurden vier Mitglieder des Ordens in Berlin-Biesdorf verhaftet und im Dezember 1958 in einem durch das MfS präparierten Schauprozeß vom Bezirksgericht in Frankfurt/Oder wegen „Spionage, staatsgefährdender Hetze, Beihilfe zur Republikflucht und unerlaubtem Devisenbesitz" zu Haftstrafen zwischen anderthalb und vier Jahren verurteilt. Verhaftung und Prozeß waren eine gezielte Aktion, um den gesamten katholischen Klerus auf dem Gebiet der DDR einzuschüchtern, damit er seine Westkontakte einschränken und die repressiven Strafgesetze der DDR nicht unterlaufen sollte. Bis in die siebziger Jahre wurde der Jesuitenorden weiterhin besonders beobachtet, doch aus den insgesamt 16 Niederlassungen des Ordens in der DDR gelang nur in den sechziger Jahren eine relevante konspirative Werbung eines Jesuitenpaters zwischen 1968 und 1972 in Berlin nach einer vorangegangenen Erpressung („Bernhard"[81]). Ein weiterer, nicht-konspirativer Kontakt zu einem Jesuiten seitens der HA XX/4 existierte zwischen 1971 und 1986 in Berlin („Schober"[82], der

[80] Das Kolpingwerk hat aufgrund von Forschungsanträgen bei der Behörde des BStU Einsicht in die zu ihm angelegten IM- und OV-Akten genommen.

[81] BStU, ZA, AIM 13060/72 bzw. XII 711/63.

[82] BStU, ZA, XV 1581/71.

über jedes Gespräch dem Berliner Bischof bzw. seinen Beauftragten berichtete. Schließlich wurde zwischen 1986 und 1989 zu einem dritten Jesuitenpater ein konspirativer „Abschöpfvorgang" durch die BV Dresden („Köhler"[83]) angelegt.[84]

Weil die exemten Ordensgeistlichen in der DDR in der Regel nicht den ortsansässigen katholischen Bischöfen zur Information verpflichtet waren, führten manche kraft eigener Vollmacht Gespräche mit MfS-Offizieren, bei denen sie zum Teil zu relevanten kirchlichen Interna „abgeschöpft" werden konnten. Diese Kontakte wurden systematisch von der HA XX/4 in der gesamten DDR aufgebaut, zunächst seit den sechziger Jahren durch den Offizier Dieter Leutloff alias „Heinrich". Später übernahm der Offizier Werner Sprotte alias „Grote" diese Aufgabe. Erfolgreiche „Abschöpfungen" in Form kirchlicher Interna gelangen Leutloff zwischen 1968 und 1974 bei einem Zisterzienserpater in Ostritz („Pater"[85]), zwischen 1967 und 1971 bei einem Franziskanermönch in Halle und Berlin („Franz"[86]) und nach 1971 bei einem Franziskaner in Berlin („Kreuz"[87]). Ein weiterer Franziskaner in Görlitz wurde zumindest 1972 angesprochen („Alfons"[88]). Ein Geistlicher aus der Gemeinschaft der ‚Herz-Jesu-Priester' wurde zwischen 1958 und 1980 im Bistum Berlin kontaktiert („Bramlage"[89]), in ähnlicher Intensität zwischen 1960 und 1970 in Berlin ein Pater des Salesianerordens („Pater"[90]). Seit den siebziger Jahren gerieten die Orden allmählich aus dem besonderen Visier des MfS, weil nicht zuletzt dessen direkte Kontakte mit solchen Geistlichen zur Einschätzung führten, daß von den spirituellen Orden keine „politische Gefahr" ausging. Die IM-Akten zu den Ordensgeistlichen, die Werner Sprotte seit 1976 in Rosenthal („Görlitz"/ Zisterzienser[91]), seit 1980 in Berlin („Dominik"/Franziskaner[92]) und seit 1985 auf der Huysburg bei Halberstadt („Cella"/Bene-

---

[83] BStU, Ast Dresden, XII 2403/86.

[84] Mitglieder des Jesuitenordens haben durch Forschungsanträge bei der Behörde des BStU bereits erste Einsichten in IM- und OV-Vorgänge vorgenommen.

[85] BStU, ZA, XV 2996/68 bzw. AIM 1232/77.

[86] BStU, ZA, XV 1333/67 bzw. AIM 1448/72.

[87] BStU, ZA, XV 2296/71.

[88] BStU, ZA, XV 839/72.

[89] BStU, ZA, AIM 23159/80.

[90] BStU, ZA.

[91] BStU, ZA, XV 3504/76.

[92] BStU, ZA, XV 2347/80.

diktiner[93]) kontaktierte, wurden Ende 1989 in der HA XX/4 in Berlin laut Vernichtungsbefehl „gelöscht". Nicht identifiziert und damit bisher nicht bestimmbar sind die von Werner Sprotte geführten Vorgänge „Herbert"[94], „Burg"[95] und „Note"[96].

Geistliche Bewegungen bzw. Vereinigungen wie die „Marianische Kongregation"[97], das Schönstattwerk[98] oder die Focolarini wurden in der Regel nicht systematisch in operativen Vorgängen, sondern durch einzelne IM-Vorgänge zu überwachen versucht.

2.3.1.7. Kirchliche Ausbildungsstätten

Die kirchlichen Ausbildungsstätten wurden zentral durch die Hauptabteilungen V/4 und XX/4 überwacht. Diese sammelten alle erhältlichen Informationen und koordinierten seit 1966 die Aktionen, wobei die wenigen einsetzbaren GI/IM in der Regel von MfS-Dienststellen aus den Bezirken geführt wurden.

Es gelang dem MfS zwischen 1958 und 1962, in das seit 1952 bestehende Erfurter Priesterseminar[99] einen GI „(Bernhard) Schüler"[100] einzuschleusen, der seit 1955 von der BV Gera geführt wurde. Er lieferte bis zu seinem vorzeitigen Abgang vor der Priesterweihe (weil er nicht ehelos bleiben wollte) ausführliche Berichte zur theologischen Ausbildung, einzelnen Studenten, internen Konferenzen und zu Besuchen von Bischöfen im Seminar. Weitere Werbungsversuche des MfS schlugen fehl und Einschleusungen gelangen nicht mehr, so daß nach 1962 der Informationsfluß zunächst beendet war. Ab 1965 konnten zeitweise

---

93 BStU, ZA, XV 4317/85.

94 BStU, ZA, XV 1924/74. Inzwischen konnte ermittelt werden, daß es sich um ein Mitglied des Franziskanerordens handelt.

95 BStU, ZA, XV 3855/76. Dieser IM war nach neuen Erkenntnissen nicht auf der „katholischen Linie" eingesetzt.

96 BStU, ZA, XV 4437/77.

97 BStU, Ast Dresden, AOP 233/57 (Vorgang „Student"). Vgl. dazu auch ein im Anhang wiedergegebenes Dokument (2.1.2.).

98 Vertreter des Schönstattwerkes haben durch Forschungsanträge bei der Behörde des BStU erste Akteneinsichten vorgenommen. Vgl. dazu den IM-Vorgang „Rottek" zu einem Dozenten aus Potsdam: BStU, Ast Potsdam, IV 1380/60.

99 Das 1952 eingerichtete Philosophisch-Theologische Studium in Erfurt war die einzige wissenschaftliche Ausbildungsstätte der katholischen Kirche in der DDR und diente ausschließlich der Ausbildung des Priesternachwuchses. Sie konnte ihre Tätigkeit unabhängig vom staatlichen Hochschulwesen ausüben.

100 BStU, Ast Gera, 545/55 bzw. 3393/60 bzw. AIM 721/85.

über einen als IM von der HA XX/4 geworbenen ehemaligen Erfurter Seminaristen („Clemens“[101]) Informationen aus dritter Hand gewonnen werden. Auch in den folgenden Jahren gelang es dem MfS trotz verschiedener Bemühungen nicht, direkte Informationen aus dem Priesterseminar zu erhalten, IM einzuschleusen oder tatsächlich wirksam „anzusetzen“. 1983 hörte IMB „Siegfried“ (BV Erfurt)[102] für einige Monate Vorlesungen am Seminar und lieferte dem MfS Berichte über Dozenten, Studenten sowie Studien– und Prüfungspläne. In den Jahren 1984 bis 1989 konnte ein Seminarist aus dem Bezirk Karl-Marx-Stadt („Ernesto“[103]) an seinem Heimatort „abgeschöpft“ werden, ohne daß diese Informationen den Erwartungen und Hoffnungen entsprachen, welche die HA XX/4 damit verband.

Von erheblicher Bedeutung in den katholischen Ausbildungsstätten war dagegen der ehemalige Berliner Studentenpfarrer („Berg“ bzw. „Johannes“[104]), der seit 1976 Dozent am Pastoralseminar in Neuzelle war. Die wenigen noch vorhandenen Treffberichte der HA XX/4 aus dieser Zeit enthalten für das MfS wichtige Informationen. Die „Schleusung eines GI“ in das Magdeburger Spätberufenenseminar Norbertuswerk im Jahre 1961 („Kusin“[105]) und eines weiblichen IM in einen Kurs im Görlitzer Katechetenseminar für Laien im Jahre 1967 („Hans Bernhardt“[106]) war dagegen nur von begrenztem und kurzfristigem Erkenntnisgewinn für das MfS. Informativer war dagegen die langjährige Zusammenarbeit mit „Peter Fürst“, der Ende der sechziger Jahre vorübergehend im Pastoralseminar in Neuzelle war.[107] Generell schätzten die federführenden Offiziere der HA XX/4 den Informationsstand in den kirchlichen Ausbildungsstätten ständig als unzureichend ein, von einer Kontrolle war das MfS hier sehr weit entfernt. Nach dem derzeitigen Erkenntnisstand gibt es keine Angaben zu einer „inoffiziellen Basis“ des MfS im Bischöflichen Vorseminar in Schöneiche bei Berlin sowie im Seminar für Seelsorgehelferinnen/helfer und Fürsorgerinnen/Fürsorger in Magdeburg.

---

[101] BStU, ZA, XV 1758/65. Die Akte wurde laut Vernichtungsbefehl der HA XX/4 im Dezember 1989 „gelöscht“, einzelne Treffberichte konnten jedoch in anderen Aktenbeständen aufgefunden werden.

[102] BStU, Ast Erfurt, IX 305/65. Siehe auch Kapitel 2.3.4.2.

[103] BStU, Ast Chemnitz, XIV 3255/84.

[104] Siehe Anmerkung 60.

[105] BStU, ZA, AIM 10532/67.

[106] BStU, Ast Frankfurt/Oder, V 455/66. Vgl. auch BStU, ZA, HA XX/4, 2433.

[107] BStU, Ast Frankfurt/Oder, VI 863/63. Siehe auch Kapitel 2.3.5.2.

2.3.1.8. *Caritasverband*

Die Arbeit der Caritas geriet seit 1955 ins Visier der zentralen Stellen des MfS, als ein Überprüfungsvorgang gegen Prälat Johannes Zinke[108] angelegt wurde, der auch zur Überwachung der von ihm geleiteten Hauptvertretung Berlin des Deutschen Caritasverbandes diente. Nach ersten, noch recht vagen allgemeinen Erkenntnissen, archivierte die Staatssicherheit diesen Vorgang 1959 und erfaßte die Caritas in Berlin seither in einem belanglosen und bald eingestellten Überprüfungsvorgang „Caritas". Weitere Unterlagen des MfS zum Caritasverband in den beiden Teilen Berlins konnten noch nicht in den Archiven des BStU entdeckt werden. Zwischen 1975 und 1989 führte die BV Berlin einen IM „Seewald" mit dem speziellen Einsatzgebiet „Caritas". Dessen Akten wurden Ende 1989 vernichtet, eine Identifizierung der Person war bisher nicht möglich.[109]

2.3.1.9. *Weitere „operative Vorgänge" auf der „katholischen Linie"*

Zwischen 1963 und 1969 wurden fast alle personenbezogenen Überwachungen der katholischen Kirche in der DDR, mit der Ausnahme des Bezirkes Suhl (siehe Kapitel 2.3.15.1.), in einem ZOV „Schleuse" der HA V/4 bzw. HA XX/4 zusammengefaßt. Dieser unübersichtliche und unsystematische ZOV war im Oktober 1963 eröffnet worden und unterteilte sich auf mehrere Bezirke.[110] Er beruhte in fast allen Fällen auf dem gemeinsamen Nenner, daß die erfaßten Personen Kontakte zu Katholiken in den sozialistischen Ländern des Ostens unterhielten. Zuvor bereits überwachte Priester aus den Bezirken wurden zeitweise in diesen Vorgang integriert. Die Überwachungsmethoden waren zum Teil sehr aufwendig und reichten von der

---

[108] BStU, ZA, ÜV 253/55 bzw. AOP 614/59.

[109] Die Regelüberprüfung der leitenden Mitarbeiter der Caritas im Erzbistum Berlin und im Bistum Dresden-Meißen auf eine eventuelle IM-Tätigkeit erbrachte in der Behörde des BStU keine Befunde. Zur IM-Tätigkeit von zwei Laien im Caritasverband des Bistums Dresden-Meißen vgl. Kapitel 2.3.3.2. („Conrad", „Erika"). Der Präsident des Deutschen Caritasverbandes in Freiburg hat die Kommission für Zeitgeschichte in Bonn beauftragt, in der Behörde des BStU und den Archiven des DCV zu den Schnittstellen zwischen staatlichen Organisationen und Caritasverband zu forschen.

[110] BStU, ZA, XV 4268/63.

Beschattung in der DDR bis zur Verfolgung in Fahrzeugen und gemeinsamen Aktionen des MfS mit den östlichen sozialistischen Geheimdiensten. 1966 wollte die HA XX/4/II den Vorgang bereits abgeschlossen haben, bis sie plötzlich die Focolarini-Bewegung im Auftrag des Vatikans als Drahtzieher am Werke sah und weitere „Aufklärung" durchführte. Als Koordinator in der DDR wurde der Görlitzer Bischof Gerhard Schaffran vermutet. Dessen enge Kontakte mit katholischen Laien, vor allem aus Cottbus, führten in der Tat zu einer systematischen Sammlung von Informationen über die Situation der Katholiken in der UdSSR, Ungarn, der CSSR, Bulgariens und sogar in Vietnam und China. Vatikanische Dienststellen in Rom wurden von ihm darüber informiert. Dieser „großen Aktion" war das MfS trotz bisweilen großer Detailkenntnis (siehe Kapitel 2.3.2.1.) weitgehend ergebnislos auf der Spur, bis Ende 1969 der ZOV „Schleuse" archiviert wurde. Angeblich hätte sich die ganze Tätigkeit nun auf einen Pfarrer aus Eisenhüttenstadt konzentriert, der nach Ansicht des MfS eine zentrale Kartei für alle Ostaktivitäten besitze, die „operativ zu beschaffen" sei.[111] Aus bisher zugänglichen Akten gehen jedoch keinerlei Hinweise hervor, daß das MfS in dieser Richtung etwas unternommen hätte.

Zusätzlich zu den bereits benannten „operativen" Aktivitäten des MfS gegen die katholische Kirche in den Hauptabteilungen in Berlin sind vor allem weitere OPK und OV gegen katholische Priester und Laien zu nennen. Bisher sind darüber nur eher zufällige Kenntnisse vorhanden, weil die Ermittlung solcher Akten im wesentlichen davon abhängig ist, ob Betroffene entsprechende Akteneinsichten beantragt und durchgeführt haben.

Umfangreiches „Ablagematerial" mit zahlreichen IM-Berichten und Einschätzungen wurde in Berlin vor allem zu Bischof Otto Spülbeck von Meißen (1956-1965) und Kardinal Alfred Bengsch aus Berlin (1959-1979) angelegt. Eventuell vorhandene Aktenbestände zum „Sondervorgang Kopf" gegen Bengsch konnten bisher nicht ermittelt werden. Die im Dezember 1987 angelegte OPK „Mitra" zu Bengschs Nachfolger Kardinal Joachim Meisner gilt laut Vernichtungsbefehl vom Dezember 1989 in der HA XX/4 als „gelöscht", Teile daraus

---

[111] Eine solche Kartei hat es jedoch nicht gegeben.

sind jedoch rekonstruiert worden.[112] Eine zweistellige Zahl von OPK wurden gegen Priester in Berlin angelegt, wobei bisher erst wenige Vorgänge aus den siebziger und achtziger Jahren bekannt geworden sind.

2.3.1.10. Weitere „GI/IM-Vorgänge" auf der „katholischen Linie"

Neben den kirchlichen Gesprächsbeauftragten (Kapitel 2.3.1.1.) und den Mitgliedern katholischer Orden (2.3.1.6.) sowie dem erwähnten Studentenpfarrer bzw. Dozenten („Berg" bzw. „Johannes"[113]) wurden, in der Regel von der HA V/4 bzw. XX/4, in der gesamten Zeit der DDR folgende „GI/IM"-Vorgänge zu Priestern geführt:

– Drei kurzzeitige „IM-Akten" von Priestern aus Leipzig in den sechziger und frühen siebziger Jahren, die wegen Dekonspiration und offenkundiger Unbrauchbarkeit durch das MfS abgebrochen wurden („Doktor"[114], „Rose"[115], „Leipzig"[116]).

– Zwei bisher nicht identifizierte und einschätzbare Vorgänge zu Priestern aus dem Bischöflichen Kommissariat Magdeburg, die 1959 begannen („Christian", „Erich").

– Zwei relativ sporadische und zumeist wenig ergiebige „Abschöpfkontakte" zu dem Bischöflichen Kommissar in Meiningen zwischen 1956 und 1959 („Brücke")[117] und zum Bischöflichen Kommissarius des Eichsfeldes zwischen 1958 und 1967 („Stern"[118]). Im letztgenannten Falle war zwischen dem 10.2.1965 und 15.4.1966 eine Abhöranlage installiert.

– Ein Vorgang zu einem Prälaten aus Magdeburg mit stellenweise enger Zusammenarbeit zwischen 1971 und 1978 („Bernstein"[119]).

– Sechs Kontakte über einen kurzen Zeitraum („Freund"[120], „Horst"[121],

[112] BStU, ZA, HA XX/4, 3017.
[113] Vgl. die Anmerkungen 63 und 100.
[114] BStU, ZA, XV 1927/62 bzw. AIM 1965.
[115] BStU, ZA, XV 2862/69 bzw. AIM 15455/73.
[116] BStU, ZA, XV 928/70 bzw. AIM 2706/75.
[117] Vgl. Kapitel 2.3.1.1.
[118] BStU, ZA, AIM 2758/68.
[119] BStU, ZA, XV 1591/71 bzw. AIM 145/88.
[120] BStU, ZA, AIM 12171/68.
[121] BStU, ZA, XV 2951/67 bzw. AIM 6973/73.

„Kneiper"[122], „Perle"[123], „Rudi"[124], „Theo"[125]) sowie acht längerfristige konspirative Gesprächsbeziehungen von jeweils unterschiedlicher „Qualität" mit katholischen Priestern aus Berlin und Umgebung („Bernd"[126], „Dietrich"[127], „Meierbeer/Mayerbeer", „Paul", „Pavel"[128], „Scharf"[129], „Walter"[130], „Willi"[131]). In einigen Fällen sind die Akten laut Vernichtungsprotokoll im Dezember 1989 „gelöscht" worden. In zwei Fällen ist eine Identifizierung noch nicht möglich gewesen („Meierbeer/ Mayerbeer", „Paul").

Neben den bereits in Kapitel 2.3.1.5. erwähnten GI/IM-Vorgängen aus dem Kolpingwerk und seinem Umfeld sind von Berlin aus zusätzlich weitere Personen geführt worden:

– Die HA V/4 bzw. HA XX/4 führte von 1959 bis 1989 mit „Berger"[132] einen in Agentenmanier arbeitenden GI/IM, der 1960 nach Westberlin „abgesetzt" wurde und dort unter anderem zur katholischen Akademikerarbeit intensiv berichtete. „Berger" arbeitete später in den sechziger Jahren beim Herder-Verlag in Freiburg und als Dozent an der Universität Bremen und der Gesamthochschule Kassel. Unter anderem gegen die katholische Kirche eingesetzt, wurde in den sechziger Jahren ein griechisch-orthodoxer Geistlicher in Ostberlin, der als GI „Georgius"[133] geführt wurde.

– Zwei ehemalige katholische Priester wurden nach ihrem Ausscheiden aus dem kirchlichen Dienst durch die HA XX/4 geworben. „Hans" wurde in Erfurt zwischen 1972 und 1974 zu theologischen Analysen herangezogen.[134] „Birke"[135] arbeitete von 1970 bis 1989 in Berlin intensiv mit dem MfS zusammen, allerdings nicht nur auf der

---

122 BStU, ZA, XV 1805/87 bzw. AIM 5433/91.
123 BStU, ZA, AIM 1635/60.
124 BStU, ZA, AIM 1403/72.
125 BStU, ZA, XV 622/70 bzw. AIM 2717/75.
126 BStU, ZA, XV 4027/64. Die Akte wurde laut Vernichtungsbefehl der HA XX/4 vom Dezember 1989 „gelöscht".
127 BStU, ZA, XV 5902/62 bzw. AIM 6544/88.
128 BStU, ZA, XV 1459/69 bzw. AIM 12423/87.
129 BStU, ZA, XV 3024/69 bzw. AIM 2767/89.
130 BStU, ZA, XV 4408/65 bzw. AIM 1217/77.
131 BStU, ZA, 2040/58 bzw. 14222/60 bzw. AIM 7612/65. In diesem Fall erfolgte zwischen 1958 und 1962 eine intensive Zusammenarbeit mit dem MfS.
132 BStU, ZA, 10673/60, 12 Bände.
133 BStU, ZA, AIM 21132/62.
134 BStU, ZA, XV 2362/72 bzw. AIM 8406/83.
135 BStU, ZA, XV 1647/70.

katholischen Linie. Seine Akte wurde laut Vernichtungsprotokoll im Dezember 1989 „gelöscht".

– Katholische Laien aus Luckenwalde („Erhard Nickel"[136]) und Magdeburg („Bart"[137]) wurden seit 1976 bzw. 1977 durch die HA XX/4 des MfS als IM geführt. Weil diese Akten im Dezember 1989 laut Protokoll „gelöscht" wurden, ist keine Einschätzung möglich.

– Von der BV Berlin wurden einzelne katholische Laien ohne haupt- oder ehrenamtliche Funktion über kürzere oder längere Zeiträume seit den sechziger Jahren als zum Teil informative IM geführt (z.B. „Andreas"[138], „Bild"[139], „Brunhilde"[140], „Flamme"[141], „Hamburger"[142], „Jochen"[143], „Oskar Graf"[144]). Von besonderer „operativer Bedeutung" für das MfS waren dabei der im Bischöflichen Ordinariat in Ostberlin gelegentlich tätige Handwerker „Andreas", außerdem „Brunhilde" und „Flamme". Ein Einschleusungsversuch des IM „Krispos" in einen katholischen Orden bzw. in den Berliner Diözesanklerus scheiterte, als dieser 1987 von einer Westreise nicht mehr zurückkehrte.[145]

2.3.1.11. „IM-Vorgänge" im kirchenpolitischen Staatsapparat, in Ost-CDU und „Berliner Konferenz" (BK)

Im Staatsapparat in Berlin waren vor allem in der Dienststelle des Staatssekretärs für Kirchenfragen zahlreiche Partner des „POZW" für das MfS tätig:

– Die Hauptabteilungsleiter Hans Weise und Peter Heinrich, letzterer als OibE, waren ständig mit MfS wie ZK in Kontakt.

– Besonders in den Anfangsjahren der Dienststelle waren dort mehrere IM gleichzeitig für das MfS tätig, so Horst Dressler („Harry"[146]),

[136] BStU, ZA, XV 1697/76.
[137] BStU, ZA, XV 3963/77.
[138] BStU, Ast Potsdam , AIM 103/89.
[139] BStU, ZA, AIM 5811/64.
[140] BStU, ZA, Ablage 305/68. Die restlichen Akten wurden von der BV Berlin offenbar „gelöscht".
[141] BStU, ZA, 7821/60 bzw. AIM 308/86.
[142] BStU, ZA, AIM 6541/68.
[143] BStU, ZA, AIM 15929/89.
[144] BStU, ZA, AIM 51/92. Die Akte wurde im Dezember 1989 von der BV Berlin „gelöscht".
[145] BStU, ZA, XV 1044/83 bzw. ebd., HA XX/4, 3213.
[146] BStU, ZA, 510/59 bzw. 14156/60 bzw. AIM 3671/71. Die Akten für den Zeitraum zwischen 1971 und 1989 sind offenbar „gelöscht".

Hans Joachim Seidowsky („Jochen" bzw. „Gerhard"[147]) und Gerhard Quast („Otto"[148]). Dressler und Seidowsky waren von 1958 bis 1989 für das MfS auf verschiedenen Feldern intensiv in Agentenmanier zugange, wobei sich ihre Tätigkeit auch immer wieder gegen die katholische Kirche, insbesondere den Vatikan, richtete.

– Von den Leitern der Abteilung Katholische Kirche in der Dienststelle wurde zumindest Frank Rupprecht zwischen 1962 und 1965 als IM geführt. Die anderen fungierten als Ansprechpartner und wurden vom MfS offensichtlich nicht eigens registriert (z.B. Quelle „Horst" für Horst Hartwig). Ähnlich wurden auch andere Mitarbeiterinnen und Mitarbeiter der Dienststelle geführt, so z.B. die Protokollbeauftragte (Quelle „Bine"). Als langjähriger IM „Horst" war dagegen der Abteilungsleiter Evangelische Kirche, Hans Wilke, tätig.[149]

– Von den Staatssekretären unterhielt nur Klaus Gysi, früher als Leiter des Aufbau-Verlages zwischen 1956 und 1964 als GI „Kurt" tätig, ab 1980 regelmäßige Direktkontakte zum MfS, weshalb er auch teilweise in das Verteilernetz von dessen „Informationen" einbezogen wurde. Von den Stellvertretern unterhielt Hermann Kalb, der in seiner Zeit als CDU-Funktionär und Journalist zwischen 1950 und 1967 als GI/IM „Hugo" bzw. „Schütz" bzw. „Hermann" geführt wurde, seit 1977 regelmäßige Kontakte. Eine eigene Registrierung scheint dann durch das MfS jedoch nicht erfolgt zu sein (Quelle „Hermann"). Von den Persönlichen Referenten des Staatssekretärs war Hans Joachim Seidowsky (1958-1960) GI „Gerhard" und Horst Dohle (1975-1988) IME bzw. Quelle „Horst"[150].

– In den achtziger Jahren waren neben Peter Heinrich noch ein Mitarbeiter sowie zwei Mitarbeiterinnen in der Dienststelle des Staatssekretärs gleichzeitig OibE des MfS mit einem zusätzlichen zweiten Gehalt.

Im CDU-Parteiapparat unterhielt Gerhard Quast als Referent von Otto Nuschke und später als Abteilungsleiter Kirchenfragen beim

---

147 BStU, ZA, AIM 3654/71, 17 Bände. Die Akten für den Zeitraum zwischen 1971 und 1989 sind offenbar „gelöscht".

148 BStU, ZA, 299/56 bzw. AIM 3010/68, außerdem AGMS 6940/80.

149 Die Quellen „Horst" der HA XX/4 aus der Dienststelle des Staatssekretärs für Kirchenfragen konnten demnach Horst Hartwig, Hans Wilke und auch Horst Dohle sein.

150 BStU, Ast Dresden, XII 745/73 bzw. Ablage 95/89.

Hauptvorstand der CDU zwischen 1956 und 1968 als GI „Otto" konspirative Kontakte zum MfS. Der Katholik Adolf Niggemeier, zuletzt in den achtziger Jahren Sekretär des Hauptvorstandes der CDU und lange Jahre aktiv in der BK, arbeitete zwischen 1954 und 1989 als „Benno Roth" mit dem MfS zusammen.[151] Das CDU-Mitglied Günter Grewe, im Nationalrat der Nationalen Front unter anderem für die BK-Arbeit zuständig, war über drei Jahrzehnte als „Graf" für das MfS tätig.[152]

In der direkten BK-Arbeit in Berlin war das MfS fest etabliert:

– Hubertus Guske, zeitweise Chefredakteur der BK-nahen Zeitschrift „begegnung" und zuletzt Generalsekretär der BK, arbeitete als „Hubert" bzw. „Georg" zwischen 1959 und 1989 mit dem MfS zusammen. Aufgrund von Aktenvernichtungen im Dezember 1989 ist nur noch aus einer Teilablage seine intensive Zusammenarbeit aus den Jahren 1959 bis 1965 rekonstruierbar.[153]

– Georg Wipler, seit 1966 hauptamtlich im Sekretariat der BK, arbeitete als „Bruno" mit dem MfS über den gesamten Zeitraum der Existenz dieses Ministeriums zusammen: Seit 1950 als CDU-Funktionär in Magdeburg, seit 1960 in gleicher Rolle in Gera, dann seit 1966 im BK-Sekretariat in Berlin und schließlich im Rentenalter noch als Hauptamtlicher IME auf Westreisen, mit einer monatlichen MfS-Zusatzbesoldung von 400 Mark der DDR bis zum 31.1.1990.[154]

– Zwischen 1965 und 1989 konnte die HA XX/4 mit einem ehemaligen Erfurter Priesterseminaristen und späteren BK-Mitglied zeitweise eng zusammenarbeiten („Clemens"[155]). Zu einem ehemaligen katholischen Priester, der später für CDU und die „begegnung" arbeitete, hatte das MfS zwischen 1976 und 1989 Kontakte („Egbert"[156]). In beiden Fällen sind die Akten laut Vernichtungsprotokoll vom Dezember 1989 „gelöscht" worden.

Einige der erwähnten IM wie „Harry", „Gerhard" und später „Hubert" waren in dem 1960 durch die HA V/4 gebildeten „Institut

---

151 BStU, ZA, 1252/54 bzw. AIM 11943/89.

152 BStU, ZA, 13371/60 bzw. AIM 11944/89.

153 BStU, ZA, 14164/60 bzw. Ablage 835/85.

154 BStU, ZA, Ablage 116/85 sowie die GI-Akten aus Magdeburg und Gera von 1950 bis 1966 im ZA des BStU (AIM 672/66).

155 Siehe Kapitel 2.3.1.7.

156 BStU, ZA, XV 3851/76.

Wandlitz" in Berlin-Pankow in der sogenannte „Auswertergruppe" tätig. Im sogenannten „Objekt" in Pankow wurden systematisch Zeitschriften und Literatur aus dem In- und Ausland gesammelt und Karteien zu Personen und kirchlichen Einrichtungen angelegt. Aufgabenstellung war die Auskunftstätigkeit und Zuarbeit für das MfS, auch für propagandistische Belastungskampagnen zur Vergangenheit von Kirchenleuten und Politikern in der NS-Zeit. Für das Gebiet der katholischen Kirche in der DDR wurden zwischen 1964 und 1968 im „Objekt" mehrere „Zersetzungsbriefe" gefertigt und in Berlin und Umgebung als „operative Postsendungen" anonym an einen großen Verteilerkreis in der Kirche verschickt. Sie nannten sich „Wachender St. Michael" und enthielten zahlreiche Details mit Namensnennungen zu erfundenen wie realen Verstößen katholischer Geistlicher gegen den Zölibat. Im September 1969 wurde ein Brief mit fingierter Autorenschaft der KSG Halle und Magdeburg gefälscht und an Kardinal Bengsch sowie 153 weitere Adressaten in Ost und West geschickt.[157] Er nahm die in der westdeutschen Presse diskutierte Beteiligung des Münchner Weihbischofs Matthias Defregger an Erschießungen in Italien im Juni 1944 zum Anlaß, katholische Kleriker aus der DDR, die im 2. Weltkrieg als Offiziere oder Wehrmachtsgeistliche tätig waren, anzugreifen. Erst als die Autorenschaft des MfS zu offensichtlich wurde und gegenüber kirchlichen Beschwerden nicht weiter dementiert werden konnte, wurden die „Zersetzungsbriefe" eingestellt.

2.3.2. Bezirksverwaltung Cottbus

Die Unterlagen der MfS-Bezirksverwaltung Cottbus werden heute in der Außenstelle Frankfurt/Oder der Behörde des BStU aufbewahrt. Bisher konnten aus ihr nur archivierte Vorgänge eingesehen werden. Alle IM-Akten jüngeren Datums, die Ende 1989 noch in der Bearbeitung des MfS waren, scheinen offensichtlich nicht mehr vorhanden zu sein.

---

[157] BStU, ZA, HA XX/4, 1061.

1962 wurde ein umfangreicher ZOV „Mitra" gegen katholische Ärztekreise in Cottbus sowie gegen einen dortigen katholischen Rechtsanwalt angelegt wegen des Verdachts der „nachrichtendienstlichen Tätigkeit".[158] Zusammen mit einem Teilvorgang gegen drei katholische Geistliche aus Görlitz und Cottbus wurde er ab 1963 in den ZOV „Schleuse" der HA V/4 in Berlin integriert (siehe Kapitel 2.3.1.9.). In die Wohnung einer Ärztin, die zahlreiche Reisen nach Osteuropa und Asien unternahm, um Informationen über die Situation der dortigen Katholiken unter anderem für Bischof Schaffran zur Weiterleitung an den Vatikan zu sammeln, wurde 1963 mit Hilfe eines Verwaltungsleiters eine Wanze installiert, die jahrelang detaillierte Aufzeichnungen über private Besprechungen in der Wohnung tätigte. Zum 50. Jahrestag der „Großen Sozialistischen Oktoberrevolution" widmete die HA XX/4 des MfS „in treuer Klassen- und Waffenbrüderschaft" dem sowjetischen KGB als Geschenk auf der Basis des ZOV „Mitra" eine ausführliche Darstellung über die „Ausnutzung des Tourismus in Richtung Sowjetunion über die Deutsche Demokratische Republik mit dem Ziel der Kontaktaufnahme und Informationsbeschaffung für vatikanische Stellen".[159] Im Mai 1968 wurde der Vorgang, der gegen insgesamt 47 Personen ermittelte, mit einem ausführlichen 330-seitigen Abschlußbericht geschlossen, ohne daß eine direkte auswärtige „Steuerung" nachgewiesen werden konnte. Hans Buhl, Referatsleiter der HA XX/4/II, erwarb durch die Erkenntnisse aus dem ZOV „Mitra" 1969 an der Parteihochschule beim ZK der SED mit einer Arbeit noch ein Diplom („Die ‚neue Ostpolitik' des Vatikans im System des politischen Klerikalismus und die Aufgaben zur Zurückdrängung seines Einflusses auf die DDR und die sozialistische Staatengemeinschaft").[160]

Aufgrund der dürftigen Aktenlage zu jüngeren Vorgängen der BV Cottbus beschränken sich weitere Erkenntnisse über die MfS-Tätigkeit in diesem Bezirk nur auf zufällige Funde. Ein eindeutig nichtkonspirativer und ständig distanzierter Kontakt mit einem abwei-

[158] Vgl. zum folgenden BStU, Ast Cottbus, VI 979/62 bzw. AOP 967/68.
[159] BStU, ZA, HA XX/4, 1525.
[160] BStU, ZA, HA XX/4, 2216. Vgl. dazu auch den IM-Vorgang „Tourist": BStU, ZA, XV 2820/72.

senden Pfarrer wurde trotz OPK-Charakter als IM-Vorgang eingestuft („Karl-Heinz"), was Rückschlüsse auf den Erfolgsdruck des Offiziers Ortwin Michler aus der Kirchenabteilung XX/4 in Bezug auf Werbungen aus dem katholischen Klerus zuläßt. Zwischen 1975 und 1981 wurde ein OV „Kreis" gegen die KSG Cottbus und ihren Studentenpfarrer aufgrund westdeutscher Partnerschaftskontakte angelegt.[161] In den achtziger Jahren wurden zumindest zu vier katholischen Priestern OPK geführt (z.B. „Opportunist"[162], „Forum"[163], „Kreis"[164], „Focco").

2.3.2.2. *„IM-Vorgänge"*

Bisher konnte kein einziger IM-Vorgang zu katholischen Priestern, Laien oder „angesetzter" Personen aus dem Bezirk trotz Ermittlung einiger Decknamen bestimmt, identifiziert oder gesichtet werden – bis auf den Vorgang eines Schriftstellerehepaares aus Cottbus, das sich zwischen 1962 und 1968 in der „Bearbeitung" der ZOV „Schleuse" und „Mitra" durch konspirative Arbeit hervortat und auch zu Verhaftungen beitrug („Dieter Berg" und „Michaela Norden").[165]

2.3.3. *Bezirksverwaltung Dresden*

Bis auf offenkundige Beseitigungen von Teilen einiger Personalakten der „IM-Vorgänge" sind fast alle IM-Akten wie operativen Vorgänge der Abteilung XX/4 bis Ende 1989 annähernd vollständig vorhanden.

2.3.3.1. *„Operative Vorgänge"*

Das Bistum Meißen, das zu keiner übergeordneten Kirchenprovinz gehörte und als „exemtes" Bistum direkt dem Papst unterstand, wurde vom MfS in den fünfziger Jahren einer besonderen Steuerung durch das Ausland verdächtigt. Die bereits angelaufene Überwa-

---

161 BStU, Ast Cottbus, VI 812/75.
162 BStU, Ast Cottbus, VI 685/85.
163 BStU, Ast Cottbus, VI 781/84.
164 BStU, Ast Cottbus, VI 12/88.
165 BStU, Ast Cottbus, VI 206/63 bzw. AIM 1331/68.

chung verstärkte sich noch, als der bisherige Leiter der BV Dresden, Willi Butter, im März 1955 Leiter der HA V/4 in Berlin wurde und der Personalbestand des MfS im Bezirk Dresden auf der „Kirchenlinie“ erhöht wurde.

Bereits im November 1953 wurde, so früh wie zu keiner anderen Einrichtung der katholischen Kirche in der DDR, zum Bischöflichen Ordinariat in Bautzen und besonders zu Bischof Heinrich Wienken der Gruppenvorgang „Der Alte“ wegen des Verdachts der „Spionage“ angelegt.[166] Ab 1955 wurde auch Wienkens Nachfolger Otto Spülbeck in diese Überwachung einbezogen. Zu ihm sammelten die BV Dresden und die HA in Berlin zumindest bis 1965 zahlreiche Unterlagen. Durch Einsatz des Briefträgers GI „Franz“[167] wurde 1958 und 1959 versucht, Schlüssel für die wichtigsten Türen des Ordinariates zu beschaffen.

Aufgrund der Berichte eines entlassenen Strafgefangenen (GM „Strahlbach“[168]) wurden seit 1954 in Görlitz und Dresden kurzfristig verschwörungstheoretische Vorgänge angelegt und bald wieder archiviert, wie zum Beispiel gegen das Katechetenseminar in Görlitz oder die Marianische Kongregation (OV „Student“[169]). Zwischen 1957 und 1960 und dann wieder von 1966 bis 1975 sorgte ein ähnlich phantasievoller und oft dreist lügender IM, ein selbsternannter „Bischof der altkatholischen Kirche der Mariaviten“ mit Wohnsitz in Zittau, für Aktionismus im MfS aufgrund falscher Informationen (GI/IM „Busch“ bzw. „Matern“).[170]

Seit 1956 plante das MfS das konspirative „Eindringen“ in das Bischöfliche Ordinariat in Bautzen über menschliche Quellen und scheiterte dabei trotz der umfänglichen Pläne und Aktionen im Rahmen des eigens dazu angelegten OV „Schwarze Pest“.[171] Sogar der Einsatz von „Kormonpräperaten“ (sic) wurde 1957 erwogen, um „sexuelle Hemmungen“ bei kirchlichen Mitarbeitern zu überwinden und sie durch Kompromittierung zu erpressen. Mangels Existenz solcher Mittel mißlang auch dieser Plan. Stattdessen wurde 1958 eine

[166] BStU, Ast Dresden, 45/53 bzw. AOP 71/59.
[167] BStU, Ast Dresden, 2854/54 bzw. AIM 802/61.
[168] BStU, ZA, AIM 208/56.
[169] Vgl. Kapitel 2.3.1.6.
[170] Vgl. BStU, Ast Dresden, XII 445/66 bzw. AIM 5045/81.
[171] Vgl. BStU, Ast Dresden, AOP 71/59.

Wanze mit dem Decknamen „Petrus" in das Arbeitszimmer von Bischof Spülbeck eingebaut, die dem MfS zwischen dem 5.9.1958 und 10.9.1959 zahlreiche Informationen verschaffte. Nach der Entdeckung einer Anlage in der Wohnung des Berliner Weihbischofs Alfred Bengsch am 5. September 1959 wurde die Vorrichtung in Bautzen durch das MfS „in Wegfall gebracht". Auch später konnte diese für die HA V/4 sehr bedauerliche „Lücke in der Überwachung der katholischen Kirche" nicht mehr geschlossen werden, weil offensichtlich die Gefahr einer Entdeckung und ihr öffentliches Bekanntwerden gefürchtet wurde.[172] Ein nach allen konspirativen Regeln exekutierter „Einstieg" in das Bautzener Ordinariat im Januar 1961 zur Sondierung einer neuerlichen Installation blieb ergebnislos.[173]

Zwischen 1966 und 1975 legte die BV einen OV „Schwarzkittel" gegen Akademikerseelsorger Franz-Peter Sonntag und die verschiedenen Veranstaltungen der Akademikerarbeit in Dresden und Umgebung an.[174] In einem OV „Dialog" wurde zwischen 1968 und 1974 speziell ein aus dieser Arbeit hervorgehender Dialogkreis von Katholiken und Marxisten an der TU Dresden überwacht.[175] Auch im Jahre 1986 führte der Dialogversuch eines Arztes aus Görlitz mit staatlichen Einrichtungen und politischen Funktionären zu einer intensiven, gegen die Person gerichteten Überwachung in einem OPK „Ambulanz".[176] Zwischen 1965 und 1980 wurde ein von einem katholischen Laien aus dem Bezirk geleiteter ökumenischer Gesprächskreis, der regelmäßig in Berlin tagte, im OV „Begegnung"[177] durch IM der BV Dresden „bearbeitet". In Bautzen wurden ein katholischer Kreis von sorbischen Akademikern seit 1966 als OV „Akademiker" geführt.[178] Ein Anfang der achtziger Jahre gegründeter, ökumenisch zusammengesetzter Friedens-, Menschenrechts- und Umweltkreis in der katholischen Gemeinde von Dresden-Johannstadt wurde seit 1988 in einem OV „Johann" erfaßt. Die Überwachungs- und „Zerset-

---

172 Vgl. die im Anhang dokumentierte MfS-Unterlage vom Dezember 1959 (2.1.3.).

173 Vgl. die im Anhang dokumentierte MfS-Unterlage vom Januar 1961 (2.1.4.).

174 BStU, Ast Dresden, XII 308/66 bzw. AOP 1035/75. Vgl. dazu auch eine im Anhang dokumentierte MfS-Unterlage (2.1.6.).

175 BStU, Ast Dresden, XII 805/68 bzw. 1438/74.

176 BStU, Ast Dresden, XII 2067/86 bzw. AOP 3549/91.

177 Siehe Kapitel 2.3.1.4.

178 BStU, Ast Dresden, XII 172/66.

zungsmaßnahmen" des MfS richteten sich dabei konkret gegen die Personen in diesem Kreis und sollten ihnen den kirchlichen Schutzraum entziehen.[179]

Die Bistumsleitung in Dresden wurde zwischen 1975 und 1980 in einem OV „Klerus" überwacht.[180] Bischof Gerhard Schaffran entschied 1981, den in diesem OV bis dahin ohne sein Wissen ebenfalls „bearbeiteten" Dresdner Dompfarrer Günter Hanisch zu direkten Gesprächen mit diesem Organ auf Bistumsebene zu beauftragen (siehe Kapitel 2.3.3.2.). Ein neuer OPK „Klerus" wurde zwischen 1985 und 1987 zur „Bearbeitung" der Verantwortlichen in der Vorbereitung des Katholikentreffens in Dresden im Juli 1987 angelegt.[181] Ansonsten kam es in den siebziger und achtziger Jahren zu einer mittleren zweistelligen Zahl von mehreren, mehr oder weniger langfristigen, OPK und OV gegen katholische Priester und hauptamtliche Laien im Bistum Dresden-Meißen (z.B. „Aufstieg"[182], „Dom"[183], „Hochwald"[184], „Kanzler"[185], „Orant"[186], „Referent", "Schreiber", „Seele"[187], „Sekretär"[188], „Sorge"[189]) sowie in der KSG (z.B. „Gast", „Kreisel", jeweils „bearbeitet" durch die Objektdienststelle des MfS an der TU Dresden[190]).

2.3.3.2. *„IM-Vorgänge"*

Im Bistum Dresden-Meißen entstand zwischen 1981 und 1989 eine regionale Verhandlungsschiene zwischen MfS und Kirche, als der Dresdner Dompfarrer Günter Hanisch (* 1929), Beauftragter zu Verhandlungen mit dem Rat des Bezirkes Dresden, 1981 durch das MfS angesprochen wurde und diesen Kontakt an Bischof Gerhard Schaffran meldete. Dieser beauftragte daraufhin Hanisch, auch dem MfS

---

179 BStU, Ast Dresden, XII 3089/88 bzw. AOP 323/92.
180 BStU, Ast Dresden, XII 1252/75 bzw. AOP 4646/81.
181 BStU, Ast Dresden, XII 219/85.
182 BStU, Ast Dresden, XII 387/78 bzw. AOP 4883/81.
183 BStU, Ast Dresden, XII 1752/85 bzw. AIM 2145/86.
184 BStU, Ast Dresden, XII 3008/81.
185 BStU, Ast Dresden, XII 896/83 bzw. AOP 3119/85.
186 BStU, Ast Dresden, XII 2023/83.
187 BStU, Ast Dresden, XII 899/88.
188 BStU, Ast Dresden, XII 817/83,
189 BStU, Ast Dresden, XII 527/87.
190 Vgl. BStU, Ast Dresden, OPK XII 186/84 sowie BStU, ZA, HA XX/4, 1061.

als Gesprächspartner bei Bedarf zur Verfügung zu stehen. Hanisch berichtete dem Bischof über alle Gespräche mündlich und schriftlich, wurde aber, analog der Praxis der HA XX/4 in Berlin, von der BV Dresden seit 1981 als IMS bzw. IMB „Dom" geführt.[191] Als Hanisch 1984 als Propst nach Leipzig versetzt wurde, beauftragte ihn Bischof Schaffran mit der Weiterführung der Kontakte in Leipzig, während für den Bezirk Dresden Prälat Othmar Faber (* 1927) dem MfS als neuer regelmäßiger Verhandlungspartner benannt wurde. Aufgrund seiner Gespräche in Dresden zwischen 1984 und 1989 wurde Faber als IMS bzw. IMB „Konstantin" geführt.[192]

Außer diesen nicht-konspirativen Gesprächskontakten gelang es der BV jedoch auch, einzelne katholische Geistliche im Bezirk zu Gesprächen zu gewinnen. Im Bereich der BV agierten hierzu in den sechziger Jahren die MfS-Offiziere Gerd Hommel und Olbrich, in den siebziger Jahren Major Moschke, und ab den späten Siebzigern bis 1989 Dieter Schanze und zeitweise seine Gehilfen Rolf Theinert (FIM „Theo"[193]) und der Referatsleiter Kirchenfragen im Rat des Kreises Kamenz (Funk alias FIM „Iskra"):

– In drei Fällen arbeiteten Priester langfristig und intensiv mit dem MfS durch eigene Berichterstattung zusammen: „Salem"[194] (Apostolische Administratur Görlitz) zwischen 1958 und 1988, „Stella"[195] zwischen 1964 und 1989 sowie „Franz"[196] zwischen 1973 und 1989 (beide Bistum Dresden-Meißen).

– „Abschöpfungen" unterschiedlichster Art gelangen dem MfS zwischen 1974 und 1989 im zunächst lange als „feindlich" bearbeiteten Klerus im sorbischen Gebiet, wobei die Geistlichen sich offenbar untereinander verständigten, jedoch nicht den Bischof darüber informierten. Insgesamt kam das MfS so in den siebziger Jahren zu zwei („Sorbe"[197], „Witschas"[198]) und in den achtziger Jahren zu drei weite-

191 BStU, Ast Dresden, XII 1028/81.
192 BStU, Ast Dresden, XII 1593/84.
193 BStU, Ast Dresden, XII 1020/77 bzw. AIM 3208/90.
194 BStU, Ast Dresden, XII 1256/61 bzw. AIM 6231/90.
195 BStU, Ast Dresden, XII 2541/64.
196 BStU, Ast Dresden, XII 1058/73 bzw. AIM 6762/90.
197 BStU, Ast Dresden, XII 1590/74 bzw. AIM 685/85.
198 BStU, Ast Dresden, XII 1108/76.

ren Kontakten („Martin"[199],„Michael"[200], „Rudolf"[201]) mit sorbischen Geistlichen. Zudem bestand im Kreis Kamenz ein weiterer „Abschöpfkontakt" zu einem Pfarrer („Sorger"[202]).

– Außerhalb des sorbischen Gebiets gelang dem MfS eine eher unergiebige „Abschöpfung" im Ordinariat in Bautzen in den Fünfziger Jahren („Petrus"[203]) und zwei informativere Kontakte in den siebziger Jahren zu Geistlichen, die über ihre Gesprächsbereitschaft mit den regionalen Staatsorganen die Aufmerksamkeit des MfS erzeugt hatten („Borsberg"[204], „Mönch"[205]). Weniger aufschlußreich waren für das MfS die konspirativen Kontakte zu einem weiteren Priester („Johannes Tietze"[206]).

– Zu selbst nach MfS-Vorschriften nicht zwingenden IM-Registrierungen von Priestern kam es in drei Bagatellfällen („Autor"[207], „Weide"[208], „Zschachwitz"[209]). In einem weiteren Fall wurde ein Geistlicher als fiktiver „IM Grimma"[210] über einen längeren Zeitraum geführt, obwohl er keine Kontakte zu einem identifizierbaren Mitarbeiter des MfS unterhielt, sondern von einem realen IM systematisch „abgeschöpft" wurde, dessen MfS-Kontakte ihm unbekannt waren. Als das MfS schließlich den Geistlichen direkt ansprach, verweigerte dieser den Kontakt, und der Vorgang wurde archiviert.[211]

IM-Vorgänge außerhalb des Klerus lassen sich auf der „katholischen Linie" des Bezirkes Dresden nach verschiedenen Kategorien unterteilen:

– In zwei Fällen konnten untergeordnete hauptamtliche kirchliche Mitarbeiter herangezogen werden, um das Bischöfliche Ordinariat auszuspionieren. Zwischen 1960 und 1976 und erneut von 1980 bis

---

[199] BStU, Ast Dresden, XII 1540/85.

[200] BStU, Ast Dresden, XII 1372/86.

[201] BStU, Ast Dresden, XII 1093/84 bzw. AIM 3018/90.

[202] BStU, Ast Dresden, XII 153/83.

[203] BStU, Ast Dresden, AIM 1274/59. Vgl. dazu ein im Anhang wiedergegebenes Dokument zur versuchten „Werbung" von GI „Petrus" im Jahre 1951 (2.1.1.).

[204] BStU, Ast Dresden, XII 638/76.

[205] BStU, Ast Dresden, XII 2082/70.

[206] BStU, Ast Dresden, XII 1611/72.

[207] BStU, Ast Dresden, XII 403/70 bzw. AIM 1346/77.

[208] BStU, Ast Dresden, XIV 336/65.

[209] BStU, Ast Dresden, XII 1747/89.

[210] BStU, Ast Dresden, XII 11/67.

[211] Vgl. Kapitel 2.2.3.

1982 arbeitete ein Hausmeister des Ordinariates bzw. Domstiftes in Bautzen als GI/IM „Berger"[212] auf seine Weise. Alte Matrizen und Altpapier der Papierkörbe, das ihm zum Verbrennen übergeben worden war, lieferte er jahrelang gegen Bezahlung dem MfS. Die spätere HIM „Erika"[213] wurde bereits 1963 geworben und in den Folgejahren bis in die private Lebensplanung hinein durch das MfS „begleitet" und für ihre Agententätigkeit in der katholischen Kirche „qualifiziert". 1984 wurde sie als Schreibkraft in das Bauamt des Bischöflichen Ordinariates in Dresden eingestellt und wechselte 1986 in derselben Funktion zur Diözesancaritas. Sie versorgte das MfS in diesem Zeitraum mit zahlreichen Informationen und kircheninternen Unterlagen.

– Im Grundstück des Bischöflichen Ordinariates Bautzen wohnte IM „Franziska"[214], die zwischen 1964 und 1981 dem MfS bereitwillig Informationen über Lage und Nutzung der Räume und über personelle Änderungen im Ordinariat gab.

– Drei hauptamtliche katholische Laien ließen sich zum Teil über längere Zeiträume konspirativ durch das MfS „wertvoll abschöpfen" („Konrad"[215]/Diözesancaritas, „Köhler"[216]/Pfarrsteuerverband, „Mende"[217]/ Revisor).

– Einige katholische Laien ließen sich gezielt gegen die Akademikerarbeit einsetzen, wie z.B. sehr intensiv seit Ende der sechziger Jahre in Dresden GI/IM „Fred" bzw. „Waldmann"[218] und in den siebziger und achtziger Jahren in Görlitz IMS „Kuno Berndt", später umregistriert zu IMB „Bergmann"[219].

– Ein wichtiges Reservoir an potentiellen IM auf der „katholischen Linie" waren im Bezirk Dresden katholische Laien zumeist aus der CDU, besonders wenn sie sich auch in der BK betätigten. Den größten Eifer, der zu zahlreichen OPK von Priestern und Laien denunziatorische Beiträge lieferte, entfaltete hierbei zwischen 1973 und 1989

[212] BStU, Ast Dresden, 9945/60 bzw. AIM 668/77 sowie XII 1385/80 bzw. AIM 873/82.
[213] BStU, Ast Dresden, XII 566/63.
[214] BStU, Ast Dresden, XII 106/64.
[215] BStU, Ast Dresden, XII 675/67 bzw. AIM 3509/87.
[216] BStU, Ast Dresden, XII 1649/67.
[217] BStU, Ast Dresden, XII 1974/63.
[218] BStU, Ast Dresden, XII 1934/60 bzw. AIM 2613/91.
[219] BStU, Ast Dresden, XII 2150/70 bzw. AIM 821/91.

in Dresden IMB „Küster“[220]. Graduell zum Teil sehr unterschiedlich sind weitere Vorgänge auf der CDU– und/oder BK-Linie einzuschätzen: In Dresden „Lothar“ (1965-1969)[221], „Herbert“ (1977-1989)[222], „Hoffmann“ (1974-1989, CDU-Bezirksvorstand)[223], „Michael“ (1978 bis 1989)[224], „Peter Klaus“ (CDU-Bezirksvorsitzender und Stadtrat), „Taddäus“ (1955-1964)[225] und „Heinz Gerlach“ (1985-1989, Sekretär des CDU-Stadtausschusses)[226], in Görlitz „Storch“ (1967-1989)[227] und in beiden Städten zwischen 1970 und 1989 der spätere CDU-Journalist „Werner Albrecht“[228].

– Von den gezielt gegen die Kirche eingesetzten IM ragt, neben den überall wirkenden MfS-Partnern des POZW im Staatsapparat auf Bezirks-, Stadt– und Kreisebene, in Dresden zwischen 1975 und 1989 besonders ein von beiden Kirchen mit vielen Aufträgen versorgter Notar und seine ebenfalls für das MfS tätige Ehefrau heraus („Hornuff“[229] bzw. „Rosa Gerth“). Die von „Hornuff“ mit der Staatssicherheit abgestimmten Versuche, 1980 im Bischöflichen Ordinariat und 1983 im Evangelischen Landeskirchenamt in Dresden als Justitiar eingestellt zu werden, scheiterten jeweils. Die katholische Akademikerarbeit in der Stadt Dresden beobachtete zwischen 1984 und 1989 ein als IM „Robert Berndt“[230] geführter Arzt.

2.3.4. Bezirksverwaltung Erfurt

Fast alle IM-Akten wie „operativen Vorgänge“ der BV zur katholischen Kirche sind auf breiter Basis vorhanden. Ein unterschiedlicher Befund ist jedoch für das katholische Eichsfeld zu treffen: Akten der KD Heiligenstadt sind durchweg vorhanden, diejenigen der KD

220 BStU, Ast Dresden, XII 590/73 bzw. AIM 4924/90.
221 BStU, Ast Dresden, XII 715/65 bzw. AIM 583/69.
222 BStU, Ast Dresden, XII 626/77 bzw. AIM 6350/90.
223 BStU, Ast Dresden, XII 40/74.
224 BStU, Ast Dresden, XII 2249/72 bzw. AIM 1755/75 sowie XII 938/78 bzw. AIM 198/91.
225 BStU, Ast Dresden, 1517/55 bzw. AIM 103/64.
226 BStU, Ast Dresden, XII 1540/85.
227 BStU, Ast Dresden, XII 275/67 bzw. AIM 866/91.
228 BStU, Ast Dresden, XII 2079/90.
229 BStU, Ast Dresden, XII 209/75 bzw. AIM 2356/91.
230 BStU, Ast Dresden, XII 1106/84.

Worbis aber offenbar bis auf einzelne Unterlagen in der Berliner MfS-Zentrale nicht mehr.

2.3.4.1. „Operative Vorgänge"

Die BV Erfurt konnte bis in die achtziger Jahre weder im katholischen Eichsfeld noch am Bischofssitz Erfurt zusammenfassende operative Vorgänge gegen kirchliche Einrichtungen und einzelne Personen in der katholischen Kirche anlegen – jedenfalls, wenn man bisherigen Aktenfunden zu sehr vereinzelten und eher kurzzeitigen OPK zu Priestern aus den siebziger Jahren glauben darf. Nicht auffindbare Akten lassen aber keineswegs zwingend auf Vernichtungsaktionen schließen. Es könnten auch wegen mangelnder Erkenntnisse oder fehlender Einsicht in die Notwendigkeit seitens des MfS keine Unterlagen angelegt worden sein.

Vorhanden sind dagegen gerade die Akten jüngeren Datums, wobei die BV auf der katholischen Linie in den achtziger Jahren eine Sammeltätigkeit entfaltete, die auf einen gewissen Nachholbedarf schließen läßt. Angelegt wurden in dieser Zeit Vorgänge zu folgenden Komplexen:

– Zur Bistumsleitung wurden OPK eröffnet zum Bischof („Priester"[231], 1982-1989), zum Weihbischof („Prälat"[232], 1984-1989), zum Generalvikar („Apostel"[233], 1982-1987) und zum Seelsorgeamt („Komplex"[234], 1985-1987). Eine eigene OPK wurde für die öffentlichen Domführungen angelegt („Dom").

– Mindestens fünf OPK wurden gegen Priester in Erfurt und im Eichsfeld in den achtziger Jahren eröffnet („Martin"[235], „Philosoph"[236], „Pilger", „Präses"[237], eine weitere OPK trug keinen Decknamen[238]). Ein zwischen 1984 und 1988 gegen einen Priester in Heiligenstadt angelegter OV „Kontra"[239] diente vor allem der Überwachung von Vorträgen im Rahmen der Bildungsarbeit im Thomas-Morus-Haus.

---

231 BStU, Ast Erfurt, IX 266/82.
232 BStU, Ast Erfurt, IX 410/84.
233 BStU, Ast Erfurt, IX 385/82.
234 BStU, Ast Erfurt, IX 2246/85.
235 BStU, Ast Erfurt, IX 2247/85.
236 BStU, Ast Erfurt, IX 862/89.
237 BStU, Ast Erfurt, IX 812/86.
238 Vgl. BStU, ZA, HA XX/4, 3200.
239 BStU, Ast Erfurt, IX 1515/84 bzw. AOP 292/88.

2.3.4.2. *„IM-Vorgänge"*

Die IM-Vorgänge auf der katholischen Linie im Bezirk Erfurt sind relativ gering. Im einzelnen ergibt sich folgendes Bild:

– In der gesamten Zeit der DDR wurden von der BV nur in den achtziger Jahren zwei Priester zeitweise als IM geführt. In einem Vorgang aus dem Eichsfeld handelt es sich um einen kurzzeitigen und erfolglosen „Abschöpfvorgang" („Monstranz"[240]). Er hinderte den Offizier Bernhard Klingebiel nicht daran, daraus 1984 die einzige MfS-interne Diplomarbeit an der Juristischen Hochschule der Staatssicherheit in Potsdam-Eiche zu fertigen, die sich mit den Erfahrungen bei der „Gewinnung" von katholischen Priestern zur „inoffiziellen Mitarbeit" beschäftigte.[241] Von der „Abschöpfung" her nur graduell „erfolgreicher" war ein Vorgang zu einem weiteren Priester aus dem Eichsfeld zwischen 1982 und 1989 („Berg").[242]

– In der Stadt Erfurt verfügte das MfS über einen überschaubaren Stamm von IM aus dem katholischen Bereich. IMB „Siegfried"[243] war zwischen 1965 und 1989 ein ergiebiger Informant des MfS, der über seine Begegnungen mit katholischen Geistlichen, Laien und Priesterseminaristen berichtete. Von 1967 bis 1989 arbeitete ein leitender Mitarbeiter der Dombauhütte mit dem MfS konspirativ zusammen („Klemm"[244]). Auch zu kirchlichen Vorgängen und Personen ansprechbar war ein katholischer CDU-Funktionär, der nach 1961 zeitweise hauptamtlich im CDU-Bezirksvorstand in Erfurt beschäftigt war. Von 1954 bis 1989 arbeitete er als GI/IM „Franz"[245] für das MfS und war zuletzt in der Vereinigten Kirchen– und Klosterkammer in Erfurt tätig, die keine kirchliche, sondern eine staatliche Einrichtung war. Ein weiterer katholischer Mitarbeiter dieser Klosterkammer in früheren Zeiten ließ sich dagegen nicht durch das MfS instrumentalisieren („Stone"[246]). Zu Auskünften über die katholische Kirche im

240 BStU, Ast Erfurt, IX 448/83 bzw. AIM 458/89.

241 BStU, ZA, JHS 20222 („Spezifische Anforderungen und Erfahrungen bei der Gewinnung von inoffiziellen Mitarbeitern aus Kreisen der katholischen Würdenträger").

242 BStU, Ast Erfurt, IX 1079/82.

243 BStU, Ast Erfurt, IX 305/65.

244 BStU, Ast Erfurt, IX 865/67.

245 BStU, Ast Erfurt, 285/54 bzw. IX 1191/61.

246 BStU, Ast Erfurt, AIM 2272/69.

Bezirk war seit 1965 auch der katholische Chefredakteur einer Tageszeitung in Weimar langfristig bereit („Martinus"[247]). Beispiele für das Scheitern hochfliegender Werbungspläne der BV Erfurt und ihres Offiziers Frank Gensmann sind dagegen die Kontakte zu einem ehemaligen Priesterseminaristen seit 1978 (H-IME „Richard Weidensee"[248]), der Vorgang um den Hausmeister einer kirchlichen Einrichtung („Schmidt"[249]) und die penetrante Belästigung eines sich konsequent verweigernden Notars im Bischöflichen Ordinariat zwischen 1986 und 1988 („Alexander"[250]). Nicht identifizierbar aufgrund fehlender Aktenbestände ist ein IM-Vorgang, der sich zwischen 1979 und 1989 unter anderem gegen die KSG richtete („Jo"[251]).

– Im katholischen Eichsfeld läßt sich ein Befund aufgrund der Aktenlage nur für den Kreis Heiligenstadt treffen. Demnach verfügte das MfS durch Offizier Erwin Stolze von 1979 bis 1989 mit IMB „Alois Saul"[252] über einen informativen konspirativen Kontakt. Der Betreffende war zunächst Mitarbeiter im Rat des Kreises und danach in einem katholischen Krankenhaus beschäftigt. Informationen zur katholischen Kirche waren gelegentlich als Nebenprodukt erhältlich über zwei seit 1975 bzw. 1977 vom MfS kontaktierte Lehrer („Camillo"[253] bzw. „Fontane"[254]), außerdem über „Monika" (Überwachung von Akademikerveranstaltungen) und „Journalist"[255] (CDU-Presse).

---

[247] BStU, Ast Erfurt, IX 640/65. Vorhanden ist noch die Ablage A 219/86.

[248] BStU, ZA, XV 3604/78.

[249] BStU, Ast, Erfurt, IX 314/71 bzw. AIM 1696/75. Dem Hausmeister wurde wegen verschwiegener SED-Mitgliedschaft bei der Einstellung bald wieder von der Kirche gekündigt, woraufhin das MfS den IM-Vorgang archivierte.

[250] BStU, Ast Erfurt, IX 539/86 bzw. AIM 236/88.

[251] BStU, Ast Erfurt, IX 537/79.

[252] BStU, Ast Erfurt, IX 337/77.

[253] BStU, Ast Erfurt, IX 34/75.

[254] BStU, Ast Erfurt, IX 536/77.

[255] BStU, Ast Erfurt, IX 89/84.

2.3.5. *Bezirksverwaltung Frankfurt/Oder*

IM-Akten und „operative Vorgänge" zur katholischen Kirche sind durchweg vorhanden.

2.3.5.1. *„Operative Vorgänge"*

In der Stadt Frankfurt/Oder wurden in den achtziger Jahren zwei katholische Geistliche im Oratorium als OPK „Nicolai"[256] bzw. OV „Propst"[257] überwacht. „Nicolai" war zuvor bis 1979 gelegentlich vom MfS „abgeschöpft" worden. Weitere „operative Vorgänge" zu kirchlichen Mitarbeitern oder Einrichtungen aus dem Bezirk sind bisher nicht bekannt geworden.

2.3.5.2. *„IM-Vorgänge"*

Eine „Bearbeitung" von Einrichtungen der katholischen Kirche sowie einzelner Personen war offensichtlich abhängig vom Vorhandensein tatsächlicher IM und scheint sich faktisch auf die Bezirksstadt selbst sowie auf Eisenhüttenstadt (bis 1961 Stalinstadt) beschränkt zu haben. Nur in den Jahren 1955 bis 1965 wurde.der katholische Pastor Karl Fischer aus Neustrelitz, der nach seiner Frühpensionierung von Neustrelitz nach Röntgental im Kreis Bernau gezogen war, als GI „Marduk"[258] geführt.

In Frankfurt an der Oder hatte das MfS auf der katholischen Linie mindestens drei graduell unterschiedliche, doch insgesamt sehr informative Kontakte. Diese Personen hatten in der Kirche keine Funktionen, doch ihre gesammelten Informationen ermöglichten es, über die einzige katholische Gemeinde in der Stadt und ihre Pfarrer Bescheid zu wissen. „Günter Lamm"[259] war zwischen 1964 und 1989 die ergiebigste Quelle für das MfS. Zu einem späteren Zeitpunkt wurden seine Berichte ergänzt durch diejenigen von „Norbert Karaat"[260] und seit 1982 zusätzlich von „Karl Thomas"[261].

---

[256] BStU, Ast Frankfurt/Oder, V 1597/81.
[257] BStU, Ast Frankfurt/Oder, V 89/83.
[258] BStU, Ast Frankfurt/Oder, AIM 205/66.
[259] BStU, Ast Frankfurt/Oder, V 359/64.
[260] BStU, Ast Frankfurt/Oder, V 140/72.
[261] BStU, Ast Frankfurt/Oder, V 1425/82.

In Eisenhüttenstadt wurde der in den sechziger Jahren dort tätige katholische Priester im ZOV „Schleuse" bearbeitet und dazu unter anderem von „Michaela Norden"[262], IM der BV Cottbus, ausgespäht. Mit dem katholischen Laien „Peter Fürst", der von 1963 bis 1989 mit dem MfS zusammenarbeitete[263], war der Informationsbedarf des MfS für die katholische Gemeinde im wesentlichen gedeckt. Zusätzlich verfügte es aber noch über die Kontakte „Dörte Reichert"[264] und „Hans Bernhardt"[265].

2.3.6. Bezirksverwaltung Gera

IM-Akten wie „operative Vorgänge" zur katholischen Kirche sind durchweg vorhanden.

2.3.6.1. „Operative Vorgänge"

In der Arbeit der Kirchenabteilung dieser BV war die „Bearbeitung" der evangelischen Landeskirche dominant. Der Versuch von Offizier Otto Engau, eine „katholische Linie" in den siebziger Jahren aufzubauen, mißlang dagegen. So kam es in dieser Zeit zu einer Reihe von ergebnislos abgebrochenen IM-Vorläufen und einer OPK zum katholischen Dekan in Gera. Zwischen 1976 und 1980 wurde der Studentenpfarrer der KSG Jena als OPK „Wanderer" geführt.[266]

2.3.6.2. „IM-Vorgänge"

Neben kurzzeitigen, bald wieder ergebnislos abgebrochenen IM-Registrierungen („Helga Matießen"[267], „Peter Prescher"[268], „Regina"[269]), wobei die betreffenden Personen zum Teil nicht der Katholischen Kirche angehörten, existierte lediglich zu einem katholischen BK-Mitglied aus Ostthüringen seit 1976 ein längerfristiger MfS-Kontakt, zu dem

[262] Siehe Anmerkung 165.
[263] Siehe Kapitel 2.3.1.7.
[264] BStU, Ast Frankfurt/Oder, V 813/81.
[265] Vgl. Anmerkung 100.
[266] BStU, Ast Gera, AOPK 1050/80.
[267] BStU, Ast Gera, 513/60 bzw. AIM 163/66.
[268] BStU, Ast Gera, X 695/70 bzw. AIM 1349/79.
[269] BStU, Ast Gera, X 137/77 bzw. AIM 486/80.

bisher einzelne handschriftliche Berichte aus den späten achtziger Jahren angefallen sind („Hirsch"[270]). Zwischen 1955 und 1985 führte die BV Gera den GI/IM („Bernhard Schüler"[271]), der 1958 bis 1962 in das katholische Priesterseminar in Erfurt eingeschleust war (siehe Kapitel 2.3.1.7.). Zwischen 1959 und 1962 wurde ein katholischer Kaplan „abgeschöpft" („Anton"[272]).

2.3.7. Bezirksverwaltung Halle

Fast alle IM-Akten wie „operativen Vorgänge" zur katholischen Kirche sind bis auf wenige Ausnahmen[273] vorhanden.

2.3.7.1. „Operative Vorgänge"

Bereits 1957 wurde gegen den Studentenpfarrer der KSG Halle ein OV „Gift"[274] angelegt, der bis 1964 unter Einschluß eines weiteren Geistlichen aus Halle geführt wurde. Danach wurde der Pfarrer, zusammen mit weiteren Geistlichen und Laien, in den Hallenser Teil des ZOV „Schleuse"[275] übernommen. Dieser wurde 1969 archiviert, doch aufgrund weitgehend identischer Personenkonstellationen nunmehr ab 1970 zum entstehenden „Aktionskreis Halle" (AKH) ein OV „Tabernakel"[276] angelegt. Dieser „negativen Gruppierung" warf das MfS „Opposition", „Feindtätigkeit" und „aktive politisch-ideologische Diversion gegen die gesellschaftliche Entwicklung in der DDR" vor. Mit „Zersetzungsmaßnahmen" gegen den früheren Hallenser Studentenpfarrer, inzwischen Pfarrer in Merseburg, bis hin zu seiner durch die Staatssicherheit forcierten kirchlichen Suspendierung im Herbst 1971 glaubte das MfS, den AKH erledigt zu haben und archivierte den OV „Tabernakel" 1972. Weil der AKH aber weiterbestand, wurde 1975 ein neuer OV „Academica"[277] eröffnet, der bis 1986 geführt wurde. Seine Archivierung erfolgte aus

[270] BStU, Ast Gera, X 49/76.
[271] Vgl. Anmerkung 100.
[272] BStU, Ast Gera, 440/59 bzw. AIM 1273/71.
[273] Siehe entsprechende Anmerkungen in Kapitel 2.3.7.2.
[274] BStU, Ast Halle, 51/57 bzw. 1328/60 bzw. AOP 107/64.
[275] BStU, ZA, XV 4268/63.
[276] BStU, Ast Halle, VIII 1635/70 bzw. AOV 2145/72.
[277] BStU, Ast Halle, VIII 757/75 bzw. AOP 1986.

wenig plausiblen Gründen, zumal in den Jahren 1984/85 das MfS massiv versuchte, den Kreis durch eine herbeizuführende Distanzierung katholischer Kirchenleitungen aus kirchlichen Räumen zu verdrängen. Sowohl bei „Tabernakel" als auch bei „Academica" wurde stets gegen bis zu fünf Personen gleichzeitig ermittelt. Weitere leitende Mitglieder des AKH wurden durch die HA XX/4 in Berlin in separaten OV „bearbeitet" („Josef", „Joachim"), ein Priester in der Nähe von Halle zwischen 1980 und 1986 im OV „Kanzel"[278]. Zwei Frauen aus dem AKH wurden zusätzlich in eigenen OV bzw. OPK „erfaßt" („Kreis", „Reigen").

Im Bezirk Halle wurden zudem in den siebziger und achtziger Jahren mindestens sechs weitere Priester in OV bzw. OPK zeitweise geführt („Altar"[279], ZOV „Korinther"[280] bzw. OPK „Glocke"[281], „Oase"/ seit 1978, „Moritz"/1976-1980, „Priester"/1988-1989, „Vikar"/1989).

2.3.7.2. „IM-Vorgänge"

Unter Anleitung von Oberst Gröger und der Referatsleiter Jonak und Schulze sowie der auf der „katholischen Linie" tätigen Offiziere Kownatzki und Schaller entfaltete die Abteilung XX/4 der BV eine äußerst zielgerichtete und „erfolgreiche" Tätigkeit auch gegen die katholische Kirche.

Bisher bekannte IM-Vorgänge der BV lassen sich in folgende Kategorien unterteilen:

– Propst Hans-Peter Gospos wurde in Halle 1982 durch das MfS in Sachen AKH angesprochen und meldete den Kontakt an Bischof Johannes Braun in Magdeburg. Dieser beauftragte ihn mit der Wahrnehmung von MfS-Gesprächen, zusätzlich zu denen von Weihbischof und Generalvikar Hubrich in Magdeburg. Weil Gospos sich darüberhinaus in den Gesprächen mit dem MfS auch auf konspirative Zusammenarbeit einließ, wurde er, nach einer längeren Phase als „Kontaktperson" und „IM-Vorlauf", durch die BV Halle bis zum November 1989 als IMB „Gustav"[282] registriert.

– Im Umfeld der AKH-Überwachung informierten die als IM geführ-

[278] BStU, Ast Halle, VIII 644/80 bzw. AOP 1986.

[279] BStU, Ast Halle, VIII 1742/82 bzw. AOP 1987.

[280] BStU, Ast Halle, VIII 998/77 bzw. AOP 3266/78.

[281] BStU, Ast Halle, VIII 308/82 bzw. AOPK 2302/84.

[282] BStU, Ast Halle, VIII 1273/82.

ten Geistlichen „Joppe“[283] (1971-1989) und „Gregor Finzenz“[284] (1986 bis 1989) das MfS zum Teil substantiell, ersterer intensiv. „Pionier“[285], ein katholischer Vikar, berichtete zwischen 1970 und 1978 nur gelegentlich zu Vorgängen aus dem AKH, wollte jedoch vor allem mit dem MfS einen weltanschaulichen Dialog führen, bis er die Kontakte selbst abbrach. Ein weiterer katholischer Priester, der erpreßt werden sollte, um zum AKH zu berichten, konnte sporadische Kontakte zwischen 1971 und 1974 bald abbrechen („Hermann“[286]).

– Drei weitere Priester und ein Diakon wurden dagegen nicht im Kontext der Überwachung des AKH als IM geführt. Ein Priester ließ sich auf konspirative Kontakte zwischen 1957 und 1974 („Ignatius“[287]) ein, ein weiterer Priester und ein Diakon arbeiteten zwischen 1986 und 1989 intensiver mit dem MfS zusammen („Wenzel“, „Peter Schramm“). Zu dem vierten von der BV Halle und danach von der BV Magdeburg seit 1971 geführten Geistlichen konnte bisher keine Akte aufgefunden werden („Eisen“[288]).

– Aus den Vollversammlungen des AKH berichteten oft bis zu drei konspirative IM detailliert dem MfS. Wichtigste IM waren die Laien „Budgereit“[289] (1961-1989), „Dr. Herzog“[290] (1971-1989) und „Rechner“[291] (1983-1989). In Einzelfällen waren IM der HA XX/4 (z.B. „Clemens“[292], „Michael Borde“) oder zeitweise als IM geführte Mitglieder des AKH („Siegfried Weiß“, „Paulsen“) aktiv. „Helmut“[293] berichtete im AKH über seine Kontakte und wurde trotz dieser dem MfS bekannten „Dekonspiration“ bis 1989 weiter kontaktiert, wozu er allerdings auch bereit war.

– Mit „Budgereit“, „Dr. Herzog“, „Rechner“ und „Wolf“ saßen in den Pfarrgemeinderäten von Leuna, Halle-Neustadt, Halle-Heilig Kreuz und Merseburg-Süd aktive Katholiken als IM.

---

283 BStU, Ast Halle, VIII 149/71. Teil II der Akte wurde im November 1989 in der MfS-BV Halle „gelöscht“.

284 BStU, Ast Halle, VIII 1536/88.

285 BStU, Ast Halle, VIII 389/70 bzw. AIM 3240/82.

286 BStU, Ast Halle, VIII 561/71 bzw. AIM 2463/74.

287 BStU, Ast Halle, 1129/57 bzw. 1056/60 bzw. AIM 1220/74.

288 BStU, Ast Magdeburg, VIII 1613/71 bzw. VII 1521/86.

289 BStU, Ast Halle, VIII 5720/61. Die Akte konnte bisher nicht aufgefunden werden. Zahlreiche Treffberichte sind vorhanden.

290 BStU, Ast Halle, VIII 1623/71.

291 BStU, Ast Halle, VIII 120/83.

292 Siehe Anmerkung 101.

293 Diese Akte konnte bisher nicht aufgefunden werden. Einzelne Treffberichte sind vorhanden.

– „Sigrid Aster" spähte als Pfarrsekretärin zwei Geistliche in Merseburg und Halle gezielt aus.

– Aus verschiedenen operativen Akten ist ersichtlich, daß im Rat des Bezirkes Halle, dem Rat der Stadt Halle, der CDU-Bezirkszeitung „Neuer Weg" in Halle und in den Räten der Kreise zahlreiche IM des MfS als Partner des POZW saßen.

2.3.8. Bezirksverwaltung Karl-Marx-Stadt (Chemnitz)

In der Außenstelle Chemnitz des BStU waren alle bisher ermittelten IM-Akten und „operativen Vorgänge" zur katholischen Kirche ausnahmslos vorhanden.

2.3.8.1. „Operative Vorgänge"

Über größere operative Vorgänge zur katholischen Kirche im Bezirk ist bisher wenig bekannt. Durch den gezielten Einsatz eines IM in der KSG Zwickau, die im OV „Sakrament" bearbeitet worden war, wurde 1985 ein katholischer Student inhaftiert. Der bearbeitende MfS-Offizier, Jens Linkert, verfaßte dazu 1988 eine interne Diplomarbeit.[294] Zum Kolpingkreis der Gemeinde St. Joseph in Karl-Marx-Stadt existierte in den achtziger Jahren ein OV „Seminar", ebenso wurden einzelne Katholiken verschiedener Gemeinden in OPK „bearbeitet". In Karl-Marx-Stadt wurde ein katholischer Pfarrer, in Zwickau der katholische Dekan zeitweise in OV bzw. OPK geführt. Zu einem von Geistlichen geleiteten „Dante-Kreis" in Schwarzenberg wurde 1981 ein OV „Kranz" angelegt.

2.3.8.2. „IM-Vorgänge"

Im Jahre 1958 gelangen der BV zwei Kontakte zu katholischen Geistlichen („Gustav"[295] bzw. „Wagner"[296]), die jeweils zu längerfristiger konspirativer Kooperation führten, in einem Fall nach einer Erpres-

---

[294] BStU, ZA, JHS 21234 („Erfahrungen und Probleme bei der langfristigen Entwicklung und des Einsatzes von Inoffiziellen Mitarbeitern unter reaktionären Kirchenkreisen").

[295] BStU, Ast Chemnitz, 1742/55 bzw. 2386/60 bzw. AIM 1979.

[296] BStU, Ast Chemnitz, 2592/60 bzw. AIM 1721/69.

sung. Weitere MfS-Kontakte des Klerus im Bezirk sind bisher nicht festgestellt worden. Gespräche mit einem ehemaligen katholischen Ordenspriester, der zwischen 1959 und 1962 MfS-Kontakte unterhielt, fallen in den Zeitraum, in dem er bereits zur altkatholischen Kirche übergewechselt war („Lichtenstein"[297]).

Ansonsten verfügte die BV in Karl-Marx-Stadt bzw. Zwickau über mindestens drei intensive IM, die jeweils von 1963 bis 1989 tätig waren, und den Informationsbedarf zur katholischen Kirche abdekken konnten: Die Katholiken „Lilo"[298], zunächst in Leipzig tätig, und „Peter Müller"[299] in Karl-Marx-Stadt, sowie „Peter"[300] aus Zwickau mit guten Kontakten zum katholischen Klerus. Im Einzelfall berichteten sie auch zu katholischen Gemeindemitgliedern in der Stadt (so zu OPK „Cousine"). Zur katholischen Jugendarbeit in Waldheim berichtete für einige Jahre nach 1979 IM „Kopp".[301]

2.3.9. *Bezirksverwaltung Leipzig*

Viele „operativen Vorgänge" und IM-Akten zur katholischen Kirche sind vorhanden, allerdings wurden wichtige Teilbestände jüngeren Datums zu bedeutenden IM auf der „katholischen Linie" vernichtet.

2.3.9.1. *„Operative Vorgänge"*

Einen sehr aufwendigen OV „Schild"[302] betrieb die BV in den Jahren 1969 bis 1974 gegen das Oratorium in Leipzig-Plagwitz, um die Arbeit der KSG und des dort wohnhaften Studentenpfarrers sowie die zahlreichen Westkontakte zu Messezeiten zu überwachen. Außerdem sollten Erkenntnisse über verschiedene Protesthandlungen anläßlich der Sprengung der Leipziger Universitätskirche im Mai 1968 gewonnen werden. Neben der Telefon- und Postkontrolle wurde dazu eine Wanze installiert, die viele vertrauliche Gespräche auf-

---

[297] BStU, Ast Chemnitz, 1302/59 bzw. 14178/60 bzw. AIM 471/63.
[298] BStU, Ast Chemnitz, VIII 1267/63.
[299] BStU, Ast Chemnitz, XIV 227/63.
[300] BStU, Ast Chemnitz, XIV 148/63.
[301] BStU, Ast Chemnitz, XIV 1774/79 bzw. AIM 8182/92.
[302] Siehe Anmerkung 59.

zeichnete. Gegen einen Priester aus dem Oratorium, der in den achtziger Jahren einen Friedenskreis in Leipzig-Lindenau leitete, wurden zwischen 1984 und 1986 („Missionar"[303]) und dann wiederum seit Beginn des Jahres 1989 („Basel"[304]) eine OPK angelegt.

2.3.9.2. „IM-Vorgänge"

Wichtige Informationen zur katholischen Kirche in Leipzig erhielt das MfS zwischen 1971 und 1984 durch einen Priester, der bis zu seiner Übersiedlung in den Westen freiwillig kooperierte und informierte („Frank"[305]). Bedeutender für die Details der operativen Arbeit waren dagegen drei katholische Laien, die das MfS unterschiedlich, aber jeweils eifrig unterstützen: „Oberhaus"[306] (1956-1978), „Fuchs"[307] (1967 bis 1989) und „Junge"[308] (1968-1989). Im Falle der beiden Letztgenannten sind in der BV Leipzig wesentliche Akten vernichtet worden, ebenso zu der von der Abteilung XV geführten HIM „Liane"[309], die seit 1984 sowohl litauische als auch deutsche Katholiken ausspionierte. Bedeutend war auch die IM-Tätigkeit von „Horst"[310], die sich zwischen 1969 und 1986 unter anderem auch gegen die KSG in Leipzig richtete. Mit katholischen CDU- bzw. BK-Mitgliedern und angesetzten Personen verfügte das MfS im Bezirk über weitere IM („Rudolph"[311], „Musiker"[312], „Schmidt", „Rudolf", „Windisch"[313], „Lutz"[314]), zudem mit „Drucker"[315] über einen Ansprechpartner im katholischen Leipziger St. Benno-Verlag, wovon die Geschäftsführung damals wußte.

---

[303] BStU, Ast Leipzig, XIII 720/84 bzw. AOPK 1696/86.

[304] BStU, Ast Leipzig, XIII 1273/89.

[305] BStU, Ast Leipzig, AIM 1653/85.

[306] BStU, Ast Leipzig, 1203/56 bzw. 14188/60 bzw. AIM 1197/80.

[307] BStU, Ast Leipzig, XIII 1478/67 bzw. AIM 4010/92.

[308] BStU, Ast Leipzig, XIII 643/68. Bis auf einen „Auskunftsbericht" wurde die Akte offenbar „gelöscht".

[309] BStU, Ast Leipzig, XV 203/84.

[310] BStU, Ast Leipzig, XIII 526/69 bzw. AIM 1575/86.

[311] BStU, Ast Leipzig, XIII 630/74 bzw. AIM 5867/92.

[312] BStU, Ast Leipzig, XIII 564/80. Bis auf einen „Auskunftsbericht" wurde die Akte offenbar „gelöscht".

[313] BStU, Ast Leipzig, 1382/56 bzw. 2410/60 bzw. AIM 2772/92.

[314] BStU, Ast Leipzig, XIII 1251/85 bzw. AIM 4010/92. Bis auf einen „Auskunftsbericht" wurde die Akte offenbar „gelöscht".

[315] BStU, Ast Leipzig, XIII 150/84 bzw. AIM 3768/92. Bis auf einen „Auskunftsbericht" wurde die Akte offenbar „gelöscht".

2.3.10. *Bezirksverwaltung Magdeburg*

Fast alle IM-Akten jüngeren Datums aus dem Bezirk Magdeburg waren bisher nicht einsehbar und sind möglicherweise „gelöscht" worden. Selbst Entschlüsselungen sind aufgrund der bisher geringen Erschließung problematisch. Der Erkenntnisstand für die Forschung ist deshalb äußerst unbefriedigend.

2.3.10.1. *„Operative Vorgänge"*

Aus den fünfziger Jahren konnten bisher zwei OV aufgefunden werden. Zum einen handelt es sich um eine lokale Ermittlungsakte OV „Sakrament"[316] gegen einen der „Boykotthetze" verdächtigten Pfarrer aus der Zeit zwischen 1955 und 1959. Denselben Zeitraum umfaßt ein OV „Rosenkranz"[317] gegen zwei leitende Geistliche des Magdeburger Kommissariates. Er enthält im wesentlichen die Versuche eines mit dem MfS kooperierenden ehemaligen SED-Mitgliedes, das in die Kirche eintrat, um (vergeblich) eine Position im kirchlichen Dienst zwecks Ausspähung zu erhalten. Nicht aufgefunden werden konnte bisher der Objekt-Vorgang „Kommissariat", der die Tätigkeiten der Wanze nachzeichnen dürfte, die 1958 und 1959 bei Weihbischof Friedrich Maria Rintelen eingebaut war.

Eine der wenigen bisher bekannten Akten aus jüngerer Zeit ist eine OPK „Patron"[318], die sich zwischen 1982 und 1987 gegen einen kirchlichen Mitarbeiter des Bischöflichen Amtes richtete, der 1984 wegen fragwürdiger Vorwürfe, die sich später als falsch herausgestellt haben, aus dem kirchlichen Dienst in Magdeburg entlassen wurde. Überwacht wurden vor allem seine Polenseminare und die Versendung von Handreichungen durch seine „Arbeitsstelle für pastorale Hilfsmittel".

2.3.10.2. *„IM-Vorgänge"*

Aus der Akte OPK „Patron" ergeben sich keine Hinweise auf etwaige relevante IM im kirchlichen Dienst. Im Bischöflichen Amt Magdeburg

[316] BStU, Ast Magdeburg, 27/55 bzw. AOP 193/59.

[317] BStU, Ast Magdeburg, 21/55 bzw. AOP 272/59.

[318] BStU, Ast Magdeburg, VII 918/82 bzw. AOPK 1524/87. Vgl. dazu auch den im Anhang dokumentierten Maßnahmeplan aus dem Jahre 1982 (2.1.11.).

unterhielt Generalvikar Theodor Hubrich, der 1972 von Berlin nach Magdeburg gewechselt worden war, weiterhin im Auftrag von Bischof Braun MfS-Kontakte mit Mitarbeitern der HA XX/4, die schon in seiner Berliner Zeit 1969 begonnen hatten (vgl. Kapitel 2.3.1.1.). Es kam auch zu Gesprächskontakten mit Major Armin Dobberphul von der BV Magdeburg, zu denen sich bisher noch keine MfS-Akten gefunden haben. Nach Hubrichs Entpflichtung als Generalvikar Ende 1985, hatte er in Magdeburg und nach 1987 als Bischof in Schwerin[319] noch gelegentliche MfS-Gespräche. Ab Januar 1986 bis zum Ende der DDR war der neue Generalvikar Manfred Kania (* 1936) vom Bischof mit den Kontakten zum Rat des Bezirkes und zum MfS beauftragt. Über seine Gespräche und diejenigen anderer leitender Mitarbeiter des Bischöflichen Amtes sind bisher keine MfS-Unterlagen bekannt geworden.

IM-Akten der BV Magdeburg zu katholischen Priestern oder Laien sowie auch von „angesetzten" Personen sind bisher so gut wie nicht auffindbar gewesen. Auch Entschlüsselungen von bekannten Decknamen waren bisher kaum möglich. Ende der fünfziger Jahre verfügte das MfS in der Stadt Magdeburg selbst über mindestens vier IM auf der „katholischen Linie" („Werner", „Paul", „Anton", „Alois").[320]

Eingesehen werden konnten die leeren Aktendeckel der IME-Akte „Franz Kaltofen"[321], die von 1987 bis 1989 zu dem langjährigen Referatsleiter Kirchenfragen beim Rat des Bezirkes, Fritz Bellstedt, angelegt worden war. Außerdem ist die Akte des GI/IM „René" bzw. „Bernd Förster"[322] vorhanden, der zwischen 1962 und 1975 auf die Akademikerseelsorge und die KSG in Magdeburg angesetzt war, sowie die Akte des GI/IM „Herzberg"[323] der KD Wernigerode aus der Zeit von 1967 bis 1989.

Nach neuerdings aufgefundenen Konzeptionen der BV Magdeburg aus der Zeit zwischen Ende der siebziger Jahre und 1983[324] verfügte man zu diesen Zeitpunkten über keine IM in Leitung und Verwaltungsapparat des Bischöflichen Amtes Magdeburg. Auch in der Caritas existierte ebensowenig eine „IM-Basis" wie innerhalb der katholischen Akademiker- und Hauskreisarbeit. Lediglich zu einer

---

319 Siehe Kapitel 2.3.1.1. Anmerkung 49.

320 Siehe Anmerkung 317.

321 Siehe Anmerkung 25. Vgl. auch die Akte GMS „Wolfgang" zu einem Funktionär der CDU: BStU, Ast Magdeburg, AIM 174/91.

322 BStU, Ast Magdeburg, VII 1386/62 bzw. AIM 1385/75.

323 BStU, Ast Magdeburg, VII 174/67.

324 BStU, ZA, HA XX/4, 3145.

Pfarrhaushälterin, zu einem Priester außerhalb Magdeburgs („Eisen"[325]) und zu einem Kolpingmitglied („Willi") existierten offenbar Kontakte. Im Jahre 1983 war die „IM-Basis" auf der „katholischen Linie" jedenfalls nach Einschätzung der MfS-Bezirksverwaltung völlig unzureichend.

2.3.11. *Bezirksverwaltung Neubrandenburg*

Die IM-Akten wie auch die „operativen Vorgänge" der BV auf der „katholischen Linie" sind vorhanden, die entsprechenden Akten der KD sind unterschiedlich überliefert.

2.3.11.1. *„Operative Vorgänge"*

Aus dem Bereich dieser BV mit einer insgesamt geringen Katholikenzahl sind bisher fünf OV bzw. OPK zu katholischen Priestern und Diakonen aus den achtziger Jahren bekannt geworden, darunter vor allem „Talar"[326], „Eule" und „Kolpingbruder". Mindestens zwei OPK („Regent"[327], „Sender") und ein OV „Enklave"[328] zu Laien sind ebenfalls in den achtziger Jahren im Bereich der BV angelegt worden.

2.3.11.2. *„IM-Vorgänge"*

Pastor Karl Fischer aus Neustrelitz (siehe Kapitel 2.1.4. und 2.3.5.2.), Mitglied der Volkskammer zwischen 1950 und 1961 für VVN und CDU, wurde 1950 vom MfS des Landes Mecklenburg und später von der BV Neubrandenburg als verpflichteter GI „Marduk"[329] geführt. Fischer hatte sich selbst den Namen des babylonischen Rachegottes ls Decknamen gewählt, entsprechend waren seine Berichte für das MfS in den Jahren 1950 bis 1955. Nach seiner frühzeitigen Pensionierung siedelte er nach Röntgental bei Berlin und damit in den Verantwortungsbereich der BV Frankfurt/Oder über.

---

325 Vgl. Anmerkung 288.
326 BStU, Ast Neubrandenburg, I 1128/78 bzw. AOP III 1449/86.
327 BStU, Ast Neubrandenburg, III 375/87.
328 BStU, Ast Neubrandenburg, III 814/85.
329 Siehe Anmerkung 258.

Neben einzelnen GI/IM-Fällen katholischer Laien aus den verschiedenen Jahrzehnten in der DDR (z.B. „Johannes", „Matthias Jäger"[330], „Paul Schloß", „Wolfgang Wendt") wurde bisher auch die Akte eines 1982 noch minderjährig geworbenen katholischen Jugendlichen ermittelt, der in den Folgejahren seine Gemeinde, dann die KSG in Rostock und schließlich Oppositionsgruppen in Mecklenburg und Berlin ausspähte (IMB „Tobias"[331]).

2.3.12. Bezirksverwaltung Potsdam

IM-Akten und „operative Vorgänge" der BV auf der „katholischen Linie" sind durchweg vorhanden, aus den KD sind bisher keine Vorgänge zur katholischen Kirche bekanntgeworden.

2.3.12.1. „Operative Vorgänge"

Im Dezember 1958 fand in Potsdam ein Prozeß gegen zwölf katholische Männer aus Rathenow statt, die in Westberlin an „Sozialseminaren" des „Katholischen Hilfswerkes für Männer aus der Zone" teilgenommen hatten. Dabei ging es nicht nur um Schulungen gegen den „Materialismus", sondern auch um die Sammlungen von Informationen aus der DDR, die vom MfS als Spionagetätigkeit angesehen wurden. Die HA V/4 und die BV Potsdam konnten 1958 durch Einschleusung von GI „Beweise" in einem „Untersuchungsvorgang"[332] erarbeiten, die den Männern Haftstrafen von bis zu fünf Jahren einbrachten.

Aus dem Bereich der BV Potsdam sind in den achtziger Jahren drei OV bzw. OPK gegen katholische Geistliche bekannt („Cardinal", „Geier", „Picasso") und eine OPK gegen einen katholischen Laien in der Bezirksstadt („Läufer"). Ein umfangreicher OV „Keller" wurde gegen die ökumenische Oppositionsgruppe „Arche" angelegt, die sich regelmäßig in Räumen einer katholischen Einrichtung versammelte.

---

330 BStU, ZA, XV 441/83.

331 BStU, Ast Neubrandenburg, III 251/82.

332 BStU, Ast Potsdam, ÜV 51/58 bzw. AOV 5/59; BStU, ZA, JHS 23508; BStU, ZA, HA XX/4, 1912.

2.3.12.2. *„IM-Vorgänge"*

An IM-Registrierungen ist ein „Abschöpfvorgang" zu einem katholischen Geistlichen 1989 zu verzeichnen („Leo"[333]) sowie ein bisher noch nicht identifizierter Vorgang zu einem weiteren Priester um das Jahr 1970 („Gärtner"). Von 1986 bis 1989 führte die BV zwei katholische Laien als IMS „Luther"[334] bzw. IMS „Stephana"[335].

2.3.13. *Bezirksverwaltung Rostock*

IM-Akten wie „operative Vorgänge" zur katholischen Kirche sind vorhanden bis auf Teilvernichtungen von IM-Akten, die Ende 1989 noch nicht archiviert waren.

2.3.13.1. *„Operative Vorgänge"*

Der OV „Talar" der BV Neubrandenburg zu einem katholischen Priester hatte 1978 seinen Anfang im Bezirk Rostock genommen.[336] Als dieser Priester 1987 wieder in den Bereich der BV Rostock zurückkehrte, wurde er erneut registriert, nunmehr als OPK „Stafette"[337]. Ansonsten ist an Überwachungstätigkeiten der BV ein Vorgang gegen die KSG in den Jahren 1969 und 1970 bekannt geworden. Vollständig vorhanden ist eine zwischen 1969 und 1973 gegen einen katholischen Arzt aus Rostock angelegte OPK „Schoenemann"[338], deren darin geplanten „Zersetzungsmaßnahmen" dazu führten, daß der Betroffene 1973 über Ungarn in den Westen floh.

2.3.13.2. *„IM-Vorgänge"*

Bisher sind zwei IM-Vorgänge auf der „katholischen Linie" des Bezirks bekannt geworden:

333 BStU, Ast Potsdam, AIM 373/91.
334 BStU, Ast Potsdam,
335 BStU, Ast Potsdam, AIM 249/91.
336 Siehe Anmerkung 326.
337 BStU, Ast Rostock, I 921/87 bzw. AOPK 337/89.
338 BStU, Ast Rostock, AOPK I 997/73.

– Von 1956 bis 1982 wurde ein katholischer Laie, zugleich Funktionär der CDU, im Kreis Grevesmühlen als IM „Bork"[339] geführt, unter anderem zur „Bearbeitung" der Kirchen.
– Zwischen 1972 und 1989 wurde ein katholischer Hochschuldozent aus Rostock als IM „Gärtner"[340] geführt, unter anderem zur Überwachung der Akademikerarbeit des katholischen „Niels-Stensen-Kreises".

2.3.14. *Bezirksverwaltung Schwerin*

IM-Akten aus der BV selbst konnten bisher nicht eingesehen werden und wurden offenbar „gelöscht", wenn sie Ende 1989 noch nicht archiviert waren. Vorhanden sind IM-Akten aus einzelnen KD des Bezirkes, oft jedoch teilvernichtet.

2.3.14.1. *„Operative Vorgänge"*

Der Priester, der von der BV „Neubrandenburg" als OV „Talar" sowie von der BV Rostock ebenfalls als OV „Talar" bzw. OPK „Stafette"[341] intensiv überwacht worden war, wurde bereits zwischen 1970 und 1974 von der BV Schwerin zusammen mit anderen Personen im OV „Vereinigung"[342] „bearbeitet". Ansonsten sind aus diesem Bezirk bisher vier OPK zu leitenden Geistlichen aus Schwerin selbst bekannt geworden.

2.3.14.2. *„IM-Vorgänge"*

An IM-Vorgängen auf der „katholischen Linie" konnten bisher festgestellt werden:
– Ein katholischer Geistlicher wurde in den fünfziger Jahren unwesentlich „abgeschöpft", bevor der Vorgang 1959 abgebrochen wurde.

---

339 BStU, Ast Rostock, AIM 1515/82.
340 BStU, Ast Rostock, I 1526/72 bzw. AIM 4271/90. Der letzte Berichtsband für den Zeitraum von 1986 bis 1989 wurde offenbar „gelöscht".
341 Siehe Anmerkungen 326 und 336.
342 BStU, Ast Schwerin, II 600/70 bzw. AOV 10/74.

– Zwei katholische Laien arbeiteten in den Kreisen Gadebusch bzw. Hagenow zwischen 1965 und 1989 („Helmut Fischer“[343]/Pfarrgemeinderat in Wittenburg) bzw. zwischen 1970 und 1989 („Richard“[344]) intensiv mit dem MfS zusammen.

– Ein katholischer Laie wurde zwischen 1973 und 1989 als „Horst Braun“[345] geführt. Er ließ sich 1989 nicht, wie vom MfS beabsichtigt, als kirchlicher Mitarbeiter in das Bischöfliche Amt in Schwerin einschleusen.

– Ein katholischer Jugendlicher wurde 1983 noch minderjährig in Schwerin geworben, um über die kirchliche Jugendarbeit zu berichten, bevor er den Bezirk aus beruflichen Gründen verließ und nicht mehr auf der „katholischen Linie“ des MfS tätig war („Gunther Lange“[346]).

2.3.15. *Bezirksverwaltung Suhl*

Alle Ende 1989 noch nicht archivierten IM-Akten und weitere Akten zur katholischen Kirche sind durch die BV offenbar „gelöscht“ worden.

2.3.15.1. *„Operative Vorgänge“*

Der Bezirk Suhl beteiligte sich 1963 nicht an dem ZOV „Schleuse“ gegen den gesamten katholischen Klerus in der DDR (siehe Kapitel 2.3.1.9.), weil er schon seit 1960 einen eigenen OV „Schwarze Kutten“[347] gegen verschiedene Geistliche des Bezirkes angelegt hatte. Dieser aufwendige Überwachungs– und Zersetzungsvorgang, einschließlich der systematischen Brief– und Telefonkontrolle und eines Wanzeneinsatzes (IM „Pulvermühle“ seit 1963), wurde 1966 nach der Versetzung eines anvisierten Geistlichen archiviert. Ansonsten ist zu dieser BV bekannt, daß in den siebziger Jahren gegen den Bischofsvikar und den Caritasdirektor in Meiningen OPK angelegt wurden.

---

343 BStU, Ast Schwerin, II 635/65. Vorhanden ist nur noch die Personalakte des IM-Vorganges.
344 BStU, Ast Schwerin, II 281/70 bzw. AIM 70/93.
345 BStU, Ast Schwerin, II 655/73 bzw. AIM 96/93.
346 BStU, Ast Schwerin, II 279/83 bzw. AIM 515/89.
347 BStU, Ast Suhl, 843/60 bzw. AOP 760/66.

2.3.15.2. „IM-Vorgänge"

Ein langjähriger intensiver „Abschöpfvorgang" zu einem als IM „Johannes" von 1959 bis mindestens 1973 geführten katholischen Geistlichen vermittelte dem Suhler MfS-Offizier Klaus Stirzel wichtige Details über Konstellationen im katholischen Klerus. „Johannes" wurde ebenso wie die katholischen Laien „Josef" und „Gisela" im Umfeld des OV „Schwarze Kutten" geworben.[348] An sonstigen IM-Akten ist bisher nur der Vorgang eines katholischen Laien einsehbar gewesen, der seit 1973 in Meiningen ansässig war und unter anderem zur örtlichen katholischen Akademikerarbeit bis 1989 berichtete („Erich"[349]). Aufschlußreich ist die mehrbändige GI- bzw. IM-Akte „Cäsar" von Siegfried Pobig[350], zwischen 1959 und 1988 in verschiedenen Funktionen Mitarbeiter der Nationalen Front bzw. des Referates Kirchenfragen der „Nationalen Front". Der Vernichtungsgrad der Akten aus dem Bereich der XX/4 der BV ist sehr hoch, weil der für die Kirchen zuständige MfS-Offizier Klaus Stirzel vor der Besetzung der BV im Dezember 1989 diese Aktenzerstörung planmäßig und flächendeckend betrieben hatte.

348 Ebd. Vgl. zu „Johannes" auch den vorausgegangenen OV „Schlange": BStU, Ast Suhl, 11/53 bzw. AOP 130/59.

349 BStU, Ast Suhl, VIII 1333/68 bzw. AIM 1402/90.

350 Vgl. Bürgerkomitee des Landes Thüringen e.V. (Hg.), ‚Im Interesse eines guten Verhältnisses' I. Die Zusammenarbeit der Staatsorgane und des MfS gegenüber der Ev.-Luth. Landeskirche Thüringens, Suhl 1996, S. 75f.

3. Versuch einer Bewertung

Die Kirchenpolitik der SED gründete bis in die späten siebziger Jahre in der ideologisch motivierten Annahme, Religion sei zum „historisch determinierten Absterben“ verurteilt. Zunächst wollte man mit repressiven kirchenpolitischen Maßnahmen die Verdrängung der Kirchen aus der Öffentlichkeit und allen gesellschaftlichen Bereichen und somit das scheinbare „Absterben“ beschleunigen. Nachdem sich Kirchen und christlicher Glaube, wenn auch auf einen stabilen Kernbestand reduziert, trotzdem behaupten konnten, entdeckte die SED die Kirchen als „Partner“ für ausgewählte Zwecke (Devisenbedarf, internationales Ansehen), sprach ihnen aber gleichzeitig gesellschaftliche Mitverantwortung oder gar eine stellvertretende Protestrolle gegenüber Mißständen in der DDR ab. Trotz aller taktischen Varianten der SED-Kirchenpolitik war das Grundmuster der politisch Handelnden im Staats- und Parteiapparat gegenüber den Kirchen durchweg und parallel von denselben Komponenten bestimmt: Überwachung und Repression durch die sogenannte „Sicherheitspolitik“ sowie Konzilianz und versuchte Instrumentalisierung mittels einer strategischen „Bündnispolitik“. Die Politik der SED schwankte immer zwischen der jeweiligen Gewichtung zugunsten eines dieser beiden Elemente. Sie traten aber grundsätzlich immer in Kombination auf und waren so für die Kirchenpolitik konstitutiv. Überwachung, Kontrolle und Repressionsmöglichkeit waren bis 1989 die durchgängigen Voraussetzungen, um der SED in ihrer Kirchenpolitik taktische Spielräume zu ermöglichen.

Die Kirchen waren aus Sicht der SED immer ein gefährlicher Fremdkörper in der sozialistischen Gesellschaft, der mit sicherheitspolitischen Methoden zu überwachen war. „Überwachung“ bedeutete konkret versuchtes „Eindringen in die Konspiration des Gegners“, um möglichst viele Informationen über interne Zusammenhänge und Vorgänge in den Kirchen zu erhalten. Dieses war in unterschiedlichem Maße zu erreichen, und entsprechend gelangen oder mißlangen die jeweiligen Absichten der staatlichen Kirchenpolitik in konkreten Situationen. Das tatsächliche Ausmaß wie die Ergebnisse dieser Überwachung änderten nichts an dem konsequenten staatlichen Bestreben, kirchliche Aktivitäten wo auch immer möglich zu „kontrollieren". Diese Kontrolle erschien um so notwendiger, je mehr sich in der SED die Erkenntnis durchsetzte, daß die Kirchen im Sozialismus nicht „absterben", wie es jahrzehntelang im Nachvollzug marxistischer Theorien geglaubt wurde. An dieser sicherheitspolitischen Perspektive änderte sich auch im Grundsatz nichts, als die DDR aufgrund von Devisenbedarf und ihrer internationalen Anerkennung die bis dahin angewandten Methoden offener Repression zugunsten zumeist verdeckter repressiver Formen zurückschraubte. Das angeblich unbehinderte Wirken der Kirchen wurde außenpolitisch sogar als „Toleranzbeweis" präsentiert.

Parallel zur Sicherheitspolitik und ihren repressiven Möglichkeiten suchte die SED über staatliche und politische Organisationen permanent eine „Bündnispolitik" gegenüber den Kirchen aufzubauen, um deren Vertreter für politische Zwecke zu instrumentalisieren. Zumindest sollten kirchliche Aktionen und öffentliche Äußerungen „vorbeugend" beeinflußt oder in einzelnen Fällen gegebenenfalls verhindert werden. Die daraus resultierende „differenzierungspolitische Arbeit" gegenüber kirchlichen Amtsträgern und Mitarbeitern war immer der Versuch, Personen gegeneinander auszuspielen und damit öffentliche oder interne Spaltungsprozesse zu inszenieren. Vor allem das MfS bediente sich hierzu seiner, durch spezifische „Methoden" ermittelten, Kenntnisse über theologische, politische und persönliche Differenzen innerhalb der Kirchen. Mit seinen IM in den anderen Staatsorganen, den „Partnern des POZW", stand es darüber im „ständigen Austausch".

Einzelne Kirchenpolitiker der SED oder der CDU in den Staats- und Parteiorganen schlugen, ebenso wie Offiziere des MfS, aus „bündnispolitischen" Motiven nicht selten „taktisch kluge" Wege ein, um kirchlichen Vertretern zum Teil „entgegenzukommen" und angeblich „gemeinsame Interessen" zu suggerieren. Kirchliche Vertreter waren aufgrund der politischen Willkür und Rechtsunsicherheit in der DDR sowie der weitreichenden staatlichen Machtmittel und Kompetenzen gezwungen, Verhandlungskontakte zu staatlichen Stellen zu unterhalten, um zu Absprachen und Vereinbarungen in Sachfragen zu kommen. Interesse von Staat und Partei war es, über diese Sachfragen hinaus, die kirchlichen Vertreter ins politische und persönliche Gespräch zu ziehen, sie zu beeinflussen und im Idealfall zu instrumentalisieren. Wenn es zu einem, wie auch immer motivierten, kirchlichen „Befolgen staatlicher Erwartungshaltungen" kam, interpretierte der Staats- und Parteiapparat dieses als „politischen Erfolg".

Deshalb muß individuelles Entgegenkommen kirchlicher Mitarbeiter gegenüber staatlichen und politischen Organisationen, bis hin zu verschiedenen Abstufungen einer „Zusammenarbeit", nicht nur an innerkirchlichen Regularien und Maßstäben gemessen, sondern auch zusätzlich stets im Lichte der erst heute eindeutig erkennbaren Methoden der staatlichen Kirchenpolitik interpretiert werden.

3.1. Kriterien für die Bewertung von Kontakten aus dem Bereich der katholischen Kirche zu staatlichen und politischen Organisationen der DDR

In den über die Jahrzehnte der DDR kaum veränderten internen kirchlichen Richtlinien zu Gesprächen mit staatlichen und politischen Organen (siehe den „Exkurs" nach Kapitel 2.1.4.) wurde stets eindeutig festgelegt, auf welchen Gesprächsebenen die wenigen Kontakte kirchlicher Mitarbeiter stattfinden sollten. Das generelle Gesprächsverbot mit dem MfS wurde in diesen Erlassen implizit zum Ausdruck gebracht. Zu unterscheiden sind deshalb einerseits Gespräche im kirchlichen Auftrag und konspirative Kontakte andererseits.

3.1.1. Gespräche im kirchlichen Auftrag mit der Dienststelle des Staatssekretärs für Kirchenfragen, den Räten der Bezirke sowie den Hauptabteilungen und den Bezirksverwaltungen des MfS

Die kirchlichen Gesprächsbeauftragten zur Dienststelle des Staatssekretärs für Kirchenfragen und den Räten der Bezirke waren in der kirchlichen Öffentlichkeit bekannt. Über die jeweiligen Beauftragten zu Gesprächen mit dem MfS waren nur kleinere Gruppen leitender kirchlicher Amtsträger und Mitarbeiter informiert. Jeder der insgesamt zehn kirchlichen MfS-Gesprächsbeauftragten zwischen 1958 und 1989 informierte den jeweiligen kirchlichen Dienstvorgesetzten über die „Kontaktaufnahme“ durch das MfS (siehe Kapitel 2.3.1.1.). Die katholischen Bischöfe wählten zu den schwierigen Gesprächen mit dem MfS Männer ihres Vertrauens, von deren Loyalität sie überzeugt waren und die sie als Interessenvertreter der katholischen Kirche gegenüber den staatlichen Stellen betrachteten. Modalitäten der Rückkopplung zwischen kirchlichem Auftraggeber und Beauftragten wurden mündlich festgelegt, und, abhängig von der Persönlichkeit der Beteiligten, mehr oder weniger konsequent praktiziert. Von Seiten der Staatssicherheit erfolgte, trotz des Wissens um die fehlende Konspiration zwischen Beauftragten und MfS-Offizieren, seit 1967 regelmäßig eine Registrierung ihrer kirchlichen Gesprächspartner als IM.

Aus der heutigen Kenntnis der bisher aufgefundenen staatlichen und kirchlichen Akten, sowie der Befragung aller damals beauftragten kirchlichen Amtsträger zu Gesprächen auf den verschiedenen Ebenen des Staatsapparates, lassen sich folgende Kriterien zur Bewertung der möglicherweise problematischen Aspekte dieser Gespräche ableiten:

– Wurden die kirchlichen Vorgesetzten über alle Kontakte, auch über ihre Modalitäten (z.B. Gesprächsorte, Zuwendungen), informiert ?

– Welche Vorgaben zur Berichts– und Absprachepflicht haben die kirchlichen Vorgesetzten ihren Beauftragten gemacht ?

– Waren die Beauftragten gegenüber ihren kirchlichen Vorgesetzten in den Gesprächen mit staatlichen Stellen loyal ?

– Erfolgte die Übermittlung von Informationen oder innerkirchlichem Material an staatliche Stellen im Auftrag, mit Zustimmung oder zumindest mit Wissen des kirchlichen Vorgesetzten ?

– Wurden personenbezogene Informationen mit oder ohne Wissen Betroffener übermittelt ? Lagen sie im Interesse der Betroffenen oder konnten sie zu ihrem Schaden gereichen ?

– Wurden durch Beauftragte, mit oder ohne Wissen ihrer Vorgesetzten, staatliche Strukturen in Anspruch genommen, um innerkirchliche Interessen oder persönliche Vorstellungen und Wünsche durchzusetzen ?

3.1.2. Konspirative Kontakte zu staatlichen und politischen Organen

Konspirative Kontakte von eigentlich berichtspflichtigen kirchlichen Mitarbeitern zu staatlichen Organen in der DDR waren ein Verstoß gegen innerkirchliche Richtlinien und in fast allen Fällen Vertrauensbruch gegenüber dem Dienstgeber sowie dem persönlichen Umfeld. Sie fanden in aller Regel nur mit dem auf diese Form der Gesprächsführung spezialisierten MfS statt. Wenn ein konspirativer Kontakt mit Informationsfluß über innerkirchliche Vorgänge zunächst über ein Staatsorgan (z.B. über den Referatsleiter Horst Dohle im Rat des Bezirkes Dresden in der ersten Hälfte der siebziger Jahre) oder Funktionäre der CDU oder BK lief, wurde in der Regel das MfS davon informiert und versuchte seinerseits, mit dem „Informanten" Kontakt aufzunehmen. Konspirative Kontakte führten automatisch zu einer Registrierung als „GI" oder „IM" des MfS und können nach folgenden qualitativen Kriterien bewertet werden:

- Unter welchem Vorwand („Legende") wurde eine Person durch das MfS angesprochen ? Warum hat sie sich gegebenenfalls zur Fortführung der Kontakte mit dem MfS bereit gefunden?[351]
- Wurde eine schriftliche Verpflichtung unterzeichnet?
- Wurde eine mündliche Verenbarung getroffen?
- Wurde ein „Deckname" oder ein Kennwort zur telefonischen Kontaktaufnahme vereinbart?
- Verfaßte die als GI/IM registrierte Person eigene schriftliche Berichte? Sprach sie Berichte auf ein Tonband? Traf sie sich mit den MfS-Offizieren in „konspirativen Wohnungen" bzw. „Objekten" des MfS, die mit offener oder verdeckter Abhörtechnik versehen waren, so daß ein Gespräch in solchen Räumlichkeiten vom MfS zusammengefaßt und als „Tonbandbericht" gewertet werden konnte?

---

[351] Sowohl der Anlaß zur Kontaktaufnahme als auch die Begründung für eine eventuelle Weiterführung der Gespräche wurde vom MfS nicht selten durch einen vorgeschobenen oder erfundenen Anlaß fingiert und in den Akten als „Legende" bezeichnet. Vgl. Dieter Grande, Versuchungen und Motivationen bei katholischen Priestern und Laien für Kontakte mit dem Ministerium für Staatssicherheit (MfS), in: „Unterwegs zur Einheit". 92. Deutscher Katholikentag 1994 in Dresden. Dokumentation, Kevelaer 1994, S. 246-250.

- In welchen Abständen und über welchen Zeitraum fanden Gespräche mit MfS-Offizieren statt?
- Wurden „innerkirchliche Materialien"[352] übergeben? Welchen Vertraulichkeitsgrad hatten diese Materialien?
- Wurde mündlich über kirchliche Interna informiert?
- Wurde über Dritte berichtet?
- Wurde, im Falle von Priestern, die seelsorgerliche Schweigepflicht verletzt?

Wichtigstes Kriterium zur qualitativen Bewertung eines solchen Kontaktes sollten Umfang, Inhalt und Bedeutung der zum MfS gelangten bzw. „gelieferten" Informationen sein.

Im Verlaufe der vier Jahrzehnte der Geschichte der DDR kam es durch das MfS zu GI/IM-Registrierungen auf den „katholischen Linien", die in Dauer, Intensität, und in kirchenpolitischer wie regionaler Bedeutung erheblich variieren. Eine zusammenfassende Statistik kann diese Differenzierungen nicht deutlich machen. Auf einen allgemein anerkannten und allseits nachvollziehbaren Kriterienkatalog der abstufenden Bewertung von IM hat sich die seit 1992 laufende öffentliche Diskussion über die zugänglichen IM-Akten bisher nicht verständigen können.

Statistische Angaben verharmlosen die gravierenden Fälle und übertreiben gleichzeitig die Bagatellvorgänge. Auch die zu wählende Bezugsgröße bleibt unklar. Eine Zählung nach kirchlichen Jurisdiktionsbezirken spiegelt nicht die Arbeitsweise des MfS wider, die sich, wie oben dargelegt, nach den Hauptabteilungen in Berlin und

---

352 Um die Beantragungen von Zulassungen für kirchliche Abzugsgeräte zu umgehen, wurde auf damit hergestellten Materialien der Vermerk „Nur für innerkirchlichen Dienstgebrauch" angebracht. Gleichzeitig wurde den Nutzern damit signalisiert, daß eine öffentliche Weiterverbreitung oder Verwendung von der Kirche nicht beabsichtigt wurde. Das MfS hat den Begriff der „innerkirchlichen Materialien" erheblich weiter gefaßt. Neben den oben erwähnten Abzügen fielen auch mit staatlicher Genehmigung gedruckte Bücher kirchlichen Inhalts und Kirchenzeitungen darunter sowie kirchliche Materialien, die mit der Post versendet wurden. Bei der Führung von IM galt es als besonderer Erfolg „erzieherischer Arbeit", wenn es den Führungsoffizieren gelang, solche „innerkirchlichen Materialien" zu erhalten. Besonderes Interesse hatte das MfS aber an vertraulichen Unterlagen, die keinerlei kirchliche Vermerke trugen. Solche Unterlagen konnte es nur über einige intensiv und konspirativ tätige IM sowie über illegale Aktionen beschaffen (z.B. Einbrüche, Aufbrechen von Fluggepäck etc.).

den einzelnen Bezirksverwaltungen ausdifferenzierte. Eine Aufstellung nach den letztgenannten Bezugsgrößen verschleiert dagegen wiederum die Unterschiedlichkeit der Fälle, die dann scheinbar gleichwertig nebeneinander stehen würden. Aufgrund des fragmentarischen Erkenntnisstandes zu GI/IM-Vorgängen in einigen Bezirken entstünde zudem ein verzerrendes Bild.[353]

Erforderlich ist deshalb eine qualitative Bewertung des MfS-Kenntnisstandes zur katholischen Kirche und des daraus abzuleitenden Einflusses auf Personen und Vorgänge innerhalb der Kirche.

3.2. Qualitative Bewertung der Tätigkeit staatlicher und politischer Organisationen gegenüber der katholischen Kirche

3.2.1. Der Informationsstand der staatlichen und politischen Organisationen

Der Informationsstand der staatlichen Organisationen, insbesondere derjenige des MfS, zu Vorgängen, Entwicklungen und persönlichen Konstellationen in der katholischen Kirche war im Verlaufe der Geschichte der DDR sehr unterschiedlich. Bis Mitte der fünfziger Jahre war er insgesamt noch sehr gering, danach erhöhte er sich durch erste Ansätze einer systematischeren „kirchenpolitischen Arbeit". Mit der Aufnahme der Tätigkeit einer Dienststelle des Staatssekretärs für Kirchenfragen ab April 1957 wurde im dortigen „Oberreferat" beziehungsweise später der „Abteilung Katholische Kirche" eine laufende Auswertung kirchlicher Publikationen betrieben. Zwischen Beginn der sechziger und Anfang der siebziger Jahre fanden zahlreiche Einzel- und Gruppengespräche von Mitarbeitern dieser Dienststelle mit katholischen Geistlichen und Laien in allen Bezirken der DDR statt.

Das MfS verfügte ab Anfang der siebziger Jahre über einen sehr hohen Kenntnisstand zu Vorgängen und Konflikten in der katholischen Kirche und begann allmählich, sich von seinen grobschlächti-

[353] Vgl. Grande/Schäfer, a.a.O. (Anmerkung 3).

gen Spionage- und „Diversions"-Theorien zu lösen. Zunächst hatte es in den Jahren 1958 und 1959 durch den Einbau von Abhörtechnik in bischöfliche Räume und Niederlassungen der Jesuiten einen ganz erheblichen Informationszuwachs verzeichnen können. Gleichzeitig war es ihm gelungen, sich erste dauerhafte konspirative Kontakte zu katholischen Geistlichen und Laien zu verschaffen. Nach 1961 gelangen ihm schließlich bis Anfang der Siebziger Jahre mehrere Werbungen von katholischen Laien und einigen wenigen Geistlichen, die oft zu langjährigen Kontakten führten. Das Gros der für das MfS bedeutsamen konspirativen IM auf den „katholischen Linien" war bis etwa 1975 kontaktiert und zu Gesprächen oder Berichten gewonnen worden. Ein neuer Schub an versuchten bzw. erfolgreichen Werbungen auch im katholischen Bereich war seit Anfang der achtziger Jahre mit der Zunahme an Friedens- und Umweltgruppen im Umfeld der evangelischen Kirchen und der zumeist individuellen Beteiligung von Katholiken gegeben.[354]

Die Kontakte der zentralen Gesprächsbeauftragten zum MfS seit 1958 wurden erst ab 1967 zu einer weiteren bedeutenden staatlichen Informationsquelle, als Prälat Otto Groß nach Kontaktaufnahme durch das MfS zu diesen Gesprächen von seinem Vorgesetzten, Kardinal Alfred Bengsch, beauftragt wurde. Groß und sein Nachfolger in dieser Funktion seit 1974, Prälat Paul Dissemond, versuchten mit und durch das MfS, über die Behandlung zahlreicher anstehender Sachfragen hinaus, Kirchenpolitik zu betreiben und ein berechenbares und kooperatives Klima zu erzeugen, wobei offen bleiben muß, wieweit sie in Loyalität die Bischöfe informiert haben. In diesem Zusammenhang wurden sie durch das MfS mit gezielten Informationen „ausgestattet" und zu Vorgängen und Personen in der Kirche angefragt. Im Gegenzug, oder auch vorab, übergaben die Gesprächsbeauftragten zumeist nicht-interne kirchliche Unterlagen und versahen die MfS-Offiziere mit konkreten Informationen und Bewertungen, um sie in die von ihnen gewünschten Richtungen der Bewahrung und Erweiterung des kirchlichen Wirkungsrahmens zu

---

[354] Organisierte und durch das MfS besonders registrierte ökumenische Friedens- bzw. Umweltaktivitäten unter dem Dach der katholischen Kirche existierten in den achtziger Jahren in Dresden-Johannstadt, Leipzig-Lindenau, Halle, Weißenfels und Cottbus.

lenken. Im Einzelfall stellt sich die Frage, ob sich die Beauftragten damit jeweils auf der kirchenpolitischen Linie des Vorsitzenden der BBK bewegten.[355] Über den mit solchen Verhandlungen unvermeidlich verbundenen Austausch hinaus, konnte das MfS durch die beauftragten zentralen kirchlichen Kontakte häufig einen deutlichen Informationszuwachs verzeichnen.

Die regionalen MfS-Verhandlungsschienen mit kirchlichen Amtsträgern im Bischöflichen Amt Magdeburg lassen aufgrund der insgesamt geringen Aktenbestände bisher nur im Falle der dokumentierten Gespräche von Prälat Heinrich Jäger (1913-1986) aus Magdeburg (sechziger und siebziger Jahre) und Propst Hans-Peter Gospos (* 1928) aus Halle (1982 bis 1989) die Schlußfolgerung eines beträchtlichen

---

[355] In seinem Gutachten vom Januar 1997 zur IM-Akte „Otto" (Prälat Otto Groß) zieht Claus-Peter März, Professor für Neutestamentliche Exegese am Philosophisch-Theologischen Studium in Erfurt, folgendes Fazit:
„Auch wenn einzuräumen ist, daß die Gespräche mit dem MfS niemals Verhandlungen auf gleicher Ebene gewesen sind und sich der kirchliche Gesprächspartner kaum bestimmten durch das MfS vorgegebenen Mechanismen des ‚Austausches' entziehen konnte, auch wenn nicht übersehen werden darf, unter welchen konkreten Zwängen im einzelnen Lösungen gesucht werden mußten, sind nach Durchsicht der Akte ‚Otto' zumindest folgende Fragen zu stellen:
– ob und inwieweit die Kontaktnahme zum MfS innerkirchlich kritisch begleitet worden ist,
– ob und inwieweit tatsächlich die Grenzen der Kontaktnahme zum MfS bedacht und diesem auch verdeutlicht worden sind,
– ob und inwieweit die z.T. weitreichenden Informationen über innerkirchliche Vorgänge tatsächlich angemessen waren,
– ob und inwieweit gegen innerkirchliche Differenzierungen nicht doch staatliche ‚Rückendeckung' gesucht wurde,
– ob und inwieweit durch die Kontakte persönliches ‚Machtwissen' begründet und ins Spiel gebracht wurde,
– ob und inwieweit das MfS für einzelne innerkirchliche Aktionen in Anspruch genommen wurde.
Grundsätzlich werden die Akte bzw. die Verbindungen von ‚Otto' zum MfS im Zusammenhang mit der durch Kardinal Bengsch vertretenen Kirchenpolitik bewertet werden müssen. ‚Otto' hat diese ‚Linie' gegenüber dem MfS mit allen ihm nützlich erscheinenden Mitteln erläutert, vertreten und umgesetzt. Die Einschätzung des Vorgehens von ‚Otto' ist deshalb von der Frage nach der Angemessenheit der Bengschen Kirchenpolitik nicht zu trennen. Die Akte vermittelt dabei durchaus Einsichten, die das Bemühen des Berliner Kardinals, die katholische Kirche in einer Balance zwischen totaler Opposition gegenüber dem Staat und politischer Vereinnahmung zu halten, für die damalige Zeit verständlich machen könnten. Wie kaum ein anderes Zeugnis dieser Zeit lassen die Texte jedoch auch den Preis und die Grenzen dieses Bemühens deutlich werden."

Zugewinns an Erkenntnissen für das MfS hinsichtlich kirchlicher Interna zu. Auch über Theodor Hubrich, Weihbischof in Magdeburg zwischen 1975 und 1987 und ab 1988 Bischof in Schwerin, erhielt das MfS interne Informationen zu einzelnen Sitzungen der Bischofskonferenz. Im Bistum Dresden-Meißen hielten sich bei den beauftragten MfS-Kontakten zwischen 1981 und 1989 dagegen die Erkenntnisgewinne für die Bezirksverwaltung Dresden in Grenzen. Auf anderer Schiene erlangte in den achtziger Jahren der Stellvertreter des Staatssekretärs für Kirchenfragen, Hermann Kalb (CDU), der mit MfS und dem ZK der SED zu kooperieren hatte, bis 1989 zunehmend detailliertere Informationen über interne kirchliche Vorgänge und innerkirchliche persönliche Differenzen durch den Gesprächsbeauftragten der BBK, Prälat Gerhard Lange.

Der Großteil der Informationen der Staatsorgane über kirchliche Vorgänge stammt vom MfS, das dieses auf konspirativem Wege mit verschiedenen Mitteln „erwarb": Telefonüberwachung, Postkontrolle, „Einsatz von Abhörtechnik" sowie vor allem Gespräche mit IM. Dabei schwankten Ausmaß und Wert der Informationen zeitlich, regional und sektoral. Sie waren immer abhängig von Intelligenz, Wissensstand und Initiative der konkreten Personen, mit denen die staatlichen Organisationen Verbindungen unterhielten.

Der Informationsstand des MfS kann, nach bisher erschlossenen staatlichen Akten, zu folgenden Bereichen in der katholischen Kirche als auffällig hoch eingeschätzt werden:

- Sitzungen der BBK und Aktivitäten von Kardinal Meisner ab den achtziger Jahren, insbesondere ab 1984/85
- Sämtliche Telefonate von kirchlichen Dienststellen in der DDR, aber auch von kirchlichen Dienststellen und Medien West-Berlins innerhalb von West-Berlin wie mit dem Bundesgebiet (Bischöfliches Ordinariat, Redaktion der Katholischen Nachrichtenagentur, Hauptvertretung des Deutschen Caritasverbandes)
- Kolpingverband (fünfziger Jahre bis 1989)
- Katholische Ordensgemeinschaften (seit Ende der sechziger Jahre bis 1989)
- Katholische Studentengemeinden, vor allem zwischen 1970 und 1976
- Katholische Akademikerarbeit, vor allem zwischen 1964 und 1975

- „Aktionskreis Halle" zwischen 1970 und 1989
- „Friedenskreis Johannstadt" in Dresden 1988/1989
- Überdurchschnittliche interne Kenntnisse zu Klerus und katholischen Gemeinden in (seit Mitte der sechziger bzw. Anfang der siebziger Jahre; alphabetische Reihung):
  - Berlin
  - Dresden
  - Eisenhüttenstadt
  - Frankfurt/Oder
  - Halle/Merseburg (außerordentlich hoher Kenntnisstand)
  - Karl-Marx-Stadt
  - Leipzig
  - Sorbische Gebiete ab Mitte der achtziger Jahre (Kreise Kamenz und Bautzen)

3.2.2. *Staatlicher Einfluß auf die katholische Kirche*

3.2.2.1. *Grenzen direkter Einflußnahme*

Direkte staatliche Einflußnahme auf die katholische Kirche war öffentlich zumeist nicht wahrnehmbar, obwohl die staatlichen und politischen Organisationen hinter den Kulissen vor allem in Gesprächen mit katholischen Amtsträgern sowie haupt- und ehrenamtlichen Mitarbeitern in der Kirche, immer wieder zu erreichen versuchten, daß es zu öffentlichen Akklamationen und sichtbarer „Differenzierung" in der Kirche kommen sollte.

Weder die katholischen Bischöfe, noch kirchliche Einrichtungen, noch offizielle oder informelle Gruppen in der katholischen Kirche gaben Erklärungen ab, die von den Kirchenpolitikern in Staat und Partei und den Medien öffentlich als tatsächliche Zustimmung zur DDR, zu ihrer sozialistischen Ideologie und zur Politik der SED interpretiert und verwertet werden konnten.

Die katholischen Bischöfe hielten sich grundsätzlich an die kirchenpolitische Linie der „politischen Abstinenz". Die staatlichen Organisationen konnten, bis auf zwei Ausnahmen, keine kirchenleitenden Personen zur wirklich konspirativen Zusammenarbeit gewinnen, d.h. zu Gesprächskontakten ohne Kenntnis und Befürwortung ihrer kirchlichen Vorgesetzten.[356] Höherrangige Geistliche, die mit dem MfS, der Dienststelle des Staatssekretärs für Kirchenfragen und den Räten der Bezirke sprachen, agierten im Auftrag und zumeist in Absprache mit ihren vorgesetzten Bischöfen, wobei im Einzelfall zu entscheiden ist, ob sie im Rahmen ihres Gesprächsauftrages geblieben sind.[357]

Trotz aller staatlichen Versuche der Einflußnahme blieb die kirchliche Personalpolitik autonom. Das MfS und andere staatliche Organe konnten keine „Kandidaten plazieren" oder unliebsame Amtsträger „versetzen lassen", vom Bischof bis hinunter zu einzelnen Geistlichen. Personalwechsel und Versetzungen wurden durch staatliche Stellen zwar intern häufig „nahegelegt" und durch gezielte Informationen befördert. In jedem Fall waren aber auch diejenigen kirchlichen Personalentscheidungen, die zusätzlich „in staatlichem Interesse" lagen, in eigener Verantwortung aus den Motiven der kirchenleitend maßgeblichen Personen erfolgt. Eventuelle Deckungsgleichheit von Interessen ändert nichts an der kirchlichen Letzt-Entscheidung durch den maßgebenden Ordinarius und seiner vollen Verantwortung.

Nur in einem Fall, nämlich beim Entwurf des „Friedenshirtenbriefes" vom Dezember 1981, konnten die staatlichen Stellen den vorgesehenen Text einer Verlautbarung der katholischen Bischöfe sehr frühzeitig erhalten und auf ihn Einfluß zu nehmen versuchen. Da ein Bischof im Januar 1982 den Text schließlich ablehnte, wurde er wegen des Einstimmigkeitsprinzips der BBK nicht zur Verlesung an die Gemeinden gegeben. Erst im Januar 1983 konnte ein einstimmig gebilligter neuer Text der BBK zur Friedensthematik öffentlich verlesen werden. Alle anderen Hirtenbriefe der katholischen Bischöfe in der DDR zwischen 1950 und 1989 entstanden ohne staatliche Einflußnahme. Nachdem das MfS seit 1957 durch die Kooperation mit einzelnen Geistlichen bereits verabschiedete Hirtenbriefe vor ihrer Verlesung erhielt, waren Prälat Johannes Zinke und alle folgenden kirchlichen Gesprächsbeauftragten ab etwa 1963 zur Praxis übergegangen , dem MfS wenige Tage vor der Verlesung eines Hirtenbriefes

[356] Ausnahmen waren stellenweise die MfS-Kontakte von Prälat Heinrich Jäger aus dem Bischöflichen Amt Magdeburg („Bernstein", 1971-1978, bis 1972 ein wichtiger Entscheidungsträger) und von Propst Hans-Peter Gospos aus Halle („Gustav", 1982 bis 1989).

[357] Zur Problematik dieser Gespräche siehe die Kapitel 3. 2.1. und 3.2.2.2.

den fertigen Text zu übergeben, um Fehlinterpretationen der staatlichen Mithörer auszuschließen und die konspirative Beschaffung der Texte über einzelne Geistliche einzudämmen. Nachdem die Dienststelle des Staatssekretärs für Kirchenfragen über das MfS Kenntnis von den anstehenden Texten erhalten hatte, untersagte sie in zwei Fällen explizit die Verlesung von gemeinsamen Verlautbarungen der BBK. Hierbei handelte es sich um einen Hirtenbrief zur christlichen Erziehung vom November 1974 mit deutlicher Kritik am ideologisch ausgeübten Bildungsmonopol des Staates sowie um den Fastenhirtenbrief vom März 1981 mit Ausführungen zum Zwangscharakter der Jugendweihe. In beiden Fällen ließen die katholischen Bischöfe die Texte dennoch verlesen, ohne daß es, trotz aller Drohgebärden im Vorfeld, nachher zu staatlichen Konsequenzen kam.

Mit Ausnahme von Pastor Karl Fischer zwischen 1950 und 1965 akklamierte kein katholischer Geistlicher öffentlich zur Politik der SED. Die „Berliner Konferenz" konnte seit 1964 keinen aktiven[358] katholischen Geistlichen aus der DDR zur öffentlichen Präsentation als Mitglied „gewinnen", im Gegensatz zu manchen kirchlichen Amtsträgern aus West- und Osteuropa. Die in ihr mitarbeitenden katholischen Laien aus der DDR umfaßten einen quantitativ überschaubaren und weitgehend stagnierenden Kreis, der zumeist in der CDU organisiert und nur sehr selten herausgehoben in der katholischen Kirche tätig war.

3.2.2.2. Reichweite des indirekten Einflusses

Die Reichweite „indirekten Einflusses" erscheint dagegen vergleichsweise größer, so schwierig es auch sein dürfte, diesen im Einzelfall zu ermessen. Er konnte sich in Form einer präventiven kirchlichen Selbstbeschränkung äußern oder über „inoffizielle Wege" auf Vorgänge oder Personen in der katholischen Kirche einwirken.

„Selbstbeschränkung", stellenweise auch in der Kirche als „Selbstzensur" bezeichnet, unterliegt natürlich sehr subjektiven Beurteilungen. In konkreten Fällen wurde sie dementsprechend in der gesamten Bandbreite von „klug" bis „unzumutbar" bezeichnet. Viele

[358] In der BK arbeiteten dagegen einige wenige suspendierte oder aus dem katholischen Klerus ausgeschiedene katholische Geistliche teilweise mit.

Handlungen und Äußerungen werden in einem totalitären System naturgemäß nach Notwendigkeit, Risiko und Konsequenz abgewogen, und entsprechend unterschiedlich fallen individuelle Entscheidungen aus. Sie sollen hier nicht nach moralischen Kategorien von „Mut" oder „Feigheit" bewertet werden.

Eine aufgrund politischer Gegebenheiten gewählte „Selbstzensur" konnte fallweise auch bis hin zur Behinderung der eigenen pastoralen Arbeit führen. Der unter Erzbischof bzw. Kardinal Bengsch 1961, in Übereinstimmung mit allen Mitgliedern der BOK und später BBK, weitergeführte Kurs der öffentlichen „politischen Abstinenz" war zunächst ein widerständiges Verhalten gegen den staatlichen Druck auf die katholische Kirche, öffentlich ihre Loyalität zur DDR und zur allgemeinen wie konkreten Politik der SED zu erklären. In einem Schreiben an Staatssekretär Hans Seigewasser verbat sich Erzbischof Bengsch beispielsweise am 13. April 1965 jeden politischen Druck und Zwang zur öffentlichen Akklamation und stellte dem ein generelles Schweigen der Kirche zu allen politischen Fragen gegenüber. „Ich ersuche Sie nochmals, mein Schweigen und meine Zurückhaltung als einen bewußten Akt der Loyalität zu betrachten", schrieb der Erzbischof abschließend[359], womit er den Grundgedanken aufgriff, den er schon in einem für die Beziehungen zwischen Staat und katholischer Kirche weichenstellenden Gespräch mit dem stellvertretenden Ministerpräsidenten Willi Stoph am 2. November 1961 zum Ausdruck gebracht hatte. Dieses Gespräch und seine Ergebnisse waren in den beiden Wochen nach dem Mauerbau vom 13. August 1961 durch mindestens drei Unterredungen von Prälat Johannes Zinke mit dem MfS in Ostberlin vorbereitet worden. Unter anderem wurden staatlicherseits „Loyalität" und „politische Abstinenz" der katholischen Kirche in der DDR mit dem „garantierten" zeitweisen Zugang des im Ostteil Berlins residierenden Bischofs des Bistums Berlin in den Westteil der Stadt und damit der formalen „Einheit des Bistums Berlin" verbunden.

Diese „Loyalität" und „Politische Abstinenz" sollte der Bischof auch beim Besuch der Gemeinden Westberlins wahren, wie Verzicht auf Präsenz des Bischofs in westlicher Presse, Rundfunk und Fernsehen. Außerdem sollte er sich für ein Wohlverhalten der in Westberlin

---

[359] Diözesanarchiv Berlin, V/5-7-2.

erscheinenden Bistumszeitung „Petrusblatt" einsetzen und als der „Hauptverantwortliche für das Bistum" dafür Sorge tragen, daß die Kirchenzeitung „die bewußte Störtätigkeit im Sinne der Frontstadtpolitik" einstellt. Das MfS ließ diesen Auftrag seit 1967 besonders durch Prälat Groß an die Verantwortlichen in Westberlin weitergeben. In den achtziger Jahren kamen Pressionen auf die Katholische Rundfunkarbeit hinzu (z.B. SFB-Übertragung der Inthronisation von Bischof Meisner in Westberlin und kirchenpolitische Kommentare im SFB, RIAS und Deutschlandfunk durch den katholischen Rundfunkbeauftragten), die den Versuch einer indirekten Einflußnahme darstellten.

Die öffentliche politische Abstinenz der katholischen Kirche in der DDR wurde somit von Anfang an von staatlicher Seite als „Geschäftsgrundlage" verstanden, zum Teil sogar als solche explizit in internen Dokumenten bezeichnet. Bis in die frühen siebziger Jahre versuchten die staatlichen Stellen dennoch vergeblich, die „politische Abstinenz" der Kirche zugunsten von öffentlicher Zustimmung zu durchbrechen. Danach ließen sie immer mehr davon ab, weil sie einen völligen Verzicht auf öffentliche politische Stellungnahmen dem „komplizierten" Spektrum in den evangelischen Kirchen vorzogen, das von öffentlicher Zustimmung bis hin zu öffentlicher Kritik reichte. „Berechenbarkeit" und „Abstinenz" erschien den staatlichen Kirchenpolitikern nun als die bevorzugte Variante des Verhaltens der katholischen Kirche, weil sie ihnen wesentlich weniger „Probleme" bereitete. Wo sie aus ihrer politisierenden Perspektive eine Veränderung kirchlichen Verhaltens hin zu öffentlichem Agieren und gesellschaftlicher Auseinandersetzung feststellten, klagten sie jetzt das Erbe der 1961 begründeten kirchlichen „politischen Abstinenz" als „Geschäftsgrundlage"[360] ein.

Durch die nach dem II. Vatikanischen Konzil (1962-1965) aufbrechenden, unterschiedlichen internen Positionen in der katholischen Kirche zur Frage der „politischen Abstinenz" und ihrer konkreten Ausformung wie Relevanz in bestimmten Situationen, fanden die

---

[360] Vgl. „Zur ‚Geschäftsgrundlage' der Beziehungen der Leitung der katholischen Kirche in der DDR zum Staat unter Kardinal Bengsch" (Vermerk von Rudi Bellmann, Leiter der Arbeitsgruppe Kirchenfragen beim ZK der SED, vom 4.11.1985), in: Grande/Schäfer, a.a.O. (Anm. 5), S. 29f.

staatlichen Stellen Ansatzpunkte zur „indirekten Einflußnahme" auf die katholische Kirche. Das MfS, aber auch die Dienststelle des Staatssekretärs für Kirchenfragen, sammelte Informationen zu Vorgängen und Personen innerhalb der Kirche und versuchte über kirchliche Gesprächsbeauftragte wie auch über konspirative Kontakte Einfluß auf eine politische und gesellschaftliche Zurückhaltung der katholischen Kirche zu nehmen. Vor allem die Prälaten Otto Groß, Paul Dissemond und Gerhard Lange verfügten, durch ihre kirchenpolitische Schlüsselstellung als zentrale Verhandlungspartner gegenüber einem extrem zentralisierten und hierarchisierten Staatsapparat, über einen erheblichen innerkirchlichen Einfluß, den sich ihre staatlichen Gesprächspartner zu nutze zu machen versuchten und wenn möglich förderten. Die staatlichen Stellen eruierten innerkirchliche Konflikte und nutzten ihr konspirativ erworbenes Wissen, um damit die Gesprächsbeauftragten zu konfrontieren. Diese versuchten wiederum aufgrund ihrer kirchenpolitischen Stellung, auch unter Zuhilfenahme staatlicher Strukturen, eigene Vorstellungen in der Kirche durchzusetzen.

Alle kontroversen Felder wurden von den staatlichen Stellen aufmerksam beobachtet und „begleitet", und die eigene Perspektive stets von neuem den kirchlichen Gesprächspartnern verdeutlicht: Differenzen in der Kirche über ein „Engagement in der sozialistischen Gesellschaft" zwischen etwa 1965 und 1975, Entwicklungen in katholischen Studentengemeinden und der Akademikerarbeit, Differenzen in der BOK Ende der sechziger Jahre, innerkirchliche Auseinandersetzungen um die Meißner Synode 1969/1970 und die Pastoralsynode zwischen 1972 und 1975, schließlich die Konflikte in der BBK ab 1980, Verlesungen der bischöflichen Hirtenbriefe und päpstlichen Texte in allen Gottesdiensten in der DDR in den achtziger Jahren, das Verhalten von Kardinal Meisner als Vorsitzendem der BBK nach 1982, Auseinandersetzungen um den AKH 1984 bis 1986, Jugendkongreß 1985 in Berlin und besonders das Dresdner Katholikentreffen 1987, volle Mitarbeit der katholischen Kirche durch Delegierte an der „Ökumenischen Versammlung für Frieden, Gerechtigkeit und Bewahrung der Schöpfung" 1988/1989.

Erst in den achtziger Jahren versagten kirchenpolitische Mechanismen des Staates, zum Teil beim Katholikentreffen 1987, vor allem aber bei der Ökumenischen Versammlung 1988/1989. Ansonsten wurden „im Vorfeld" zwischen staatlichen und kirchlichen Gesprächspartnern immer wieder potentielle Konflikte zu „bereinigen" und bei Auftreten zu beheben versucht. Dieses blieb unbefangenen Teilnehmern kirchlicher Veranstaltungen weitgehend verborgen.

Viele kirchliche Aktivitäten entwickelten sich zudem fast völlig unabhängig von den institutionalisierten Staat-Kirche-Gesprächen auf zentraler und regionaler Ebene. Hier konnte das MfS über IM Informationen sammeln. Bisweilen nahm daraufhin die „individuelle Zersetzung" von Personen in der Kirche bestürzende Formen an. Das MfS konnte wenig verhindern, aber vieles verwirren, Personen einschüchtern und verängstigen sowie manche(s) „zerstören", vor allem Vertrauen und Solidarität.

Tiefer als bis in das Berufs– und sogar in das Privatleben eines Menschen hinein kann die Reichweite organisierten staatlichen Einflusses nicht dringen. In der DDR ist dieses hunderttausendfach geschehen, auch gegenüber vielen Katholiken und unter ihnen – leider auch nicht selten durch Menschen ihres Umfeldes und so mancher ihrer Glaubensbrüder und -schwestern. Trotzdem konnte auch die katholische Kirche von vielen als Freiraum erlebt werden. Obwohl der Beobachtungseifer des Staates durchaus bekannt war, versuchte man so zu arbeiten und zu leben, als wäre dies scheinbar ohne Bedeutung.

Anhang

1. „Erkenntnisse zur Aktenführung über die Kontakte katholischer Amtsträger sowie haupt- und ehrenamtlicher Laien zum Ministerium für Staatssicherheit der ehemaligen Deutschen Demokratischen Republik“

(Arbeitspapier der Arbeitsgruppe, Stand: November 1997)

Durch Einsichten in Akten des Ministeriums für Staatssicherheit (MfS) und Gespräche mit Betroffenen konnten wichtige Erkenntnisse gewonnen werden, die eine differenzierte Beurteilung von Kontakten zum MfS ermöglichen und dessen Praktiken und Maßnahmen gegenüber der katholischen Kirche durchschaubarer machen. Die Auflistung bislang gewonnener Einsichten ist ständig fortzuschreiben und kann durch weiterführende Erkenntnisse gegebenenfalls korrigiert werden.

1.1. Zu den Akten

Zunächst muß festgestellt werden, ob eine unbearbeitete Akte des MfS vorliegt oder eine spätere Zusammenfassung von Unterlagen durch Mitarbeiter der Behörde des Bundesbeauftragten für die Unterlagen des Staatssicherheitsdienstes (BStU) erfolgte. Es empfiehlt sich ein Vergleich des handschriftlichen Inhaltsverzeichnisses der Mitarbeiter (MA) des MfS mit der Paginierung der Akte. Archivierte Originalakten sind nicht selten sehr selektiv zusammengestellt und enthalten offensichtliche Lücken, die wohl auf „Bearbeitungen“ und „Löschungen“ von MA des MfS zurückzuführen sind. Es muß davon ausgegangen werden und ist an zahlreichen Vorgängen zu belegen, daß Akten „Inoffizieller Mitarbeiter“(IM) durch MA bei einer eventuellen Archivierung vor 1990 selektiv geordnet bzw. in der Wendezeit in Teilbeständen gezielt, und zumindest in der Hauptabteilung (HA) XX/4 in Berlin flächendeckend, „gelöscht“ wurden.

Es sind drei Typen von personenbezogenen Akten zu unterscheiden:

1.1.1.

„Operative Vorgänge" (OV) oder „Operative Personenkontrollen" (OPK) sowie „Allgemeine Personenablagen" (AP) und „Sicherungsvorgänge" (SiVo) zu einer oder mehreren konkreten Person(en). Solche Akten gelten als „Opferakten".

1.1.2.

IM-Vorlaufakten (IM-Vorl.) zur Prüfung der Eignung einer Person für eine IM-Tätigkeit unter Einbeziehung früher gesammelter Informationen. Eine solche Akte muß, solange sie in diesem Stadium verbleibt, ebenfalls wie eine „Opferakte" eingestuft werden.

Belastend ist ein IM-Vorlauf nur dann, wenn bei den in diesem Stadium erfolgten „Kontaktgesprächen" mit dem MA seitens der angesprochenen Person innerkirchliche und/oder personenbezogene Informationen gegeben wurden, die das MfS zu seiner Arbeit gegen die Kirche und ihre Mitglieder ausnutzen konnte.

IM-Vorläufe, die erfolglos abgeschlossen wurden und deshalb durch die MA archiviert werden mußten, sind mit dem Vermerk „AIM" (Archivierter IM)" versehen, der auch bei abgelegten tatsächlichen IM-Akten verwendet wurde. Entsprechende Stempel erhalten auch Archivbücher und Karteikarten. Aus dem Stempel ist nicht ersichtlich, ob es sich um einen archivierten IM-Vorlauf oder einen IM-Vorgang handelt. Bei Recherchen ohne nachfolgende Akteneinsicht liegt hier eine gefährliche Fehlerquelle.

1.1.3.

Akten zu IM-Vorgängen (bis 1968 „Geheime Informatoren/GI" und „Geheime Mitarbeiter/GM", bis 1979 „IMV" und „IMF", bis 1989 „IMS" und „IMB").

Teil I (Personalakte):
Vorlauf/Kontaktgespräche und Werbung, Verpflichtung, Beurteilung zur Einstufung, regelmäßige Beurteilungen in bestimmten Zeitabständen, Unterlagen zu eventuellen Vergünstigungen und Zahlungen, operativ relevante Unterlagen zur Person.

Teil II (Berichtsakten):
Zum Teil mehrbändig: Berichte des IM und/oder Treffberichte des MA sowie Materialien und Informationen des MA zu bestimmten Inhalten der Treffen bzw. Gespräche.

In einigen Fällen wurde auf einen eigenen IM-Vorlauf verzichtet. Vielmehr wurden OV oder OPK anstelle einer Vorlaufakte in Teil I der IM-Akte umgeheftet und damit vormalige „Opferakten" zu Teilen von „Täterakten" gemacht.
„Kontaktgespräche" vor einer möglichen Registrierung werden meistens innerhalb des angelegten IM-Vorlaufs abgelegt.

1.2. Zu den Kontakten

Die Regelungen für Kontakte kirchlicher Amtsträger zu den staatlichen Stellen der DDR und damit auch zum MfS wurden seit 1947 grundsätzlich und in detaillierten Anweisungen vor allem seit 1957 festgelegt und regelmäßig erneuert (1977, 1985). Kontakte zum MfS wurden außer in einer Verordnung des Bischöflichen Kommissariates Magdeburg aus dem Jahre 1963 nicht explizit erwähnt, doch eindeutig impliziert. Danach waren alle katholischen Geistlichen und hauptamtlichen kirchlichen Mitarbeiter verpflichtet, den jeweiligen bischöflichen Ordinariaten bzw. kirchlichen Dienstvorgesetzten über Kontaktaufnahmen durch das MfS zu berichten und diese Kontakte durch entsprechende „dekonspirierende" Hinweise an die MA des MfS abzubrechen. In Einzelfällen intervenierten kirchliche Dienstvorgesetzte deshalb direkt beim MfS oder anderen staatlichen Stellen, um den Abbruch solcher Kontaktversuche zu bewirken.

Es sind im Bereich der katholischen Kirche vier Gruppen der als IM registrierten Personen zu unterscheiden:

1.2.1.

Personen, die eine schriftliche oder mündliche Verpflichtung eingegangen sind, mit dem MfS zusammenzuarbeiten.
In der Regel trifft diese Kategorie auf registrierte ehrenamtliche und

zumeist auch bei hauptamtlichen Laien zu. Bei Priestern liegen nur in sehr wenigen bestimmten Fällen Verpflichtungserklärungen vor. Von diesem Personenkreis wurden hand- oder maschinenschriftliche Berichte über Vorgänge bzw. Personen angefertigt oder zum Teil in Anwesenheit des MA auf Band gesprochen. Vor allem bei Treffen in konspirativen Objekten des MfS oder bei Anwendung verdeckter „operativer Technik" durch den MA wurden die Ausführungen des IM aufgezeichnet und später vom MA zur Erstellung eines zusammenfassenden „Tonbandberichts" verwendet. Diese „Tonbandberichte" unterzeichnete der MA mit „gez. IM" oder mit dem Decknamen des IM. Solche Berichte wurden im Regelfall in der dritten Person abgefaßt. Bei schriftlichen Berichten zeichnete der IM mit seinem Decknamen, der MA zeichnete bisweilen den Bericht gegen.
Eine angebliche „Verpflichtung mit Handschlag" muß hinterfragt werden, wenn der IM offensichtlich keine eigenen Berichte lieferte. Gleichwohl konnte das MfS auch bei nicht vorhandener eigener Berichterstattung, also bei „Abschöpfung", es als eine „Verpflichtung mit Handschlag" ansehen, wenn der IM seinen Decknamen zur Kontaktaufnahme mit dem MfS-Mitarbeiter akzeptierte und/oder seine MfS-Kontakte konspirativ betrieb.

1.2.2.

Personen, die keine schriftliche oder sonstige Verpflichtung eingegangen sind, aber Besuche eines Mitarbeiters des MfS akzeptiert haben, ohne der Verpflichtung nachzukommen, den Bischof darüber zu informieren und Gedächtnisprotokolle anzufertigen.
In Akten heißt es häufig, fast ausschließlich bei Geistlichen:
„Auf der Grundlage der bisherigen Erkenntnisse aus der Zusammenarbeit mit leitenden Amtsträgern der katholischen Kirche sowie den Weisungen des Genossen Minister zur Zusammenarbeit mit IM auf der Linie XX/4 wird mit ... kein Werbungsgespräch geführt betreff einer inoffiziellen Zusammenarbeit. Es ist vorgesehen, mit ... regelmäßig Gespräche zu führen mit dem Ziel

1. ihn allseitig abzuschöpfen und über ihn
2. Einfluß auf den ... (Klerus) zu nehmen."

Offensichtlich galten speziell für die katholische Kirche pragmatische Regelungen für die Arbeit mit IM. Die Betroffenen wurden als

Abschöpfquellen und Beeinflusser von Dritten genutzt, ohne daß sie sich selbst dieser Tatsache in allen Fällen bewußt sein konnten.

Das zum Teil unterschiedliche Vorgehen von MA des MfS seitens der HA XX/4 in Berlin wie in einzelnen Bezirksverwaltungen (BV) und Kreisdienststellen (KD) läßt als gemeinsamen Nenner ein pragmatisches Vorgehen erkennen: Der mehr oder weniger regelmäßige "Gesprächskontakt als solcher" war dem MA wichtiger als aus formalen Gründen (wie z. B. Werbungsgespräch oder Verpflichtungserklärung, eigene Berichterstattung oder in Einzelfällen sogar Konspiration) den Gesprächspartner zu verlieren.

Großer Wert wurde bei der Abschöpfung in der Regel aber darauf gelegt, daß die „Konspiration" erhalten blieb. Darunter verstand das MfS formal, daß der Abgeschöpfte keine Berichte über die Gespräche an seine Vorgesetzten gab und auch ansonsten niemanden einweihte. Gleichwohl gibt es Vorgänge, in denen zwar offensichtlich nicht der kirchliche Dienstvorgesetzte, aber im Haushalt eines Priesters lebende Personen, einzelne Mitbrüder und Gemeindemitglieder von den Kontakten wie auch bestimmten Inhalten informiert waren. Im Regelfall wurden die Kontakte deshalb durch das MfS wegen Dekonspiration abgebrochen, wenn es diese herausfinden konnte. In einzelnen Fällen wurden seitens des MfS die Gespräche auch über Jahre weitergeführt, obwohl die nicht selten regelmäßige Information an den kirchlichen Dienstvorgesetzten bekannt war. Die Feststellung der MA, „die Konspiration ist gewährleistet", sollte deshalb bei allen als IM registrierten Personen soweit möglich überprüft werden.

Die IM dieser Gruppe fertigten selbst im Normalfall keine eigenen Berichte an. Während es bei den kirchlichen Mitarbeitern und Geistlichen mit Verpflichtungserklärungen der Regelfall war, fanden in dieser Gruppe nicht immer Treffen in „konspirativen Wohnungen" (KW), Hotelzimmern, Gaststätten oder Objekten des MfS statt, in denen offensichtlich Technik zum Mitschneiden der Gespräche installiert war. Häufig müssen die MA des MfS auch verdeckte „operative Technik am Mann" gehabt haben.

Es finden sich dann maschinenschriftliche Berichte in den Akten, die mit dem Vermerk „gesprochen" oder „auf Band gesprochen" versehen sind. Diese Berichte sind jedoch selten der Wortlaut der Ausführungen des IM, sondern zumeist vom MA bearbeitet und verdichtet.

1.2.3.

Als IM geführte Personen, die selbst keinen direkten Kontakt mit einem MA des MfS hatten, aber durch IM abgeschöpft wurden, deren MfS-Kontakte ihnen wiederum nicht bekannt waren.

1.2.4.

Personen, die einen Auftrag ihres Bischofs hatten, bis auf Widerruf als Ansprech- und Verhandlungspartner gegenüber dem MfS zu agieren und durch entsprechende Rückbindung an den kirchlichen Dienstvorgesetzten eine Konspiration zu vermeiden. Auf zentraler kirchlicher Ebene in Berlin (1958–1989) sowie in der Diözese Dresden-Meißen (1981–1989) und dem Bischöflichen Amt Magdeburg (1972–1989) waren insgesamt 10 verschiedene Geistliche mit einem solchen Auftrag versehen, wobei bis auf die Ausnahme des ersten Beauftragten, Prälat Johannes Zinke, alle diese Personen als „IM" geführt wurden. Zum Teil wird selbst in den Akten des MfS die Beauftragung durch den Bischof vermerkt.

Generell differenziert die MfS-interne Aktenführung jedoch nicht zwischen den diversen Abstufungen der als IM registrierten Geistlichen und kirchlichen Mitarbeiter, in Aufstellungen und Maßnahmeplänen werden die IM unterschiedslos als scheinbar gleichwertig aufgelistet. Erforderlich ist deshalb eine strikte Prüfung jedes einzelnen Falles und die Vermeidung von undifferenzierten Gleichsetzungen.

1.3. Zur Arbeit mit den IM

1.3.1.

Das MfS legte Wert auf die sogenannte Erziehung des IM. Dazu dienten bestimmte Aufgaben und Schulungen, z. B. im konspirativen Verhalten, die durch die MA vor den Gesprächen festgelegt worden waren.

Besonderer Wert wurde auf die Übergabe kircheninterner Materialien, d. h. Hirtenbriefe, Rundschreiben, Handreichungen, Vortragsmanuskripte, Protokolle, Einladungen, Tagesordnungen, Teilnehmerlisten, Adressen, Karteidaten etc. gelegt. Solche Übergaben wurden vom MfS als geschaffene „kompromittierende Fakten" und „Faustpfänder" gedeutet, um den anvisierten IM damit „fester an das MfS zu binden". Man scheute im Einzelfall keine Mühen, beim Abzuschöpfenden wenigstens den Einblick in solche Materialien zu erreichen. War dieses gelungen, bat man, einige Sätze abschreiben zu dürfen, später ganze Seiten. Schließlich hoffte man, einen kompletten Text zur Ausleihe oder dauerhaft zu erhalten.

Die Sammlung solcher Dokumente reicht von der mit Genehmigung gedruckten Gottesdienstordnung, mit der Post versandten Rundschreiben bis hin zu wirklich internen Papieren. In einem Fall ließ sich der MfS-Offizier von seinem geistlichen Gesprächspartner sogar ein Abonnement der leicht zugänglichen Kirchenzeitung „Tag des Herrn" schenken. Offensichtlich wurden die Ergebnisse nur unzureichend ausgewertet, weshalb auch keine Mehrfacharbeit gescheut wurde. Andererseits wurden damit aus Sicht des MfS die obengenannten „kompromittierenden Fakten" geschaffen.

Jede BV und KD wie auch die Hauptabteilungen (HA) der MfS-Hauptverwaltung in Berlin wetteiferten zur Eigenprofilierung um die keineswegs immer vernetzte Sammlung von solchen Informationen und Materialien, die zudem bisweilen nur selektiv an höhere Dienststellen weitergereicht wurden. Innerhalb aller regionalen und zentralen Abteilungen „kämpften" die MA des MfS um ihre Beförderungen, die gerade durch „Schaffung von IM" und die „Arbeit" mit diesen zu erreichen waren. Deshalb finden sich in der Aktenführung der MA bisweilen auch gezielte Übertreibungen und mehr oder weniger bewußte Fehl- und Falschinformationen, wenn diese sich in das Raster des MA einfügten.

1.3.2.

Durch geschickte Führung des IM gelang es, Informationen über andere Geistliche, Gemeindemitglieder, deren Angehörige oder über durch seelsorgerliche Aufgaben bekanntgewordene Personen abzuschöpfen. In manchen Fällen läßt sich hier eine gewisse Vorsicht von IM in ihren Aussagen erkennen.

Gewiß haben manche Informationen den Betroffenen wohl nicht

direkt geschadet. Andererseits dürften Betroffene bei Akteneinsichten den Vertrauensmißbrauch einklagen und damit die Aussagen nach anderen subjektiven Maßstäben werten. In einigen Fällen sind reale oder potentielle Schädigungen Betroffener dagegen auch objektiv faßbar. Die jeweilige Nutzung auch scheinbar belangloser Informationen durch das MfS ist ohnehin nicht immer nachvollziehbar. Sehr oft konnten aber brisante Informationen nicht in Maßnahmen umgesetzt werden, um die Quellen nicht zu gefährden, d.h. auf den IM aufmerksam zu machen und ihn dadurch innerhalb seines kirchlichen Umfeldes zu dekonspirieren.

1.4. Zum Informationswert der Akten

1.4.1.

Ein von dem IM selbst verfaßter und unterzeichneter Bericht hat authentischen Wert, ebenso offensichtliche Wortprotokolle von Tonbandberichten.

1.4.2.

Die MA fertigten aufgrund der Gespräche mit den IM „Treffberichte" an und verfaßten zusätzlich entsprechende „Berichte" und „Informationen". In letztere floß bisweilen auch Wissen aus anderen Quellen ein. Aufgeführt wurden nur die das MfS interessierenden Aussagen der als IM geführten Personen, keineswegs der tatsächliche Gesprächsverlauf von Rede und Gegenrede. Die MA befleißigten sich auch gelegentlich im Stile der Antworten eines Vernehmungsprotokolls, wichtige Passagen des IM in der Ich-Form zu verfassen, um dadurch den Wahrheitsgehalt des Berichteten zu belegen. Häufig wurden solche Vermerke und Berichte mit dem Decknamen des IM unterzeichnet, obwohl dieser selbst von deren konkreten Inhalt nichts wußte. Die tatsächlichen Arbeitspraktiken des MfS waren für die als IM geführten Personen kaum durchschaubar.

Bei einigen der vom MA verfaßten Berichte wird deutlich, daß Tatbestände, die nur dem MA bekannt sein konnten, mit Informationen, die im Verlaufe der Gespräche mit den IM gewonnen wurden, vermengt und so dem IM teilweise untergeschoben wurden. In wenigen Einzelfällen lassen sich bisher auch durch den MA fingierte „Treffberichte“ nachweisen. In Einzelfällen haben die Treffen entweder gar nicht stattgefunden, oder der MA hat Informationen über zum Teil länger zurückliegende Ausführungen der als IM geführten Personen aus anderen Quellen ermittelt und in einen fiktiven „Treffbericht“ kolportiert. Generell ist jeder Treffbericht mit Vorsicht zu werten, der nicht durch einen Vorgesetzten im MfS abgezeichnet worden ist.

1.4.3.

Die MA des MfS sammelten bei den Abschöpfgesprächen Informationen zu allen die Kirche tangierenden Themen. Vor allem bemühten sie sich um Einschätzungen und Beurteilungen von Personen, insbesondere kirchlichen Amtsträgern der Leitungsebenen. In solchen Fällen wurden durch IM auch persönliche Kränkungen und Aversionen zur Sprache gebracht, die vom MfS als Ansatzpunkte für sogenannte Differenzierungsprozesse und „Zersetzungen“ genutzt werden konnten. Auch wenn der reale Informationswert über Kirche gelegentlich gering war, half er doch den kirchenfernen MA des MfS, Zusammenhänge und Strukturen der Kirche besser kennenzulernen und zielgerichteter operative Vorgänge einzuleiten.

1.4.4.
Es ist jedoch festzuhalten, daß manche Berichte einen hohen subjektiven Informationswert für das MfS enthielten. Dieses war den IM nicht immer bewußt.

1.5. Zur Sprache der Akten

Beachtet werden muß, daß es sich in den Texten des MfS und seiner MA um die Sprache eines Geheimdienstes handelt. Von besonderer Bedeutung sind deshalb „operative“ Begriffe wie „Legende“, „Kompromittierung“, „Konspiration“, „Dekonspiration“. Abhängig vom jeweiligen konkreten MA konnte ein einfacher Gesprächskontakt auch als „inoffizielle Mitarbeit“ gedeutet werden.

Es ist eine militärisch geprägte Sprache: Die IM erhielten grundsätzlich „Aufträge" und erledigten diese „auftragsgemäß". In Wirklichkeit handelte es sich in vielen Fällen um Anfragen oder Hinweise, deren Beantwortung zur Erledigung eines Auftrages umgedeutet wurde. So wird auch von „Disziplinierung" Dritter geredet, wo ein schlichter Hinweis auf den notwendigen Verfahrensweg gegeben wird.

Es ist eine Sprache, die von den pleonastischen Leerformeln der SED geprägt ist. Grundsätzlich werden pseudowissenschaftlich klingende Fremdworte bevorzugt.

Schließlich trägt die Sprache immer wieder Züge eines kalten, menschenverachtenden und zynischen Bürokratismus. Die „operative Psychologie", in der die MA des MfS intern geschult wurden, basierte auf einer sklavischen Unterordnung unter jedwede Politik der SED und einem unversöhnlichen und haßerfüllten Feindbild gegenüber allen sogenannten „Gegnern" der DDR.

2. Ausgewählte Unterlagen zur Tätigkeit des MfS gegenüber der katholischen Kirche

Auf den folgenden Seiten werden einige Originalunterlagen des MfS in Faksimile dokumentiert. Inhalt, Sprache und Duktus sprechen im wesentlichen für sich. Zum einen soll der zum Teil detaillierte Kenntnisstand der Staatssicherheit aufgezeigt, andererseits jedoch vor allem das feindbildorientierte Denken und Handeln einer Institution ohne jede moralische und rechtliche Skrupel deutlich werden.
In den hier dokumentierten Unterlagen sind neben zutreffenden Informationen auch stellenweise sachliche Fehler, verzerrte Perspektiven und falsche Einschätzungen vorhanden. Es würde hier zu weit führen, die umfangreichen Aufgaben zu leisten, die kritischen Quelleneditionen vorbehalten bleiben müssen. Sichergestellt wurde jedoch, daß keine Unterlagen aufgenommen wurden, die konkrete Personen mit falschen oder fälschlicherweise diskriminierenden Unterstellungen in Verbindung bringen.

2. 1. Beispiele aus der „operativen Arbeit“ des MfS

2. 1. 1. „Betr.: Unterhaltung und evtl. Gewinnung des Soppa, Wilhelm“ vom 1. April 1951 (BStU, Ast Dresden, AIM 1274/59, P-Akte)

In den fünfziger Jahren begann das MfS mit noch recht plumpen Versuchen, katholische Geistliche zu „kompromittieren“, um sie als „Mitarbeiter“ zu werben. Ein besonders kurioses Beispiel ist „Unterlage 1“ aus dem Jahre 1951. Der Betroffene konnte daraufhin noch nicht „als GI bzw. GM“ geworben werden. Weil er sich bei späteren Gesprächen jedoch zur Absicherung seiner Dienstreisen in den Westen darauf eingelassen hatte, an sich unverfängliche Fakten für das MfS handschriftlich zu notieren, wurde er in den folgenden Jahren immer wieder kontaktiert, ohne sich aber dabei zu kirchlichen Interna zu äußern. Das MfS führte ihn deshalb bis 1959 als GI „Petrus“.
Generell erwies sich für das MfS auf Dauer nicht die Methode der „Kompromittierung“ und anschließenden Erpressung, sondern die berechnende Herstellung eines persönlichen Verhältnisses zu einzelnen Geistlichen als zielführend, um von diesen Informationen zu erhalten.

an: MfS 1274/59 P

Dresden, den 1.4.1951

Betr.: Unterhaltung und evtl. Gewinnung des S o p p a , Wilhelm,
Bautzen, Domstift Nr.6 - Ordinariatsassessor als GI bzw. GM

Uns ist bekannt, dass S o p p a in seiner Eigenschaft als Prälat für den Charitas-Verband Sachsen und Thüringen tätig ist.

S o p p a fährt voraussichtlich am 9.4.1951 mit Interzonenpass wieder zu einer Konferenz des Charitasverbandes nach Westdeutschland.

Es wurde beschlossen, ein Zimmer im VPP Dresden einzurichten, was als Interzonenpaßstelle erkenntlich ist. In diesem Zimmer soll S o p p a in einer Unterhaltung mit dem Unterzeichneten und mit dem Genossen Wünsche fotografiert werden. Gleichfalls muss auf der Fotografie das Bild von unserem Minister Zaisser sowie das Datum vom Kalender ersichtlich sein. Soppa selbst darf von dem fotografieren nichts merken.

Um das Fotografieren durchführen zu können , wird ein Loch in den großen Bücherschrank ausgesägt.

Bei dieser Begegnunt mit Soppa in diesem Zimmer soll er nicht geworben werden, sondern die Unterhaltung soll sich dahingehend bewegen, um ihn dann später verpflichten zu können.

In diesem Zimmer, wo der Interzonenpaß überreicht wird, soll speziell auf sein persönliches Befinden eingegangen werden, desweiteren soll in Erfahrung gebracht werden, wann wo und zu welchem Zweck er in Westdeutschland zu der Konferenz erscheinen muss.

Wie erwartet kam Soppa in das Zimmer des VPP, was als Interzonenpaßstelle eingerichtet war und wurde bei der Unterhaltung mit Unterzeichneten und Gen. Wünsche fotografiert.
Soppa machte einen sehr eiligen Eindruck. Die Unterredung dauerte ca. 15 Minuten.
Es wurde vereinbart, wenn Dr. Soppa aus Westdeutschland zurückkommt, sich wieder in das besagte Zimmer zu begeben hat, um in der Unterhaltung zu erfahren, wie, wannund wo die Konferenz stattgefunden hat und wie sie verlaufen ist. Desweiteren soll er den Interzonenpaßantrag wieder in dem Zimmer abgeben.

Bemerkungen:

Die Fotografie auf der Dr.Soppa in der Unterhaltung festgehalten wurde, dient dazu, bei einer evtl. Ablehnung mit dem Ministerium für Staatssicherheit zu arbeiten, dieselbe bei passender Gelegenheit vorzulegen.
(Siehe Fotografie im Umschlag)

(B u t t e r)
Abteilungsleiter
Abtg.V

9
BStU-Kopie

9
BStU-Kopie

2.1.2. *„Betr.: Maßnahmen zum Gruppenvorgang ‚Student'" vom 1. Oktober 1954 (BStU, Ast Dresden, AOP 233/57)*

Die „operative Bearbeitung" von Personen oder Gruppen auch aus der katholischen Kirche wurde seitens des MfS in der DDR zu allen Zeiten mit skrupelloser Berechnung durchgeführt, für die keine rechtlichen Schranken existierten. Auch wenn sich die Pläne oft nicht vollständig realisieren ließen, sollte die verbrecherische Ernsthaftigkeit der Absichten des MfS zur „Aufklärung" und „Zersetzung" von „Feinden" keinerlei Zweifel unterliegen.

„Unterlage 2" behandelt einen Vorgang aus dem Bezirk Dresden, der nach dem 17. Juni 1953 angelegt und bis 1957 geführt wurde, als das MfS die Kirchen ansatzweise systematischer zu überwachen begann. Die „Marianische Kongregation" (MC), heute bekannt als „Gemeinschaft Christlichen Lebens" (GCL), war eine spirituelle Gruppe ohne politische Ambitionen. Durch die Falschinformationen eines GM war das MfS auf sie aufmerksam geworden und ermittelte gegen die MC wegen „Spionage". Die unterstellten „Schiebereien" bestanden in der Zusendung eines vom MfS kontrollierten Paketes aus Westdeutschland mit unbeschriebenen Matrizen zur Herstellung der Rundbriefe der MC.

aus: Gr.V 48/53; 233/57 Dresden 000016 11

Bezirksverwaltung Dresden
- Abteilung V / 3 -

Dresden, den 1.10.1954
Schu/Gr.

Betr.: Maßnahmen zum Gruppenvorgang " S t u d e n t "
Reg.Nr.: 48/53

In diesem Vorgang wird eine größere Gruppe von kath. Jugendlichen bearbeitet, die sich sogenannte Marianische Kongregation (MC) nennt. Diese illegale Organisation führt Feindtätigkeit durch, welche sich ausdrückt in Zersetzung der Jugendlichen, vorwiegend auf dem Lande, und Verbreitung von Hetzschriften.

Der Leiter dieser Gruppe ist

Jesuitenpater M e r t z , Bernhard
wohnh.: Dresden - A 24, Altenzeller Str. 39

Maßnahmen:

1. Eine Skizze ist anzufertigen aus der nachstehendes hervorgeht:

   a) Leitung der MC mit ihren Verbindungen zu Zentralen nach Westberlin und Westdeutschland

   b) Wer sind die Gruppenführer

   c) Wer sind die anderen Mitglieder

   Termin: 18.10.1954

2. Sämtlichen Kreisdienststellen, wo Mitglieder der MC wohnhaft sind, ist Anweisung zu erteilen, diese bis zum 15.11.1954 aufzuklären und operativ zu bearbeiten.

   Über Personen, die bereits aufgeklärt sind, sind bis zum 15.11.1954 Maßnahmepläne über die weitere operative Bearbeitung zu erstellen.

   Termin: 30.10.1954

3. Dem SfS sind Vorschläge einzureichen über die Personen, die zur Anwerbung vorgeschlagen werden sollen. Aus diesen Vorschlägen muß die Entwicklung, die Einstellung des Kandidaten und der Weg der Anwerbung ersichtlich sein.

   Termin: 30.11.1954

4. Zur operativen Bearbeitung des Pater M e t z wird ein Plan nach folgenden Punkten ausgearbeitet:

   a) Das gesamte Wohnhaus des Mertz wird aufgeklärt mit dem Ziel, Personen zur Anwerbung zu bringen.

   b) Eine Skizze über die Wohnung des Mertz anfertigen

   c) Wenn Telefonanschluß vorhanden ist, Kontrolle einleiten.

   d) Aufklärung, wann ist Mertz ständig zu Hause und welche Arbeiten oder Funktionen führt er innerhalb der kath. Kirche außer der MC noch aus?

- Blatt 2 -

aus: G+V 48/53; 233/51 Dresden 000017 12

e) Durch Postkontrolle wurde bekannt, daß M e r t z wahrscheinlich umzieht und zwar nach Strehlen. Dieses Haus ist sofort aufzuklären, um evtl. Anwerbungen durchzuführen oder bei einer evtl. Renovierung der Wohnung Kontrollmaßnahmen durchzuführen.

Termin für den Plan: 18.11.1954

5. Das Mitglied der MC, [redacted], [redacted], welcher sich mit Schiebereien befaßt, muß weiter aufgeklärt werden. Vor allen Dingen muß der konkrete Beweis seiner Schiebereien erbracht werden, welcher als Druckmittel zur Anwerbung dienen soll.

Termin: 1o.11.1954

6. Mit dem gleichen Ziel der operativen Arbeit i[illegible] dem [redacted], [redacted] vorzugehen und ein Plan [illegible]werbung auszuarbeiten.

Termin: 1o.11.1954

Verantwortlich für alle Punkte: Ob[illegible]tnant S c h u l z e

(S c h u l z e)
Oberleutnant

2.1.3. „Bericht. Betr.: Einschätzung des Wertes der durch die operative Technik erlangten Materialien auf Linie Kath. Kirche" vom 23. Dezember 1959 (BStU, ZA, AP 10870/72)

„Unterlage 3" stammt bereits aus der Amtszeit von Minister Erich Mielke, der 1957 Ernst Wollweber als Leiter des Staatssicherheitsdienstes abgelöst hatte. Durch den Einbau von „operativer Technik", also von Abhörvorrichtungen, in verschiedene Einrichtungen der katholischen Kirche in der DDR konnte das MfS in den Jahren 1958 und 1959 eine Fülle von Informationen erhalten. In dem „Bericht" vom 23. 12. 1959 rühmte sich die HA V/4 dessen und zählte ihre „Erfolge" auf, insbesondere die Vorbereitung und Durchführung eines inszenierten Abschreckungsprozesses gegen vier Jesuiten aus Berlin-Biesdorf vor dem Bezirksgericht in Frankfurt an der Oder im Jahre 1959.
Die handschriftlichen Eintragungen, in diesem Falle von MfS-Offizier Arno Schulz, wurden erst nachträglich vorgenommen, weil den Schreibkräften des Ministeriums keine Namen bekannt werden sollten. „Abteilung" bzw. „Referat O", später auch als „Abteilung 26" bezeichnet, ist der MfS-interne Tarnbegriff für eine Abhöranlage.

Hauptabteilung V/4 Berlin, den 23.12. 1959

B e r i c h t

Betr.: Einschätzung des Wertes der durch die operative Technik erlangten Materialien auf Linie Kath. Kirche.

In den Jahren 1958 und 1959 wurden auf der Linie der kath. Kirche einige operative Schwerpunkte mit Hilfe der operativen Technik unter Kontrolle genommen.

Bei diesen Schwerpunkten handelt es sich z.B. um

Bischof Spülbek, Meissen
Bischof Rintelen, Magdeburg
Jesuitenobjekte in: Berlin, Magdeburg, Leipzig, Weimar.
Sitz des Ordinaritas Berlin im demokr. Sektor
Weihbischof Bengsch, Berlin

Die Überwachung dieser Objekte ermöglichte uns,

a) Kenntnis zu erhalten, über Ziele und Absichten der kath. Kirche gegen die DDR und das sozialistische Lager;

b) Einblick zu bekommen in den Geldtransfer der kath. Kirche über Westberlin in die DDR;

c) über die Mängel und Schwächen innerhalb des kath. Klerus informiert zu werden, wodurch erfolgreiche Werbungen ermöglicht wurden. Die schon vorhandenen GI konnten durch die Technik auf ihre Ehrlichkeit überprüft werden.

d) wichtige Materialien in die Hände zu bekommen, die einen tieferen Einblick in die Feindtätigkeit der kath. Kirche im allgemeinen und im konkreten bis zur Spionage, wie im Falle der Jesuiten in Biesdorf, gewährten.

- 2 -

Der Wert der Materialien, die durch die operative Technik erarbeitet wurden, liegt noch darin, daß es sich hierbei um Informationen handelte, deren Beschaffung durch andere Quellen kaum möglich gewesen wäre.

So erhielten wir z.B. einen bis ins Detail gehenden Bericht über die Verhandlungen, die Bischof .Spülbek.... in Rom im Oktober 1958 führte, die die gesamten Konzeptionen der kath. Kirche gegen die DDR offenbarten.
Bischof ..Spülbek..... führte dort Verhandlungen mit Kardinal T a r d i n i, der den Auftrag erteilte, daß die Hauptaufgabe der kath. Kirche im Gebiet der DDR darin bestehen müsse, Widerstand zu leisten. Daß er, Tardini, die bisherige Politik der Bischöfe der DDR sanktioniere, wovon er durch laufende Berichte des Kardinal F r i n g s informiert wurde.
In Rom wurde festgelegt, daß zur Verstärkung der Aktivität der kath. Kirche besonders der Aufbau von Schulungsstätten für den Ordensnachwuchs durchgeführt werden müsse. Und daß ein Noviziat für die Jesuiten in Erfurt einzurichten ist.

Durchgeführte Überprüfungen ergaben, daß in Erfurt ein illegales Noviziat der Jesuiten eingerichtet wurde und existiert.
Weiterhin führte Bischof .Spülbek.. Verhandlungen in der deutschen Botschaft im Vatikan über die finanziellen Mittel, die er zur Durchführung seiner Aufgaben von der westdeutschen Regierung benötigt.
Er forderte jährlich 11 Millionen Westmark.

Spätere Materialien der Abteilung 0 gaben uns genaue Kenntnis über die Höhe der Summen und auf welchem Wege und über welche Personen die Gelder in die DDR eingeschleust wurden.

In der Vorbereitung der Genfer Konferenz erhielten wir Kenntnis, daß Ende Februar 1959 in Bonn eine Tagung von Vertretern der kath. Hierarchie mit führenden Persönlichkeiten der CDU kath. Konfession, an der Spitze der CDU-Fraktionsvorsitzende K r o n e, stattgefunden hat.

- 3 -

K r o n e forderte von den Vertretern der kath. Kirche, daß es jetzt an der Zeit sei, daß die kath. Kirche die Bonner Regierung aktiv in der Westberlinfrage unterstützt, und daß das der ausdrückliche Wunsch von Adenauer sei.
Er verlangte, daß die Bischöfe der DDR ein Weißbuch herausgeben sollen welches den Kirchenkampf in der DDR dokumentiert.
Diese Forderung der Bonner Regierung stieß auf den Widerstand einiger Bischöfe der DDR, die ein solches Ansinnen der Bonner Regierung ablehnten, weil dadurch ihre Gesamtkonzeption im Kampf gegen die DDR gefährdet werden könnte.
Sie stellten ihrerseits die Forderung auf, daß die Bonner Regierung ein solches Weißbuch selbst herausbringen soll, denn das Material hätte ja Bonn von ihnen erhalten.

Die Überprüfung dieser Mitteilung ergab, daß dann vom Lemmer-Ministerium selbst eine Materialzusammenstellung über einen angeblichen Kirchenkampf in der DDR herausgegeben wurde.
Gleichfalls kam eine solche Dokumentation über den kath. Morus-Verlag heraus und auch von Seiten der Ev. Kirche wurde eine ähnliche Materialzusammenstellung veröffentlicht.

Die Überwachung der Verhandlungen in der Frage des Weißbuches zeigten uns vorhandene Widersprüche in den Ansichten der Bischöfe in der DDR zu der politischen Konzeption der Bonner Regierung gegen die DDR und den Zielen und Absichten, die die kath. Kirche selbst verfolgt.

Die Überwachung der Jesuitenobjekte führte dazu, daß Beweismaterialien über Spionagetätigkeit der Jesuiten in einem konkreten Fall erarbeitet werden konnten, die zur Festnahme von 4 Jesuiten führten. Zum anderen gab uns die Überwachung der Jesuitenobjekte die Möglichkeit, Einblick zu erhalten in den Umfang der politisch-ideologischen Diversion der Jesuiten gegen die sozialistische Bewußtseinsbildung in der DDR.

- 4 -

Vorstehende Beispiele sind nur ein Bruchteil von der Vielzahl der wertvollen Informationen, die mit Hilfe der operativen Technik in unsere Hände gelangt sind.

Nach Wegfall der operativen Technik war es nicht mehr möglich, den umfassenden Einblick in Ziele und Absichten der kath. Kirche in ihrer Feindtätigkeit gegen die DDR zu erhalten.

Die Überwachung der genannten Schwerpunktobjekte hatte u.a. auch den Beweis erbracht, daß die Konzeption der kath. Kirche im Grossen nur in einem ganz beschränkten Kreis von Vertrauten abgesprochen wird, die als absolut treue Katholiken gelten.
Da zur Zeit durch den Wegfall der operativen Technik eine Lücke in der Überwachung der kath. Kirche eingetreten ist, macht sich eine neue Belegung vorgenannter Objekte mit Hilfe der operativen Technik dringend notwendig.

Gefertigt 4 Exemplare
Verteiler:
1) Leitung
2) Feind
3) Ref. II
4) Ablage

2. 1. 4. „Betr.: Bericht über den Einstieg in das Objekt, Petrus' in der Nacht vom 6. zum 7.1.1961" vom 8. Januar 1961 (BStU, ZA, AP 20201/92)

Weil durch die Entdeckung der Abhöranlage in der Ostberliner Wohnung von Weihbischof Alfred Bengsch im September 1959 die westliche Öffentlichkeit von den Methoden des MfS erfuhr, wurden auf zentrale Weisung alle eingebauten Anlagen wieder abgeschaltet. Aus Furcht vor weiteren Entdeckungen wurden sie in den folgenden Jahren nicht mehr in Betrieb genommen, auch wenn die Versuchung für das MfS in den folgenden Jahren groß war, wie in „Unterlage 4" der Bericht über einen nächtlichen Einbruch in das Bischöfliche Ordinariat in Bautzen (Objekt „Petrus") im Januar 1961 zeigt.
Unter „Abteilung 26" ist eine Abhöranlage zu verstehen, ein A-Auftrag bezieht sich auf das Abhören nur von Telefonaten, ein B-Auftrag auf das systematische Abhören aller Gespräche in einem Raum. Die handschriftlichen Eintragungen stammen wieder von MfS-Offizier Arno Schulz, ebenso die Skizze der Räumlichkeiten im Ordinariat. Letztere enthält links oben bei der Treppe beginnend einen Wegepfeil, der im Arbeitszimmer des Bischofs endet.

Berlin, den 8.1. 1961

Betr.: Bericht über den Einstieg in das Objekt "Petrus" in der Nacht vom 6. zum 7.1. 1961

Es war bekannt, daß Bischof ..Spülbeck..... in der Zeit vom 3.1. - 1o.1. 1961 nicht in der DDR weilt.
Aus diesem Grunde wurde die Möglichkeit in Betracht gezogen, mittels der Abt. 26 das Objekt "Petrus" zu belegen.

Zur Realisierung der Aufgabe war es notwendig, im Objekt zu überprüfen, ob der Einstieg in das Objekt auf dem bekannten Weg durchgeführt werden kann oder ob in der Zwischenzeit von September 1959 bis zum jetzigen Zeitpunkt, durch den Einbau von Sicherheitsschlössern dieser Weg versperrt ist.

Am 6.1. 1961 wurde mit dem Gen. Oberst M a r k e r t eine Aussprache in Verbindung mit Gen. N e u b a u e r von der Abt. 26 der BV Dresden durchgeführt.
Gen. N e u b a u e r erklärte bei der geführten Aussprache, daß er einen Treff am [illegible] 1961 mit seinem GI im Fernmeldeamt... in ..Bautzen.... hatte. Dieser berichtete ihm, daß von seiten des Ordinariats in Bautzen..... an die ..Post..... eine Meldung wege Störung der Nachtschaltung erstattet worden ist.
Zum Zwecke der Überprüfung der Fernmeldezentrale und zur Behebung der Störung hat sich der GI in das Ordinariat begeben.
Dort wurde er vom Generalvikar Hötzel empfangen, der ihm erklärte, ihnen sei bekannt, daß sie abgehört werden und wenn man es tut, dann sollten es aber die Leute nicht so unqualifiziert durchführen, daß die Nachtschaltung dadurch gestört wird.
(Hierzu ist zu bemerken, daß im Objekt kein A noch B-Auftrag läuft)
Hötzel...... sagte weiter, ich weiß, daß Sie unter Postgeheim-..nis..... stehen und möchte nicht weiter in sie dringen.

- 2 -

Der GI überprüfte die Anlage, konnte aber keine Ursachen für eine Störung finden.
Gen. N e u b a u e r erläuterte hierzu, daß eine technische Störung durch Witterungseinflüsse u.a. Ursachen eintreten kann, die sich von selbst wieder aufhebt, ohne daß man danach die Ursache findet.
Im Ordinariat ist man aber aufgrund der Störung zu irgendwelchen Vermutungen gekommen oder hat die Störung fingiert.
...Hetzel..... bat den GI in sein Arbeitszimmer und sagte dort zu ihm, sie stehen zwar unter Postgeheimnis, aber das kann nicht soweit gehen, daß sie das Vorhandensein einer Abhöranlage im Dienstzimmer des Bischof sanktionieren.
Vor einigen Tagen hätte ihn im Dunkeln ein junger Mann auf der Straße aufgehalten und ihm mitgeteilt, daß hinter der Verteilertafel des Bischofs ein raffiniert angelegtes Abhörgerät angebracht ist.
Da es sich um eine posteigene Anlage handelt, bitte er ihn, die Schalttafel abzuschrauben und zu untersuchen, ob sich darunter eine Abhöranlage befindet.

Der GI gab diesem Ersuchen nach und konnte keine besonderen Feststellungen treffen.
...Hetzel...... erklärte ihm aber danach, er sei trotzdem der Annahme, daß sie abgehört werden.

(Bei der Dekonspirierung der Technik.... bei Weihbischof..Bengsch..... war die Technik........ unter der Verteilertafel und mit dem ..Bengsch..... war damals u.a. so gesprochen worden, daß er nicht berechtigt gewesen sei, sich unbefugt an der posteigenen Anlage zu vergreifen.)

Gen. N e u b a u e r berichtete weiterhin, daß z.Zt. ein Einbau der Technik..... ungünstig sei.
In der Schaltzentrale.. in der Post...... ist der GI, der den Schaltraum.., betreute, zur Zeit auf Schule.
Bei Einbau.... der ..Technik........ müßte aber eine Schaltung... der Leitung...... des Ordinariats..... zur Abhörstelle........ erfolgen.
Bei der jetzigen personellen Besetzung ist aber nicht der notwendige Sicherheitsfaktor gegeben und im Zusammenhang mit den anderen

- 3 -

Vorkommnissen ist es ratsam, von einem Einbau...... der Technik... Abstand zu nehmen.

Mit Gen. Oberst M a r k e r t wurde festgelegt, daß zur Zeit ein Einbau........ der Technik....... nicht durchgeführt wird.

Die Realisierung der Aufgabe soll zu einem späteren Zeitpunkt, 1/2 bis 3/4 Jahr erfolgen, wenn die erforderlichen personellen Veränderungen im Fernmeldeamt. in Bautzen.... durchgeführt sind.

Gen. Oberst M a r k e r t wurde meinerseits der Vorschlag gemacht, daß wir trotzdemeinen Einstieg durchführen, um zu überprüfen, inwieweit für den erforderlichen Fall der Weg in das Dienstzimmer des Spülbeck.... noch offen ist.
Dieser Vorschlag wurde aus folgenden Erwägungen gemacht: In dem Fall, wo durch Sicherheitsschlösser der Weg versperrt ist, müßte in den nächsten Monaten dann - durch entsprechende Ermittlungen und Aufklärungen - versucht werden, einen anderen Weg zu finden.

Gen. Oberst M a r k e r t war mit dem Vorschlag einverstanden. Er wieß den Gen. Schramm.... von der ..K.D. Bautzen....... an, uns jegliche Unterstützung zu geben und daß die Angelegenheit nur für ihn persönlich bestimmt sei, die von uns abgesprochen werde.

In der I.Etage befindet sich nach wie vor die Wohnung des Spülbeck .... und die Arbeitsräume.
Desweiteren die Arbeitsräume des Personalreferenten .Elsner...., ... und der Angestellten.
Im Erdgeschoss wohnt nur der Hausmeister.

Im rechten Seitenflügel, II.Etage wohnt der Sekretär des Bischofs .... Desweiteren befinden sich dort Arbeitsräume.

Im linken Seitenflügel, II.Etage, wohnt z.Zt. der schwererkrankte Ordinariatsrat..., ..Seppelt..... (GI "Petrus") der fast vollkommen bettlägrig ist.

Um konkret festzustellen, wie die Belegung bzw. der Aufenthalt von Personen im Objekt "Petrus" ist, wurde ab 20.00 Uhr eine laufende Beobachtung durchgeführt.

- 4 -

Dabei wurde festgestellt, daß der Sekretär [redacted].. anwesend war, gleichfalls der Hausmeister und der Gd.Rat. Sppa.... Alle anderen Räume waren unbeleuchtet.

Gegen 23.oo Uhr brannte im Objekt kein Licht mehr.

Um o.1.3o Uhr wurde mit dem Einstieg begonnen. Daran nahmen teil:

Gen. Hauptm. Schulz, verantwortlicher Leiter
Gen. Obltn. S t o d t m e i s e r
Gen. Ltn. W e g e n e r
Gen. Ltn. B a r t o s c h.

Die einzelnen Aufgaben der Genossen wurden wie folgt festgelegt:

Gen. S c h u l z und Gen. W e g e n e r dringen in das Objekt ein. Gen. S t o d t m e i s t e r sichert im Hof und Gen. B a r t o s c h auf der Straße vor dem Objekt.
Nach Betreten des Objektes wurden die Schuhe gesäubert, um keine Fußtapfen zu hinterlassen.

Um in das Arbeitszimmer des Spülbeck... zu gelangen, mußten 5 Räume durchlaufen und 6 Türen aufgeschlossen werden.
Das Vordringen in die einzelnen Räume geschah unter größter Vorsicht, in dem vor jedem Türschliessen gehorcht wurde, ob sich dahinter eine Person befindet bzw. ob Anzeichen für eine Alarmanlage vorhanden sind. Erst danach wurde der Raum betreten.

Im Arbeitszimmer des Spülbeck... lagen auf dem Schreibtisch u.a. folgende Unterlagen:

Mit Anschreiben vom Kardinal, ..Döpfner.... eine moral... theologische... Abhandlung zur Republikflucht. von Prof..... Gundlach..SJ.. mit 11 Seiten.

Weiterhin gleichfalls von Döpfner..... die Stellungnahme der ev. Kirche...... zu der gleichen Frage.

Ausserdem lag dort noch ein Schreiben des Vatikans.. an Spülbeck....

Die Unterlagen wurden flüchtig gesichtet, um feststellen zu können, was sie enthalten und genau wieder an ihren Platz gelegt.
Ein Kopieren war nicht möglich.

Der Einstieg wurde ohne Vorkommnisse um o2.45 Uhr beendet.

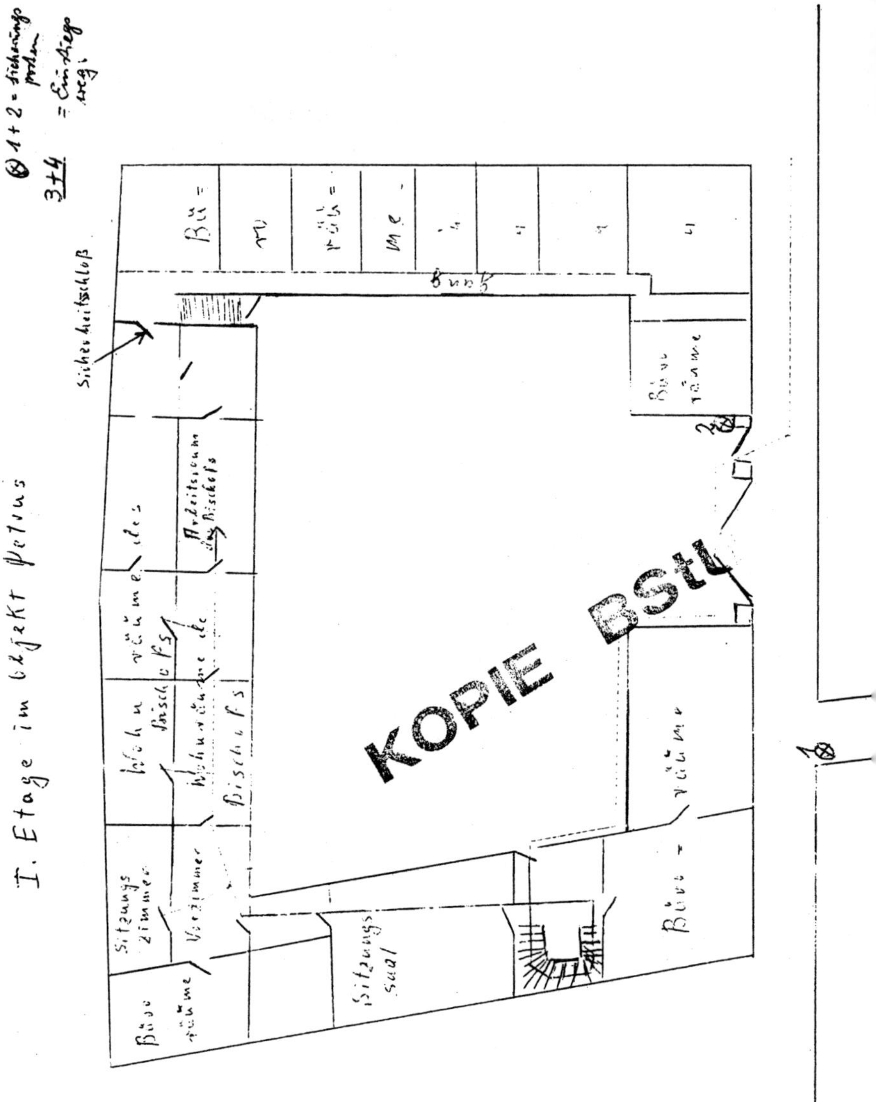
I. Etage im Objekt Petrus
1 + 2 = Sicherungsposten
3+4 = Einstiegsweg
Sicherheitsschloß
Gang
Büroräume
Wohnräume des Bischofs
Arbeitsraum des Bischofs
Sitzungszimmer
Vorzimmer
Sitzungssaal
KOPIE BStU

2. 1. 5. „Aktenvermerk: ‚Aktion Blitz' vom 29. Mai 1963 und „Bericht über die durchgeführte Absprache mit Gen. Obltn. Eckartsberg Referat -O- zum Einsatz außerordentlicher Informationsquellen im Rahmen des ZV ‚Schleuse' vom 10. Oktober 1963 (BStU, Ast Frankfurt/Oder, AOP 967/68, Band I)

Skrupel aus politischer Opportunität kannte das MfS in den sechziger und siebziger Jahren beim Verwanzen nicht, wenn es statt bischöflicher Residenzen um Privatwohnungen von katholischen Geistlichen und Laien ging. Exemplarisch am Beitrag der BV Cottbus zum Zentralen Operativvorgang „Schleuse" zeigt „Unterlage 5" den Einbau einer Anlage in die Wohnung einer katholischen Ärztin im Ärztewohnheim in Cottbus im Mai 1963.

Die Pläne vom Oktober 1963 zum Verwanzen der Beichtstühle in der katholischen Kirche in Cottbus („Unterlage 5a") wurden dagegen nicht ausgeführt, vermutlich weil eine eventuelle Entdeckung der DDR im westlichen Ausland unliebsame Schlagzeilen eingebracht hätte.

Bezirksverwaltung Cottbus
- Abt. V/4 -

Cottbus, den 29.5.1963

149

A k t e n v e r m e r k

" Aktion Blitz "

Wie im Maßnahmeplan zur "Aktion Blitz" festgelegt, begaben sich die Mitarbeiter:

Gen. Obltn. Eckartsberg
" Ultn. Steubler
" Obltn. Stelzig
" Ltn. Nabiar
" Ultn. Leutloff

gegen 8,30 Uhr zu den festgelegten Punkten am Objekt [redacted].

Gegen 8,35 Uhr betraten die Gen. Stelzig und der Wirtschaftsleiter Gen. [redacted] das Gebäude, um die Lage in der 4. Etage festzustellen.
Gegen 8,40 Uhr betraten dann die Gen Eckartsberg, Steubler und Leutloff das Gebäude und begaben sich in die 4. Etage. Die Gen. Stelzig, Leutloff und [redacted] blieben auf dem Gang. Gegen 10,10 Uhr gab Gen. Nabiar von der Straße aus das vereinbarte Zeichen und die Gen. verließen das Gebäude.

In der Zeit des Einsatzes erfolgte keine Stöhrung durch andere Personen. Außer den Raumpflegerinnen, die in der 3. Etage ihre Arbeit verrichteten, dem Hausmeister und der Ärztin Dr. [redacted], die mit den Raumpflegerinnen sprach, wurden im Gebäude keine Personen angetroffen.
Gen. [redacted] sprach mehrmals mit diesen Personen. Er stellte ihnen belanglose Fragen, die aber dazu angetan waren, sie von der Tätigkeit in der 4. Etage abzulenken.

Die doppelseitige Überprüfung der Einsatzgeräte zeigte den gewünschten Erfolg.

Die Aktion "Blitz" ist damit abgeschlossen.

Dem Gen. [redacted] wird, für seine vorbildliche Unterstützung, eine Prämie von 100,- DM überreicht.

Leutloff
(L e u t l o f f -Ultn.)

Bezirksverwaltung Cottbus
- Abteilung V/4 -

Cottbus, den 1o. 1o. 1963

B e r i c h t

über die durchgeführte Absprache mit Gen. Obltn. Eckartsberg Referat -O- zum Einatz außerordentlicher Informationsquellen im Rahmen des ZV " S c h l e u s e "

Am 1o. 1o. 1963 wurde mit dem Leiter des Referates - O- Gen. Oberleutnant E c k a r t s b e r g eine Absprache zum Punkt 3 b des zentralen Maßnahmeplanes der HA V/4 zum ZV " Schleuse " durchgeführt.
Es wurden die Möglichkeiten des Einsatzes außerordentlicher Informationsquellen im Objekt - kath. Kirche Cottbus -, besprochen.

Zur Erreichung dieses Zieles wurden folgende Fragen zur Aufklärung des Objektes erarbeitet:

1) Wo stehen die Beichtstühle, von wem wird welcher benutzt ?
2) Plan der Durchführung von Beichten, wie zugänglich ?
3) Wer ist ständig in der Kirche, gibt es Tageszeiten, an denen die Kirch von keiner Person betreten wird ?
4) Wer hält sich in der Kirche vom Personal auf ?
5) Wie ist die Kirche Nachts gesichert ?
6) Abmessungen der Beichtstühle und Aussehen.

Zum Pfarramt:

a) Welche Hauptanschlüsse hat das Pfarramt, wo liegt Hauptleitung ?
b) Wo stehen Telefone, wie sind diese Nachts besetzt, bzw. geschaltet ?
c) Wer wohnt wo ?
d) Welche Hausordnung, bzw. Hausbewachung gibt es ?

Zur Klärung dieser Fargen werden IM der Abt. V/4 und des Ref. - O- eingesetzt.

Nach Abschluß der ersten Ermittlungen werden Absprachen mit dem Abt.-Leiter der Abt. V/4 und dem Leiter des Ref. -O- zur weiteren Festlegung der nächsten Aufgaben durchgeführt.

(L e u t l o f f)
Ltn.

2. 1 .6. „Auftrag für GM ‚Peter'" vom 5. August 1966 (BStU, Ast Dresden, AOP 1035/75, Band I)

Auf Personen, die in „operativen Vorgängen" anvisiert waren, wurden GI/GM bzw. IM „angesetzt", die alle verfügbaren Informationen für das MfS sammeln sollten, damit dieses seine „Zersetzungsmaßnahmen" einleiten konnte.
Exemplarisch für die zahllosen Fragespiegel, Aufträge und „Einsatzkonzeptionen" der GI/GM bzw. IM wird in „Unterlage 6" eine Unterlage aus dem OV „Schwarzkittel" der BV Dresden vom August 1966 zur „Bearbeitung" des Akademikerseelsorgers des Bistum Meißen vorgestellt. Am Beispiel der Zusammenarbeit der BV Dresden und der BV Karl-Marx-Stadt wird die DDR-weite Koordinierungsarbeit des MfS deutlich. Der Hinweis auf ein „Tagebuch" in den letzten beiden Zeilen dieser Unterlage belegt die vor allem in den sechziger Jahren gängige Praxis, GI bzw. IM zu Exerzitienkursen katholischer Geistlicher zu schicken und Mitschriften anzufertigen.

22

Bezirksverwaltung für
Staatssicherheit Dresden
Abteilung XX/4

Dresden, am 5. August 1966
Ka/Th - XX/4/ 1634 /1966

Bezirksverwaltung für
Staatssicherheit Karl-Marx-Stadt
Abteilung XX/4

Karl-Marx-Stadt

Auftrag für GM "P e t e r"

Entsprechend der mit Ihnen getroffenen Vereinbarung über den Einsatz des GM "Peter" zur operativen Bearbeitung des Dr. S o n n t a g in Dresden übermitteln wir nachstehende Fragen. Wir bitten Sie, diese durch den GM "Peter" beantworten zu lassen.

1. Wie ist die politische Einstellung von Dr. Sonntag?

2. Welche Anzeichen gibt es bei Dr. S. für die Durchführung oder Vorbereitung staatsfeindlicher Tätigkeit, spez. Hetze, Nachrichtenübermittlung und Spionage?

3. Wie sind die charakterlichen und moralischen Eigenschaften? Was ist über das Sexualleben von Dr. S. bekannt? Ist evtl. auf diesem Gebiet eine Kompromittierung möglich?

4. Welche Liebhabereien, Gepflogenheiten und spezielle Interessengebiete hat Dr. S.?

5. Welche Verbindungen unterhält Dr. S. nach WB, WD und dem kap. Ausland und welchen Charakter haben diese Verbindungen?

6. Welche speziellen Ziele und Aufgaben verfolgt Dr. S. als kath. Geistlicher?
Auf welche Personen bzw. Kreise stützt er sich dabei und wer gehört zu den Gegnern von Dr. S.?
Wie steht er zum Bischöflichen Ordinariat in Bautzen?

7. Wie sind seine finanziellen Verhältnisse?

8. Welchen Zielen diente die Urlaubs-Touristenreise 1966 in die Sowjetunion?
Wie äußerte er sich im allgemeinen über diese Reise?

- 2 -

9. Dr. S. wollte sich Mitte März d. J. mit einem Funktionär der kath. Jugendorganisation "Quickborn" aus WD in Prag treffen.
Welche Angaben machte Dr. S. über die zwar nicht durchgeführte, aber geplant gewesene Fahrt?

10. Wie steht Dr. S. zum Kapellknaben-Institut?
Welche negativen Erscheinungen sind über diese Ausbildungsstätte bekannt?

11. Anfertigung von Skizzen der Wohn- und Arbeitsräume des Dr. S. und deren Lage im Hause.

Wir bitten Sie, den GM beim nächsten Treff einen zusammenfassenden Bericht über seine Verbindung zu Dr. S. auf Band sprechen zu lassen und uns dasselbe zur Auswertung zur Verfügung zu stellen.
Die uns zur Auswertung überlassenen 6 Berichte des GM "Peter" sowie die 2 Berichte des GM "Siglinde" und ihr Tagebuch von den Exerzitien fügen wir diesem Schreiben bei.

Anlagen
33 Blatt IM-Berichte,
1 Tagebuch

Leiter der Abteilung XX

Müller
Major

2. 1. 7. „Operativplan zum OV ‚Kontra'" vom 8. Juni 1978 (BStU, ZA, AOP 12462/81)

Der Einsatz von IM wurde koordiniert in „Operativplänen", wie „Unterlage 7" aus der BV Berlin vom Juni 1978 am Beispiel des OV „Kontra" zum Kolpingwerk in Berlin zeigt. Dieser OV wurde von 1975 bis 1981 betrieben. Die Pläne des MfS-Offiziers Edwin Hille, die auf S. 9 ausdrücklich von seinem Vorgesetzten handschriftlich bestätigt werden, waren auf das Erzeugen von Verwirrungen ausgelegt und dabei selbst nicht frei von denselben. Bei dem erwähnten „Kolping-Echo" bzw. dessen „Freundeskreis" handelt es sich um vom MfS fabrizierte Texte bzw. von diesem simulierte fiktive Einrichtungen. Mit ihren anonymen Anschuldigungen sollte im Kolpingwerk gezielt „Zersetzungsarbeit" geleistet und die Verbindung zum Kolpingwerk in der Bundesrepublik („Operationsgebiet") beeinträchtigt werden.
Die Seite 7 des „Operativplans" vom 8. 6. 1978 war in der MfS-Originalakte bereits bei ihrer Archivierung im Jahre 1981 nicht mehr vorhanden und ist deshalb hier nicht dokumentiert.

BV Berlin
Abt. XX/4

Berlin, den 8.6.1978

O p e r a t i v p l a n
zum OV "Kontra"

Die Hauptrichtung der Bearbeitung wird darin gesehen, die Abwehrarbeit offensiv auf das Operationsgebiet zu orientieren und der gegnerischen Kontakttätigkeit und Kontaktpolitik damit am effektivsten entgegenzuwirken.

Alle verfügbaren und geeigneten IM werden in dieser Richtung entwickelt und eingesetzt, speziell für die Herstellung stabiler Kontakte zu Personen aus dem Operationsgebiet, die zur Aufklärung für eine oper. Werbung geeignet erscheinen und zu solchen Personen, die stärker unter operative Kontrolle zu stellen sind. Weiterhin werden operativ nutzbare Rückverbindungen aus der Hauptstadt kontaktiert und zielgerichtet eingesetzt.

Die operative Zersetzung innerhalb der BRD und Westberlins wird so vorgenommen, daß die oper. interessierenden Personen und angehenden Werbekandidaten dabei differenziert so einbezogen werden, daß es dem Aufklärungs- und Werbeprozeß dient, der Zurückdrängung gegnerischer Kräfte nützt und daß die einbezogenen IM operative Kontrolle ausüben können.

Die Bearbeitung von Personen und Gruppen in der Hauptstadt, die Anwendung der operativen inneren Zersetzung und die Aufklärung und Kontrolle negativer Stützpunkte in der DDR mit Hilfe des IM-Einsatzes wird den Aufgabenstellungen in das Operationsgebiet eingeordnet, dient als Voraussetzung bzw. erscheint als deren Ergebnis und ist somit Bestandteil der komplexen und einheitlich gelenkten Maßnahmen.

Der vorliegende Operativplan gegen negative und feindliche Kreise aus dem Bereich des katholischen Kolpingwerkes beinhaltet grundlegende Bearbeitungsrichtungen und aktuelle Einzelmaßnahmen, soweit sie gegenwärtig überschaubar und zweckmäßig sind.
Es werden in der Folgezeit zu Teilproblemen aus dem Gesamtzusammenhang einzelne Maßnahmepläne in Vorschlag gebracht.

1. <u>IM - Einsatz</u>

1.1 ~~FIM~~F "Schramm" und IMV "Irmchen" stellen die Pläne und Absichten des Kolpingwerkes Köln gegenüber der DDR fest. Schlüsselpersonen sind dabei Generalpräses Festing, Zentralsekretär Hanke und [redacted] als verantwortlich Benannter für die "Ostarbeit". Die IM üben Kontrolle gegnerischer Stützpunkte und Handlungen und werden direkt unter Nutzung ihrer Funktionen zur oper. Zurückdrängung eingesetzt.

Termine: lfd, speziell bei internen Absprachen

-2-

In Übereinstimmung mit der von der Kolpingleitung festgelegten 'Partnerarbeit' (Westberlin und Essen zur Diözese Berlin - Ostteil) streben die IM feste Kontakte besonders nach Westberlin an: Zum Vorstand, speziell zu den Personen [redacted], [redacted].
Dabei nutzen die IM den begründeten Vorwand der konkreten Ausgestaltung der sog. Partnerarbeit für den Ausbau persönlicher vertraulicher Beziehungen.

Termine: lfd. - erste persönl. und postalische Kontakte bereits eingeleitet.

IMF "Schramm" nutzt Kolping- Rentner, u.a. IMV "Mahlsdorf und IMV "Falaszek" für Besuche im westberliner Kolpinghaus und Vermittlungen zu Vorstandsmitgliedern. Aufgabenstellung stimmt überein mit der Instruierung dieser IMV. Inhalt jeweils differenziert abgestimmt.

Termine: mindestens einmal vierteljährlich je IMV

1.2 IMV "Mahlsdorf" wird beauftragt, die Besucherzeiten des Vorstandes im Kolpinghaus Westberlin für Gespräche zu nutzen, Kolping-Literatur zu beschaffen und auf "Schramm" positiv zu orientieren.

Der IMV "Mahlsdorf unterhält die persönliche Verbindung zu [redacted] und [redacted] in der Diözese Limburg zur Abschöpfung und Feststellung von Fakten, die zur oper. Zersetzung zwischen Westberlin, Limburg und Köln genutzt werden können.

Der IMV nimmt an der Kontakttätigkeit bei Zusammenkünften aus Köln, Limburg, Osnabrück weitgehend teil (z.T. durch "Schramm" herangezogen) um daraus seine Einzelinformationen für die Zersetzung nutzen zu können.

Termine: Einsatz durch Gen. Major Bronder nach oper.Situation.

1.3 Analoge Aufgabenstellungen in Richtung Westberlin erhält der IMV "Falaszek", speziell zum Vorstandsmitglied [redacted] (WB).
Der IMV muß für diese Aufgaben jedoch noch differenziert herangezogen werden.

Termin: Juli 1978

1.4 Der IMV "Drescher" ist beauftragt, Verbindung zum Vorsitzenden der Kolpingsfamilie St.-Klara herzustellen.
Dabei nutzt er als Vermittler den den Vorsitzenden des dortigen Gemeinderates [redacted], zu dem der IM auf Gemeindeebene Verbindung hat.
Dieser Kontakt soll im Rahmen der sog. Partnerarbeit den IM aufwerten und andererseits neue oper. Möglichkeiten in Richtung Operationsgebiet vorbereiten.

Termin: Juni 1978 und lfd.

1.5 Die Entwicklung des IMV "Schlosser" konzentriert sich
- auf die Informierung zu internen Problemen der Kolpingfamilie
- auf die Instruierung über die Kontakttätigkeit speziell von Westberlin
- auf Personifizierungen und auf die Kriminalisierung der Sachverhalte.

Termin f. Plan: 2o.7. 78

- 3 -

135

1.6 Folgende IM werden für Legendierungen, Überprüfungen, Ermittlungen und oper. Kontrollen im Zusammenhang mit der Bearbeitung von Personen aus dem Operationsgebiet eingesetzt:
IMS "Heinze", IMS "Stern", IMS"Wächter", IME "Vörster", IMS "Flamme", FIM "Schukalla".

Termine in gesonderten Maßnahmeplänen nach Erfordernis

2. Vorbereitungen für Kontaktaufnahmen

2.1 Plan zur Kontaktaufnahme [redacted] (CDU, Mag. v. Groß - Berlin, ehem. IM)

Lt. Abt. VI hat der Kolping-Vorsitzende [redacted] den [redacted] als Besucheradresse genannt.

Ziel der Maßnahme: Stabilierung des Kontaktes [redacted], Vorbereitung Kontaktierung [redacted]

Termin: f. Maßnahmeplan: 26.6.78

2.2 Plan zur Kontaktaufnahme [redacted]

Lt. Abt. VI hat das Vorstandsmitglied [redacted], die [redacted] als Besucheradresse angegeben.

Ziel der Maßnahme: Oper. Nutzung der [redacted] zur Vorbereitung der Kontaktierung [redacted].

Termin f. Maßnahmeplan: 5.7.78

2.3 Plan zur Kontaktaufnahme [redacted] (Sohn der [redacted]). OPK XX/4 BV Bln.

Es bestehen familiäre und Kolpingkontakte zum WB Vorstandsmitglied [redacted]. [redacted] ist aktiv in Kolping und sucht berufliche Perspektive.
Kontaktvorbereitung über Abt. XVIII.

Termin f. Maßnahmeplan: 1o.7. 78

3. Personenaufklärungen / Dokumentierungen

3.1 Überprüfungen westberliner Funktionäre in der Hauptstadt (Abt. VI, RF- Kartei u.a.),um Rückverbindungen und Anknüpfungspunkte für den IM- Einsatz, für stabile Verbindungen zu erfahren und oper. nutzbar auszubauen.
Termin: lfd.

Folgende Personen stehen dabei z.Zt. in Arbeit:
[redacted]

- 4 -

3.2 Durch den Einsatz des FIM "Schukalla" erfolgt die Auswertung der westberliner und der BRD- Kolping-Literatur zur Vervollständigung der Struktur, Leitung, Mitglieder, Probleme und Wechselwirkungen im Kolpingwerk Westberlin und in Verbindung mit and ren gesellschaftl. Einrichtungen (CDU, Senat).

Erarbeitung von Auskunftsberichten, die stets ergänzungsfähig und übersichtlich sind zu folgenden westberliner Funktionären:

[redacted]

Die Auskunftsberichte beinhalten bes. die persönlichen Verpflechtungen u. Verbindungen namentlich in die Hauptstadt, zum Kolpinghaus WB, zur eigenen Kolpingsfamilie, zum privaten familiären Umgang, zu jeweiligen Daten. Es geht dabei um die Erarbeitung konkreter Fakten für gezielte Maßnahmen zur Werbung, zur Bearbeitung und operativen Zersetzung.

Die Analyse des FIM "Schukalla" wird lfd. durch IM- Informationen und Aufklärungsergebnisse in WB ergänzt.

<u>Termin:</u> Beginn: [illegible] 78
vorläufiger Abschluß 10.8. 78

3.3. Politisch-operativ bedeutsame Probleme zu personellen Verpflechtungen zwischen Kolpingwerk und dessen Mitarbeiter, CDU/ CSU- Funktionären, Abgeordneten, Senat und BRD- Regierung werden weitestgehend für den Vorgang dokumentiert um damit Fakten der Kontakttätigkeit beweiskräftig und übersichtlich darzustellen. Zugleich sollen damit weitere Erkenntnisse für die Bearbeitung gewonnen werden.

<u>Termin:</u> lfd.

3.4 Oper. Erfassung rechtswidriger Handlungen im Zusammenhang mit der Kontakttätigkeit werden erfaßt und oper. ausgewertet. Das betrifft staatsfeindliche Handlungen, kriminelle Delikte, Veranstaltungsordnung, Zollbestimmungen, Ordnungswidrigkeiten u.a.

<u>Termin :</u> lfd.

3.5 Zusammenarbeit und Abstimmung mit der Abt. II und HVA:

Aufstellung v. Funktionären in Köln und BRD- Funktionären in WB.
Ziele: - oper. Nutzung evtl. durch diese Abteilungen
- Hilfe dieser Abteilungen bei Personenaufklärungen und evtl. Zusammenhänge mit dem BfV.

<u>Termine:</u> 4.8. 78

- 5 -

13

4. Operative Zersetzung

4.1 Der "Kolping - Echo Freundeskreis Berlin" (Westberlin)w detäsichigegen die Organisation "Christen im Aufbruch 471o Lüdinghausen BRD:
- Brief mit Kopfbogen an den Verfasser [redacted] und provozierung eines Rückbriefes wegen seines religiöse: Fanatismus.
Als Absender wird der "Kolping- Freundeskreis Berlin" Methfesselstraße 43 (Kolpinghaus) angegeben, da der Rückbrief aus Lüdinghausen die Existenz des Freundeskreises im Kolpinghaus darstellt und Aktivitäten dokumentiert.
- Der Freundeskreis wendet sich schriftlich an die Vorstände der CDU in Westberlin und Lüdinghausen mit der Forderung der Unterbindung der Aktivitäten von [redacted], da seine Schriften an die staatliche und polit: sche Ordnung der BRD rütteln.

Termin: 3o.6. 78

Die Briefe werden durch IM in WB eingesteckt.
Ziel der Maßnahme ist das Darstellen von vielseitiger A tivität und Verbindung des"Kolping-Echo- Freundeskreis

4.2. "Kolping - Echo-Freundeskreis Berlin" wendet sich mit e: Leserzuschrift an das Kolpingblatt in Köln mit sehr dif: renzierter Stellungnahme zu Veröffentlichungen v. Kolpi: funktionären.
Unterschrift: "...ve"
Ziel: Verschiedenartige Handlungen der "Opposition" auc über den Rahmen Westberlins hinaus in die BRD nac weisen.

Termin: Maßnahme wurde bereits durchgeführt.

4.3 Kolping- Literatur und Materialien des "Freundeskreises an Funktionäre der Hauptstadt versenden.
-Übergabe durch Kurier bei [redacted] und [redacted].
Ziel: Verdacht auf Jungkolping lenken
Unerwünschte Aktivitäten von WB in die Hauptstadt aufzeigen und Beschwerden bzw. Hinweise an die of zielle Kolpingleitung in Westberlin arrangieren.
Termin: Maßnahme wurde bereits durchgeführt

4.4 "Kolping- Echo Freundeskreis Berlin" wendet sich mit K bogen an westberliner Kolpingsfamilien und Vorstände: Hinweise auf die Bedeutung und auf die Festlegungen zu Partnerarbeit nach "Ostberlin".
Beweisführung, daß der Vorstand dazu nichts unternimmt Es ist ein Armutszeugnis für WB, daß Diözesen aus der BRD einspringen und sich zugleich damit finanzielle un politische Vorteile verschaffen. Es wird Limburg genan Aufforderungen, auf den unteren Ebenen, Aktivitäten zu ergreifen . (Bes. Beachtung v. St. Klara in WB, um de Kontakt für IMV "Drescher" in Westberlin zu fördern.)

Absender u. Namen aus einer aktiven Kolpingsfamilie, die in der Gemeinde noch andere Einrichtungen beherber (Auswertung aus der eig. Erfassung und Kartei)
Im Komplex mit anderen Maßn. wird dabei der Verdacht a Jungkolping gelenkt.
Termin: 1o.7. 78

-6-

4.5 Brief "Kolping- Echo Freundeskreis" mit einer Information an das Kolpingwerk Köln:

Hinweis auf die Reisegruppen aus [redacted], mit Kolping-Zuschüssen fahren, jedoch nicht in Kol sind. Es handelt sich um einen Betrug, nur um am K damm das Nachtleben zu genießen und Sex - Orgien z feiern. (es wird mit Namen operiert, diese sind auf Grund der bekannten Einreisen bei der Abt. VI zu beschaffen). Die Zuschüsse gewährt Köln.
Diese Inf. entspricht weitgehend den Tatsachen. Si geht v. St. Clemens aus, in deren unmittelbare Näh die Absteige dieser Gruppen aus [redacted] jedesmal i (Hotel 'Anhalter Bahnhof', [redacted], Inha [redacted].) Namen aus der eig. Kartei-Auswertu

Termin: Juli 1978
Ziel: Nachweis der Existenz und Aktivitäten des Freundeskreises
Mit Problemen und Namen aus dieser angebli Opposition in die Breite gehen.
Auf die Isolierung und Verdächtigung besti Personen zielen.
Die Kontakttätigkeit untergraben.

4.6 Anonymer Brief aus Hennigsdorf (DDR) an das Kolping Westberlin mit der Empfehlung, sich in der Familie von [redacted] umzusehen, falls Urheber des KE Freunde kreies von Interesse sind. Es ginge da um eine jung Dame mit zweifelhaftem Gewerbe.
(Diöz.Senior [redacted] kennt [redacted] persönlic und ist auf ihn und seine Tochter weg. angebl. mat rieller Interessen schlecht zu sprechen. Andererse versprach sich [redacted]. von [redacted] selbst mehr Vorteile

Diese Denunziation erscheint also motiviert und verunglimpft gleichzeit [redacted] und schafft Unsicherheiten.

Termin 3o.7. 78

4.7 Der IMS "Wächter" erhält aus Westberlin von einem politisch Sypathiesierenden einen Brief vom "Kolpin Echo Freundeskreis" in der Ausfertigung Pkt. 4.4. (Als Absender wird mit dem Namen Mix operiert (diese Name ist in WB weit verbreitet.
"Wächter" wendet sich wegen der Kolping-Problematik und der Kontakttätigkeit an Diöz.-Präses Zoda in der Hauptstadt. Er erwähnt den Namen "Mix", der dem Z. gut bekannt und für diesen einprägsam ist.

gesondert vorlegen

Es sind Reaktionen des Zoda gegenüber WB und dem Vorstand zu erwarten, die dann weitere gezielte Maßnahm zulassen.

Termin: August 1978
Dem IM wird der Brief über die Abt. "M" zugeleitet.

4.8. Es wird ein Komplex von Maßnahmen eingeleitet, der verschiedene Personen und Probleme aus den OV "Kontr "Schweinebraten" und vereinigt einschließt un für jeden eine spezifische Zielstellung beeinhaltet.

- 7 -

1

5. <u>Weitere Aufgaben</u>

5.1 Zwischenzeitliche Ergebnisse des IM- Einsatzes, der Personenaufklärungen und - Überprüfungen ziehen zweckmäßig oper. Maßnahmen nach sich, die kurzfristig in den Maßnahmekomplex eingearbeitet werden. z.B.

- aus der lfd. Kontakttätigkeit des "Schramm" nach Köln, Paderborn, Osnabrück und Westberlin;
- aus der Legende und Konfrontation des IMS "Stern" gegenüber dem IMV "Schlosser" ;
- aus dem Einsatz des IME "Vörster" und der Analysen der Situation aus den 3 OV der Referate IV und VII;
- aus der Aufklärung und Kontaktierung von IM- Kandidaten (Pkt 2), da die Übereinstimmung zur oper. Situation der Zersetzung und Lage in WB hergestellt werden muß;
- zu den Personenaufklärungen und Dokumentierungen (Pkt 3), die lfd. fortzuführen sind und dabei schwerpunktmäßig erfolgen, wobei Wechselwirkungen u. rationelle Aufgaben zu berücksichtigen sind

5.2 Die oper. Zersetzung führt zu ständigen Veränderungen der operativen Situationen und erfordert stets Maßnahmen zu höheren Glaubhaftigkeit, zu Überprüfbarkeit ode Nichtüberprüfbarkeit, zur Personifizierung und Nichtwiderlegbarkeit usw.

- Die Zersetzung sollte so erfolgen, daß Reaktionen u Rücklauf oper. festgestellt werden
- Die Verdächtigungen zur Opposition werden auf Grupp und Funktionäre der Kolpingjugend konzentriert, z.B
  auf einzelne Kolpingfamilien mit guter Jugendarbe in
  auf Leiter der Kolpingjugend wie Kaplan [redacted], [redacted], [redacted]
- Es werden Personen einbezogen, bei denen Anlässe bek werden, die die Glaubhaftigkeit fördern, z.B. Nichtwiederwahl wegen Stimmenminderheit der [redacted]
- Die bekannte Tatsache, daß hauptamtliche Funktionäre gegenüber den Ehrenamtlichen als Bonzen bezeichnet v den, Unterschiede bestehen zwischen Westberlinern und Personen aus Ländern der BRD, Unterschiede zwischen Alt und Jung, evangelisch und kath. und andere mehr werden oper. genutzt und Detail konkret angewer
- Objekte und Personen, die durch Verpflechtungen auff len, werden in die oper. Zersetzung einbezogen, wie

  Kolping [redacted] im Hotel Anhalter Bhf. (CDU)
  CDU- Abgeordnete in Kolpingversammlungen
  CDU- Funktionäre im Kolping- Haus
  Verbindung von [redacted] zu [redacted] als Jugendleiter als Angestellter des Sena
  Senatsmitarbeiter [redacted] als Betreuer einer BRD- Kolping-Reisegruppe

  u.a. m.
- alle Kontakte in die Hauptstadt (außer die Partner Essen und WB) werden zur Nutzung für die oper.Zersetzung besonders erfaßt.

- 9

140

- Überörtliche IM werden in der Hauptstadt und in West-Berlin im Zusammenhang mit der sog. Opposition in Einsatz gebracht.

- Oper. Legenden wird weitgehend Kriminalitätscharakter gegeben, um bei Auswertungen und Instruierungen der IM die Motivierung der Bearbeitung zu unterstreichen und höhere Auswirkungen und Aktivitäten in der Zurückdrängung der Kontakttätigkeit zu erreichen,
  - z.b. Intershop, Kassenmanipulationen Schiebungen, persönliche Bereicherungen erpresserische Handlungen u.a,

5.3 Während der oper. Bearbeitung und Auswertung, der Festlegung von Maßnahmen und der Feststellung von Reaktionen werden Ideen für die Weiterbearbeitung und mögliche oper. Zusammenhänge in einem gesonderten Speicher erfaßt, um zum gegebenen Zeitpunkt als Maßnahme richtig eingeordnet zu werden

Hptm.

+ Ausnahme der auf
7 formulierten Aktivitäten
wird vorliegender Plan vollinhaltlich
bestätigt. Zu S. 7 ist nach vorheriger
Konsultation ein gesonderter Plan zu erarbeiten.

26.6.78

2. 1. 8. „Der Minister an die Stellvertreter des Ministers, Diensteinheiten, Leiter" vom 17. April 1979 (BStU, ZA, VVS 0008-20/79)

Großveranstaltungen der Kirchen oder bedeutende Ereignisse wurden durch das MfS von höchster Stelle behandelt und mit einem ungeheuren Personeneinsatz überwacht.
„Unterlage 8" ist ein Befehl von Minister Erich Mielke vom 17. April 1979 zu den Maßnahmen im Vorfeld und im Umfeld des Besuches von Papst Johannes Paul II. in Polen im Juni 1979.

102554 33/79

Ministerrat
der Deutschen Demokratischen Republik
Ministerium für Staatssicherheit
Der Minister

Berlin, 17.4.1979

Stellvertreter des Ministers
Diensteinheiten
Leiter

Vertrauliche [redacted]ßsache
MfS 0008[redacted]0/79
338.A[redacted] 1 Blatt

Das Oberhaupt der katholischen Kirche, [redacted]ohannes Paul II. wird aufgrund einer Vereinbarung zwisch[redacted] Regierung der VR Polen und dem Vatikan in der Zeit [redacted]bis 10. Juni 1979 in die VR Polen Reisen und die Städt[redacted]hau, Czestochowa und Krakow besuchen.

Die katholische Kirche in der VR [redacted]geht in diesem Jahr den 900. Todestag des "Heiligen [redacted]aus". Dieser Heilige wird von ihnen als Nationalheld[redacted]rt, da er sich bereits in früher Zeit für die "Mensch[redacted]e" einsetzte.

Nach jetzt veröffentlichten [redacted]en beabsichtigt die katholische Kirche der VR Polen, w[redacted]jährlich die Gedenkfeier für den "Heiligen Stanislaus" [redacted]Mai 1979 stattfinden zu lassen, die "Nationalfeier" jedoc[redacted]en 10. Juni 1979, den Tag des Aufenthaltes des Papstes[redacted]kow, zu verschieben.

Nach inoffiziellen Hin[redacted]legte die Berliner Bischofskonferenz fest, daß an den Höhe[redacted] der Feierlichkeiten zum 900. Todestag des "Heiligen St[redacted]s" (1[illegible]5. 1979) eine Delegation der katholischen Kirche[redacted]R teilnehmen soll. Kardinal Bengsch sowie weitere Bisc[redacted]ben die Absicht am 10. 6. 1979 nach Krakow zu fahren.

Die Deutsche Bi[redacted]konferenz der BRD beabsichtigt, ihren Vorsitzenden, Ka[redacted]öffner, und weitere kirchliche Würdenträger zu den Feierl[redacted]en am 13. 5. 1979 und während des Papstbesuches in di[redacted]len zu entsenden.

Nach weite[redacted]liegenden operativen Informationen beabsichtigt eine grö[redacted]ahl von Gläubigen aus der DDR (Einzelpersonen und Gru[redacted]nsbesondere katholische Studenten, in geringem Maße Geistl[redacted]n den Feierlichkeiten mit dem Papst teilzunehmen. Des w[redacted]liegen Hinweise aus dem Operationsgebiet vor, welche besa[redacted] klerikale Kreise in der BRD gezielte Aktivitäten zur For[redacted] der feindlichen Kontaktpolitik während der Zeit des Pa[redacted]ches in der VR Polen entwickeln.

Zur Aufklärung und Verhinderung feindlich-negativer Aktivitäten sind durch die Leiter aller operativen Diensteinheiten, insbesondere durch den Einsatz qualifizierter IM/GMS und anderer politisch-operativer Möglichkeiten, folgende Aufgaben zu gewährleisten:

- Ermittlung der Personen, insbesondere katholischen Glaubens, der Kirche nahestehender, sowie angefallener negativ-dekadenter Personen aus dem Verantwortungsbereich, welche beabsichtigen, aus Anlaß der Feierlichkeiten und des Papstbesuches unter Ausnutzung der Pfingstfeiertage in die VR Polen zu reisen;

- Erarbeitung von operativen Hinweisen, inwieweit die Reisen für feindlich-negative Zwecke, wie provokatorisches und demonstratives Auftreten, Verleumdung der Politik der DDR sowie Herstellung bzw. Ausbau von Kontakten zu Besuchern aus dem nichtsozialistischen Ausland, mißbraucht werden sollen;

- Erarbeitung von operativen Informationen zu Plänen und Absichten vorgenannter Personenkreise, dem Papst Petitionen, die gegen die Politik der Partei und Regierung der DDR gerichtet sind, zu übergeben.

IM/GMS aus dem Verantwortungsbereich, welche im Zusammenhang mit den Feierlichkeiten und dem Papstbesuch die Volksrepublik Polen besuchen, sind bis 25. 4. 1979 an den Leiter der Hauptabteilung XX zur möglichen Koordination des Einsatzes der operativen Kräfte zu melden.

Der Leiter der Hauptabteilung VI hat die konsequente Durchsetzung der von mir erlassenen dienstlichen Bestimmungen und Weisungen zur politisch-operativen Sicherung des Reise- und Transitverkehrs zu gewährleisten. Die einzuleitenden operativen Maßnahmen dürfen die Kirchenpolitik unserer Partei und das gute Verhältnis Staat - Kirche in der DDR nicht diskreditieren.

Alle Informationen, die mit den Feierlichkeiten und dem Papstbesuch im Zusammenhang stehen oder stehen können, sind durch die Leiter aller Diensteinheiten umgehend dem Leiter der Hauptabteilung XX zu übermitteln.

Der Leiter der Hauptabteilung XX hat bei operativer Notwendigkeit den Leiter der Abteilung X über geplante Feindtätigkeit im Zusammenhang mit den Feierlichkeiten und dem Papstbesuch zu informieren. Durch diesen hat die Koordinierung der Zusammenarbeit mit den Sicherheitsorganen der VR Polen zu erfolgen.

Besonders bedeutsame operative Informationen, die einer zentralen Entscheidung bedürfen, sind sofort mir bzw. meinem Stellvertreter, Genossen Generalmajor Mittig, mitzuteilen.

Mielke
Generaloberst

Rücksendetermin: 21.6.1979
SdL/Dokumentenverwaltung

2. 1. 9. „Plan der politisch-operativen Maßnahmen zur Absicherung der Trauerfeierlichkeiten für den verstorbenen Alfred Kardinal Bengsch am 22. 12. 1979" vom 20. Dezember 1979 (BStU, ZA, HA XX/4, 90)

„Unterlage 9" belegt die hypertrophen Maßnahmen des MfS anläßlich der Beisetzung von Kardinal Alfred Bengsch am 22. Dezember 1979 in der Berliner Hedwigskathedrale. Im Einsatz waren demnach allein 1034 hauptamtliche Mitarbeiter des MfS sowie 395 Mitarbeiter der Deutschen Volkpolizei.

Berlin, 20. Dezember 1979

Bestätigt: [signature]
Generaloberst

P l a n
der politisch-operativen Maßnahmen zur Absicherung der Trauerfeierlichkeiten für den verstorbenen Alfred Kardinal Bengsch am 22. 12. 1979

Im Zusammenhang mit dem Ableben des katholischen Bischofs von Berlin, Alfred Kardinal Bengsch, findet am 22. 12. 1979, 10.00 Uhr, die offizielle Beisetzungsfeierlichkeit in der St.-Hedwigs-Kathedrale in der Hauptstadt der DDR, Berlin, statt.

An den Trauerfeierlichkeiten nehmen höchste katholische Würdenträger und führende Persönlichkeiten aus den europäischen Staaten teil, unter ihnen als Vertreter des Vatikans Kurienkardinal Opilio Rossi, Italien.

Durch die Diensteinheiten des MfS Berlin und die Bezirksverwaltung Berlin werden alle erforderlichen politisch-operativen Maßnahmen eingeleitet, die einen störungsfreien und würdigen Verlauf des kirchlichen Zeremoniells und ein Höchstmaß an Sicherheit und Ordnung gewährleisten.

Die Hauptanstrengungen konzentrieren sich auf die Realisierung nachfolgend genannter Maßnahmen:

1. Grundsätzliche politisch-operative Maßnahmen

Gewährleistung der konsequenten Durchsetzung von Sicherheit und Ordnung im Territorium der Hauptstadt der DDR, insbesondere im festgelegten Sicherungsbereich, speziell im Handlungsraum.

Durchsetzung wirksamer Maßnahmen, die eine zuverlässige gedeckte Totalobservation bekannter und neuerkannter feindlicher Elemente im Handlungsraum und in der Tiefe des Handlungsraumes sowie an den bekannten Schwerpunkten gewährleisten, mit dem Ziel der konsequenten Verhinderung von provokatorischen Absichten und Versuchen sowie anderen feindlich-negativen Handlungen, die dazu angetan sind, die Trauerfeierlichkeiten für politisch negative Aktivitäten gegen die DDR zu mißbrauchen und das Verhältnis Kirche - Staat zu stören.

Gewährleistung konsequenter Maßnahmen zur Verhinderung jeglicher Ansammlungen von negativ-dekadenten und anderen feindlichen Personen, insbesondere im und in der Tiefe des Handlungsraumes. Hierbei ist solchen Personen wie Amnestierten, die in letzter Zeit Sympathie für die Kirche im Interesse der Durchsetzung ihrer gegen den Staat gerichteten Forderungen zeigten, besondere Beachtung zu widmen.

In Abhängigkeit der zu erwartenden Teilnehmerzahl und den dazu vorbereiteten drei räumlichen Varianten

- Kathedrale und Vorplatz bei 2000 bis 3000 Teilnehmern

- Teilfüllung des August-Bebel-Platzes bei 5000 Teilnehmern

- Füllung des August-Bebel-Platzes bei über 5000 Teilnehmern

sind die erforderlichen Sicherungsmaßnahmen und der dazu notwendige Kräfteeinsatz vorbereitet, die eine reibungslose und wirkungsvolle Durchführung der Trauerfeierlichkeiten gestatten.

Durch die Leiter der zuständigen Diensteinheiten wird eine konkrete Einweisung der einzuführenden gedeckten Kräfte durchgeführt.
Dabei wird davon ausgegangen, daß alle zu realisierenden Maßnahmen so durchgeführt werden, daß die Präsenz von Sicherungskräften des MfS im Handlungsraum nicht festgestellt wird.

Alle Maßnahmen werden konsequent gedeckt durchgeführt, mit dem Ziel, daß im Handlungsraum entsprechend der jeweiligen Variante nicht mehr Kräfte als zur Erfüllung der Aufgaben unbedingt erforderlich sind zum Einsatz kommen.

Durch die Leiter der zuständigen Diensteinheiten erfolgt die verstärkte Sicherung der im bzw. in unmittelbarer Nähe des Handlungsraumes liegenden zentralen staatlichen Objekte und Einrichtungen und deren Nutzung für die gedeckte Observation bzw. andere politisch-operative Maßnahmen.

Im operativen Zusammenwirken mit den Kräften der DVP wird darauf Einfluß genommen, daß alle volkspolizeilichen Maßnahmen den Forderungen entsprechend durchgeführt werden und insbesondere die Sperr- und Regulierungskräfte der DVP sichtbar und wirkungsvoll präsent sind.

<u>Verantwortlich für die Maßnahmen:</u>	die Leiter der operativen Diensteinheiten des MfS und der Leiter der BV Berlin

2. Einsatz eines verantwortlichen Offiziers zur Aufrechterhaltung einer ständigen Verbindung zum Staatssekretariat für Kirchenfragen, um über alle staatlicherseits eingeleiteten und zu klärenden Aufgaben informiert zu sein.

Abstimmung sämtlicher notwendiger Sicherungsmaßnahmen mit den Leitern der Diensteinheiten des MfS und dem Leiter der Bezirksverwaltung Berlin, die in deren Verantwortungsbereich fallen.

Einsatz der inoffiziellen Kräfte zur operativen Einflußnahme und Informationsgewinnung.
Die in OV und OPK bearbeiteten politisch-negativen Kräfte sind unter ständiger Kontrolle zu halten.

Die von der katholischen Kirche vorgesehenen technischen Maßnahmen sind zu unterstützen und zu sichern. Über die Deutsche Post - Studiotechnik Rundfunk, Abteilung Elektroakustik, ist Einfluß darauf zu nehmen, daß die Beschallungstechnik vor der Kathedrale und auf dem August-Bebel-Platz entsprechend den Erfordernissen installiert und gesichert wird.

Zur Gewährleistung der notwendigen umfassenden Sicherungsmaßnahmen erfolgt im Handlungsraum die Einführung gedeckter eigener und zukommandierter operativer Kräfte, die entsprechend den festgelegten Varianten im Handlungsraum wirksam werden.

<u>Stärke der eingeführten Kräfte:</u>	eigene	90 Mitarbeiter
	zukommandierte	500 Mitarbeiter
<u>Reservekräfte:</u>		200 Mitarbeiter

Die Stationierung der Reservekräfte erfolgt in ihren jeweiligen Diensteinheiten und sie kommen auf Abruf zum Einsatz.

<u>Verantwortlich für die Führung der Kräfte:</u>	Oberst Ludwig
<u>Verantwortlich für die Gesamtmaßnahmen:</u>	Generalmajor Kienberg Leiter der Hauptabteilung XX

3. Gewährleistung einer durchgängigen hohen Sicherheit und Ordnung im Verantwortungsbereich, speziell im Handlungsraum und in der Tiefe.

Einsatz der inoffiziellen Kräfte zur operativen Einflußnahme und Informationsgewinnung.
Die in OV und OPK bearbeiteten politisch-negativen Kräfte sind unter ständiger Kontrolle zu halten.

Zur Gewährleistung einer wirksamen Sicherung in der Tiefe des Handlungsraumes erfolgt zur Verhinderung von Demonstrativhandlungen und anderen feindlich-negativen Handlungen in den bekannten territorialen Schwerpunkten der Einsatz erforderlicher Observierungskräfte zum rechtzeitigen Erkennen und wirksamen Verhindern geplanter Handlungen.

Zur ordnungsgemäßen und den Forderungen entsprechenden konspirativen Zuführung der durch exakte Observation festgestellten negativen Kräfte erfolgt in der Tiefe des Handlungsraumes die Einrichtung von festen und beweglichen Zuführungspunkten in

dem VP-Revier 1 Friedrichstraße

dem VP-Revier 6 Keibelstraße

der Kommode Eingang Behrenstraße

dem Lustgarten/Marx-Engels-Brücke

der Oberwallstraße/Ecke Otto-Nuschke-Straße

sowie die Besetzung des Untersuchungsstützpunktes in

der VP-Inspektion Mitte/PdVP Keibelstraße

mit Mitarbeitern der Abteilung IX.

Einflußnahme auf die Auswahl und den Einsatz einer ausreichenden Anzahl von Helfern des DRK mit dem Ziel einer umfassenden Gewährleistung der erforderlichen medizinischen Hilfeleistungen.

Enges operatives Zusammenwirken mit dem Präsidenten des PdVP Berlin und Einflußnahme auf die Realisierung aller erforderlichen polizeilichen Maßnahmen, insbesondere beim allseitigen Einsatz der notwendigen Kräfte

- zur Sicherung des Transportes des Sarges auf der festgelegten Fahrstrecke von der St.-Hedwigs-Kathedrale zur GÜSt Invalidenstraße durch den Einsatz von Funkstreifenwagen zur störungsfreien Fahrt;

- der rechtzeitigen Bereitstellung und Sicherung der festgelegten Parkplätze - Behrenstraße (100 Pkw), Wilhelm-Külz-Straße (100 Pkw), Otto-Nuschke-Straße (100 Pkw) und Gewährleistung einer reibungslosen An- und Abfahrt der Gäste, die an den Trauerfeierlichkeiten teilnehmen sowie

Bereitstellung von Kräften der Verkehrspolizei zur Sicherung eines ungehinderten Transportes des Sarges von der St.-Hedwigs-Kathedrale durch die "Straße hinter der Katholischen Kirche" zur Unterkirche der St.-Hedwigs-Kathedrale.

Einflußnahme auf die zuständigen staatlichen Stellen zur Gewährleistung der Sauberkeit, insbesondere des Handlungsraumes, und Durchsetzung der erforderlichen Maßnahmen der Räum- und Streupflicht unter Beachtung der winterlichen Witterungsbedingungen.

 5

Stärke der Einsatzkräfte: 150 Mitarbeiter

Verantwortlich für die Führung der Kräfte: Oberst Ehrhardt

Verantwortlich für die Gesamtmaßnahmen: Generalmajor Schwanitz
Leiter der BV Berlin

4. Einleitung aller erforderlichen Maßnahmen, welche gewährleisten, daß feindlich-negative Aktivitäten von Journalisten, speziell aus der BRD und Berlin (West), rechtzeitig erkannt und verhindert werden.

Konsequente Durchsetzung der Regelungen in der Durchführungsbestimmung vom 11. 4. 1979 zur Verordnung vom 21. 2. 1973 über die Tätigkeit von Publikationsorganen anderer Staaten und deren Korrespondenten in der DDR.

Aufklärung und Dokumentation der gegen diese Bestimmungen bzw. auf ihr Unterlaufen gerichteten Aktivitäten westlicher Korrespondenten und Einleitung erforderlicher Maßnahmen.
Zur Lösung dieser Aufgaben ist eng mit der Hauptabteilung VIII zusammenzuarbeiten.

Sämtliche an den Trauerfeierlichkeiten teilnehmenden bevorrechteten Personen sind zuverlässig abzusichern.

Stärke der Einsatzkräfte: 6 Mitarbeiter

Verantwortlich für die Führung der Kräfte: Oberstleutnant Schenk

Verantwortlich für die Gesamtmaßnahmen: Generalmajor Kratsch
Leiter der Hauptabteilung II

5. Einleitung erforderlicher Kontroll- und Überwachungsmaßnahmen des Einreiseverkehrs in die Hauptstadt der DDR, Berlin, sowie Durchsetzung angewiesener Fahndungsmaßnahmen und Realisierung von Reisesperren.
Verdächtige Personen sind der Hauptabteilung VIII zur Observation zu übergeben.

Durchsetzung aller erforderlichen Maßnahmen an der GÜSt Invalidenstraße zur Gewährleistung einer reibungslosen Grenzpassage bei der Über- und Rückführung des Sarges mit dem Verstorbenen sowie den Begleitpersonen am 21. 12. 1979.

Die zu den Trauerfeierlichkeiten einreisenden Würdenträger und anderen Persönlichkeiten sind bei der Grenzpassage bevorzugt und höflich abzufertigen.
Es erfolgt keine Gebührenerhebung und Kontrolle.
Durch die Hauptabteilung XX erfolgt eine ständige Informierung der Hauptabteilung VI über alle Hinweise zu einreisenden Persönlichkeiten.

Verantwortlich für die Gesamtmaßnahmen:	Generalmajor Fiedler Leiter der Hauptabteilung VI

6. Politisch-operative Einflußnahme auf die Organe des MdI zur konsequenten Durchsetzung einer hohen öffentlichen Sicherheit und Ordnung im Territorium der Hauptstadt und zur Unterstützung der durch die Diensteinheiten des MfS im Zusammenhang mit den Trauerfeierlichkeiten eingeleiteten politisch-operativen Maßnahmen im engen operativen Zusammenwirken.

Einflußnahme zur Gewährleistung einer verstärkten operativen Kontrolle und Bearbeitung sowie Überwachung bekannter Konzentrationspunkte negativer Personen.

Einsatz eines verantwortlichen Offiziers zur Koordinierung und Abstimmung erforderlicher zentraler Maßnahmen mit dem MdI.

Verantwortlich für die Gesamtmaßnahmen:	Generalmajor Büchner Leiter der Hauptabteilung VII

7. Bereitstellung der erforderlichen Kräfte und Mittel zur kurzfristigen Realisierung notwendiger Auftragsersuchen zur Lösung spezifischer operativer Aufgaben zur Beobachtung, Ermittlung und Erkundung sowie zur Durchführung anderer operativer Maßnahmen im Zusammenhang mit den Trauerfeierlichkeiten in der Hauptstadt.

Gewährleistung einer engen Zusammenarbeit mit der Hauptabteilung VI an den Grenzübergangsstellen der Hauptstadt der DDR, Berlin, zur Übernahme und Kontrolle verdächtiger Personen.

 7

Einleitung von Sondermaßnahmen zur Verhinderung von Kontaktaufnahmen durch westliche Korrespondenten zu Havemann.

Zur konsequenten Durchsetzung vorgenannter Maßnahmen kommen zusätzlich 88 operative Mitarbeiter als

Observationsgruppen,

Spezialkräfte

an den Schwerpunkten zum Einsatz.

Die Unterbringung dieser Kräfte erfolgt in den vorhandenen konspirativen Objekten der Hauptabteilung VIII im und in der Tiefe des Handlungsraumes und der Einsatz erfolgt über das Funkleitzentrum.

Verantwortlich für die Gesamtmaßnahmen: Generalmajor Schubert, Leiter der Hauptabteilung VIII

8. Einflußnahme auf das MdI, Hauptabteilung Transportpolizei, zur Durchsetzung der angewiesenen Kontrollmaßnahmen in den Reisezügen der Deutschen Reichsbahn sowie der S-Bahn mit dem Ziel des rechtzeitigen Erkennens negativ-dekadenter Kräfte und der wirksamen Verhinderung einer möglichen Teilnahme dieser Personen an den Trauerfeierlichkeiten.

Verantwortlich für die Maßnahmen: Oberst Griebner, Stellv. des Leiters der Hauptabteilung XIX

9. Analysierung aller gestellten Reiseanträge in die Hauptstadt der DDR, Berlin, und umgehende Informierung über solche Personen, die die Absicht haben könnten, an den Trauerfeierlichkeiten teilzunehmen.

Verantwortlich für die Maßnahmen: Oberst Janßen, Leiter der Arbeitsgruppe XVII

 8

10. Sicherstellung der drahtgebundenen und drahtlosen Nachrichtenverbindungen in allen während des Zeitraumes des Einsatzes genutzten Objekten.

Verantwortlich für die Maßnahmen:	Generalmajor Zukunft Leiter der Abteilung N

11. Führungspunkt

Der zentrale Führungspunkt befindet sich in der Kommode, August-Bebel-Platz (2. Etage):

Raum 215	Gen. Generalleutnant Mittig
Raum 216	Zentraler Operativstab
Raum 217	WTsch/Abteilung N
Raum 218	Richtungsoffiziere der HA II, VII, VIII
Raum 220	Hauptabteilung XX
Raum 222	BV Berlin

Als Einsatzleiter zur Gewährleistung der einheitlichen, straffen und zentralen Leitung der Gesamtmaßnahmen ist Genosse Generalleutnant Mittig eingesetzt.

Der Haupteinsatz zur Sicherung der Trauerfeierlichkeiten beginnt am 22. 12. 1979, 08.00 Uhr und wird gegen 13.00 Uhr beendet.

Die Vor- und Tiefensicherung beginnt am 22. 12. 1979, 06.00 Uhr.

12. Kräfteeinsatz des MfS

Zur Erfüllung der im Plan der Maßnahmen gestellten Aufgaben werden durch die beteiligten Diensteinheiten insgesamt

334 Mitarbeiter

eingesetzt.

Auf der Grundlage der festgelegten Varianten werden zusätzlich insgesamt

700 Mitarbeiter (davon 200 Reservekräfte)

als Sicherungskräfte aus anderen Diensteinheiten des MfS zukommandiert.
Diese Einsatzkräfte kommen in drei Phasen gestaffelt je nach Erfordernis zum Einsatz.
Die Führung dieser Kräfte erfolgt durch die Hauptabteilung XX.

Variante I 100 Einsatzkräfte

Diese Kräfte werden mit Einsatzbeginn gedeckt eingeführt.

Die Kräfte der Variante II 200 Einsatzkräfte und
Variante III 200 Einsatzkräfte

werden in der Humboldt-Universität im Kinosaal und in der Säulenmensa stationiert und kommen in Abhängigkeit der Varianten zum Einsatz.

Die Reservekräfte verbleiben in der Zeit von 07.00 Uhr bis 13.00 Uhr abrufbereit bei ihren Diensteinheiten.

Die Einweisung der Gruppenleiter in die Aufgaben erfolgt am 21. 12. 1979, 14.00 Uhr, Raum 45, Objekt Normannenstraße durch den Stellvertreter des Leiters der Hauptabteilung XX, Oberst Ludwig.

13. Kräfteeinsatz der Deutschen Volkspolizei

Der Führungspunkt des PdVP Berlin befindet sich in der Kommode, August-Bebel-Platz, Zimmer 223, 234, 236 und 238.

Das abgestimmte operative Zusammenwirken ist gewährleistet.

Stärke der Einsatzkräfte der DVP:	Schutzpolizei	135 Angehörige
	Kriminalpolizei	70 Angehörige
	Verkehrspolizei	30 Angehörige
	ABV	3 Angehörige
	7 Funkstreifenwagen	21 Angehörige

Reserve: 136 Angehörige der VP-Bereitschaft

Diese Reservekräfte sind im Objekt Keibelstraße des PdVP untergebracht.

14. Der Informationsfluß von dem am Einsatz beteiligten Diensteinheiten des MfS Berlin und der BV Berlin zur Hauptabteilung XX ist abgestimmt.

Über besonders bedeutsame Vorkommnisse wird der Genosse Minister sofort informiert.

2. 1. 10. *„Konzeption zum weiteren politisch-operativen Vorgehen gegenüber der katholischen Kirche in der DDR im Zusammenhang mit der Verlesung des ‚Hirtenwortes' am 8. 3. 1981" vom 2. April 1981 (BStU, ZA, HA XX/4, 299)*

„Unterlage 10" vom April 1981 demonstriert am Beispiel der „Berliner Bischofskonferenz" den in den achtziger Jahren nunmehr ausgefeilten Grad des taktischen Vorgehens des MfS.

Nachfolgend der auf dem Faksimile nicht lesbare Text:

BStU 000029
Diese jüngeren Bischöfe – ihre Zahl nimmt zu – werden unterstützt von den weiter in der „Bischofskonferenz" wirkenden konservativen Bischöfen, wie Bischof Huhn, Görlitz, die vor allem außerhalb der Kirche zum Teil uneinsichtig und unrealistisch auftreten.
Im Zusammenhang mit den Diskussionen, Beratungen und Auseinandersetzungen zum „Hirtenwort" vom 8. 3. 1981 zeigt sich, daß die Position von Bischof Schaffran, als Vorsitzender der „Berliner Bischofskonferenz" nicht als gefestigt gilt und daß das Kräfteverhältnis innerhalb der „Berliner Bischofskonferenz" derzeit zu ungunsten von Bischof Schaffran entwickelt ist.
– Aufgrund dieser operativen Erkenntnisse ist zu schlußfolgern, daß sich insbesondere durch die gegenwärtigen personellen Veränderungen innerhalb der „Berliner Bischofskonferenz" in der Spitze der katholischen Kirche Änderungen vollziehen, die wesentliche Bedeutung für mögliche Überprüfungen und Korrekturen der gegenwärtigen Grundhaltungen der katholischen Kirche in der DDR gegenüber dem Staat erlangen können.
...

BStU 000034
9.3. Der Staatssekretär für Kirchenfragen bzw. dessen Stellvertreter führt mit allen weiteren Bischöfen in der DDR in regelmäßigen Abständen Aussprachen zu Fragen der Festigung des Verhältnisses zwischen Staat und katholischer Kirche.
Diese Gespräche, die in Abstimmung mit den entsprechenden örtlichen Organen geführt werden, sollten von territorialen Problemen

ausgehen. Sie sind zu nutzen, um auch hier die klare Position des Staates zum „Hirtenwort" vom 8. 3. 1981 und zu ähnlichen Fragen darzulegen.

9. 4. Bei den in der nächsten Zeit durch die katholische Kirche zentral geplanten Veranstaltungen haben die staatlichen Organe im Sinne der Fortführung der Politik von Partei und Regierung in Kirchenfragen ihre Entscheidungen zu treffen.
Hierbei sind jegliche Konfrontationen zwischen Staat und Kirche auszuschließen.
Solche Veranstaltungen sind u. a.

- die Konferenz der deutschsprachigen Generalvikare (24.5. bis 1.6. 1981 in Magdeburg)
- die Fronleichnamprozession (Juni 1981)
- die Pilgerreise von ca. 50 kirchlichen Mitarbeitern aus der DDR nach Lourdes (Juli 1981)
- 750. Todestag der Heiligen Elisabeth (September 1981 in Erfurt)

HA XX/4 Berlin, 2.4.1981

bestätigt: ....

Konzeption

zum weiteren politisch-operativen Vorgehen gegenüber der katholischen Kirche in der DDR im Zusammenhang mit der Verlesung des "Hirtenwortes" am 8. 3. 1981

Durch die "Berliner Bischofskonferenz" war in einer außerplanmäßigen Sitzung am 19. 1. 1981 beschlossen worden, am 8. 3. 1981 in allen Gottesdiensten der katholischen Kirche in der DDR ein "Gemeinsames Hirtenwort der katholischen Bischöfe in der DDR zur österlichen Bußzeit 1981" zu verlesen.
Trotz zweier Gespräche mit dem Vorsitzenden der "Berliner Bischofskonferenz" Bischof S c h a f f r a n, Dresden, am 28. 2. 1981 durch den Staatssekretär für Kirchenfragen, Genossen G y s i und am 5. 3. 1981 durch den Stellvertretenden Staatssekretär für Kirchenfragen Hermann K a l b - hier war Bischof S c h a f f r a n eine Verbalnote übermittelt worden, in der die Verlesung des "Hirtenwortes" am 8. 3. 1981 untersagt worden war - hielt die Leitung der katholischen Kirche an der beabsichtigten Verlesung fest.
Bischof S c h a f f r a n begründete seine Ablehnung damit, daß er sich

1. aus technischen Gründen (1200 Telegramme müßten verschickt werden) und
2. aus Gründen, die mit dem Inhalt des "Hirtenwortes" zusammenhängen, außerstande sähe, der Aufforderung zum Nichtverlesen des "Hirtenwortes" nachzukommen.

Aufgrund der im Zusammenhang mit dem "Hirtenwort" durch die HA XX in Zusammenarbeit mit den Bezirksverwaltungen, Abteilung XX eingeleiteten konspirativen Kontrollmaßnahmen konnte zusammenfassend eingeschätzt werden:

Das "Hirtenwort" wurde im wesentlichen in allen Gottesdiensten der katholischen Kirche in der DDR am 8. 3. 1981 verlesen. Nur in einigen Gottesdiensten kam es nicht zur Verlesung. Schwerpunktbereiche wurden in diesem Zusammenhang nicht bekannt.
Das "Hirtenwort" wurde vorwiegend kommentarlos und im vollen Wortlaut verlesen.
Besondere Vorkommnisse und Reaktionen durch Geistliche und anwesende Gläubige sowie Angriffe auf die sozialistischen Verhältnisse in der DDR wurden nicht bekannt.

Die Teilnahme an den Gottesdiensten wich nicht von der an anderen Sonntagen ab.

In einer internen und eingehenden Beratung nach dem Verlesen des "Hirtenwortes" kamen die Bischöfe zu folgendem Resümee:

- Das "Hirtenwort" sei auf keinen Fall als ein Mittel zur Schaffung von Konfrontationen zwischen katholischer Kirche und Staat gedacht. Noch zu Lebzeiten Kardinal B e n g s c h s sei der Inhalt des "Hirtenwortes" diskutiert und beraten und über einen längeren Zeitraum vorbereitet worden.
  Das Verlesen des "Hirtenwortes" entspreche katholischer Tradition, daß sich die Bischöfe während der Fastenzeit in der Regel alljährlich zu ganz bestimmten Themen christlichen Verhaltens in der Gesellschaft äußern würden.

- Da die staatlichen Organe weder am 8. 3. 1981 noch danach Sanktionen gegenüber der katholischen Kirche durchsetzten oder androhten, rechne die katholische Kirche damit, daß es trotz der Verbalnote und deren Nichtbefolgung zu keinen grundsätzlichen Veränderungen im Verhältnis zwischen der katholischen Kirche und dem Staat kommt.

- Die katholische Kirche habe durch die unmittelbare Ablehnung der Verbalnote gegenüber dem Stellvertretenden Staatssekretär für Kirchenfragen ihre Antwort bereits gegeben. Weitere Reaktionen der Leitung der katholischen Kirche seien unzweckmäßig, zumal sonst die staatlichen Organe zum Zugzwang gedrängt werden könnten.

- Die Öffentlichkeit (z. B. Dekane, Massenmedien) sollten über die Verbalnote nicht informiert werden, damit nicht im nachhinein noch Konfrontationen geschaffen werden.

Im Zusammenhang mit dem am 8. 3. 1981 verlesenen "Hirtenwort" ergeben sich folgende politisch-operative Erkenntnisse:

- Der Beschluß der "Berliner Bischofskonferenz" zur Verlesung des "Hirtenwortes" am 8. 3. 1981 in allen katholischen Gottesdiensten in der DDR bedeutet seit 1974 den ersten öffentlichen Angriff gegen Teilbereiche der sozialistischen Gesellschaft in der DDR.
  Erneut standen Grundfragen der kommunistischen Erziehung und Bildung in der DDR im Mittelpunkt der ideologischen Angriffe.

- Die Verlesung des "Hirtenwortes" am 8. 3. 1981 stellt indirekt eine Antwort der "Berliner Bischofskonferenz" auf den Antrittsbesuch ihres Vorsitzenden Bischof S c h a f f r a n beim Vorsitzenden des Staatsrates der DDR, Genossen Honecker am 15. 1. 1981 dar.
  Damit sollte gegenüber den katholischen Gläubigen darauf verwiesen werden, daß die katholische Kirche mit dem Antrittsbesuch keine generellen Veränderungen in ihren Grundhaltungen gegenüber dem sozialistischen Staat, einschließlich ihres apolitischen Verhaltens in der sozialistischen Gesellschaft anstrebt.

- Das "Hirtenwort" vom 8. 3. 1981 widerspiegelt das derzeitige Kräfteverhältnis innerhalb der Führung der katholischen Kirche innerhalb der DDR.
  Während Bischof S c h a f f r a n , Dresden, Weihbischof K l e i n e i d a m , Berlin, (schwer krank) Bischof B r a u n und Weihbischof H u b r i c h , beide Magdeburg und auch Bischof T h e i s s i n g , Schwerin, eine gemäßigte und besonnene Haltung gegenüber dem Staat in der "Berliner Bischofskonferenz" vertreten und in ihren Bistümern auch praktizieren, sind es vor allem die jüngeren Bischöfe (u.a. Bischof M e i s n e r , Berlin und Bischof W a n k e , Erfurt) die sich nicht an ältere und bewährte katholische Traditionen gebunden fühlen und die – durch die antikommunistische Einflußnahme u. a. des inzwischen verstorbenen Bischofs A u f d e r b e c k – geprägt – sich bemühen, im Rahmen der katholischen Bischöfe in der DDR ein eigenes Profil zu entwickeln.

  Da diese Bischöfe vor ihrer bischöflichen Amtszeit ihre Tätigkeit im wesentlichen ohne Konflikte und ohne Probleme verrichten konnten, selbst außerdem noch nicht über eigene Amtserfahrungen und über den hierzu erforderlichen Weitblick verfügen, drängen sie auf überhöhte Forderungen gegenüber dem Staat.

Diese jüngeren Bischöfe – ihre Zahl nimmt zu – werden unterstützt von den weiter in der "Bischofskonferenz" wirkenden konservativen Bischöfen, wie Bischof H u h n, Görlitz, die vor allem außerhalb der Kirche zum Teil uneinsichtig und unrealistisch auftreten.
Im Zusammenhang mit den Diskussionen, Beratungen und Auseinandersetzungen zum "Hirtenwort" vom 8. 3. 1981 zeigt sich, daß die Position von Bischof S c h a f f r a n als Vorsitzender der "Berliner Bischofskonferenz" nicht als gefestigt gilt und daß das Kräfteverhältnis innerhalb der "Berliner Bischofskonferenz" derzeit zu ungunsten von Bischof S c h a f f r a n entwickelt ist.

- Aufgrund dieser operativen Erkenntnisse ist zu schlußfolgern, daß sich insbesondere durch die gegenwärtigen personellen Veränderungen innerhalb der "Berliner Bischofskonferenz" in der Spitze der katholischen Kirche Änderungen vollziehen, die wesentliche Bedeutung für mögliche Überprüfungen und Korrekturen der gegenwärtigen Grundhaltungen der katholischen Kirche in der DDR gegenüber dem Staat erlangen können.
  Da hierdurch ähnlich wie in der evangelischen Kirche sowohl unter den Klerikern als auch unter der Jugend und unter katholischen Akademikern Potenzen für negative bis feindliche Aktivitäten wirksam werden könnten, ist durch die HA XX in Zusammenarbeit mit den Bezirksverwaltungen zielgerichtet und differenziert die operative Bearbeitung der führenden katholischen Kreise vorbeugend zu forcieren.

- Bei der operativen Bearbeitung ist grundsätzlich weiterhin von der strategischen Konzeption der Partei- und Staatspolitik in Kirchenfragen auszugehen, wie sie im Gespräch des Staatsratsvorsitzenden mit dem "Bund der evangelischen Kirche" vom 6. 3. 1978 sowie beim Antrittsbesuch des Vorsitzenden der "Berliner Bischofskonferenz" beim Vorsitzenden des Staatsrates am 15. 1. 1981 deutlich geworden ist.
  Sie ist kontinuierlich mit den politisch-operativen Mitteln und Möglichkeiten des MfS durchzusetzen und sichern zu helfen.
  Die politisch-operative Arbeit ist darauf zu konzentrieren, den Differenzierungsprozeß insbesondere unter den leitenden Klerikern und unter Berücksichtigung der jeweiligen politisch-operativen Situation zugunsten der progressiven Kräfte zu unterstützen.
  Die erstrangige Aufgabe besteht darin, das Verhältnis zwischen dem Staat und der katholischen Kirche zu festigen, in dem die Bekämpfung feindlicher negativer Personen fortgesetzt wird. Alle Bestrebungen negativer kirchlicher Kräfte gegen die sozialistischen Verhältnisse sind vorbeugend zu verhindern, und soweit erforderlich sind Maßnahmen zu treffen, die eine Konfrontation zwischen Staat und katholischer Kirche ausschließen.

In diese Aufgabenstellungen eingeordnet sind für Großveranstaltungen der katholischen Kirche die entsprechenden operativen Maßnahmen einzuleiten.

Das betrifft u. a.

die Fronleichnamprozession (Juni 1981)
die Marienwallfahrt nach Czestochow in der VR Polen (August 1981)
die Veranstaltungen in Erfurt anläßlich des 750. Todestages der Heiligen Elisabeth von Thüringen (September 198

Von diesen konzeptionellen Zielstellungen ausgehend ergeben sich zu deren Durchsetzung folgende politisch-operative Maßnahmen:

1. Durch den qualifizierten Einsatz von IM in Spitzenpositionen und anderer Mittel und Methoden des MfS sind alle negativen Vorhaben, Pläne und Absichten der "Berliner Bischofskonferenz", der Bischöfe und anderer Kleriker rechtzeitig in Erfahrung zu bringen.
Die Hauptabteilung XX des MfS ist hierüber unverzüglich und umfassend zu informieren.
Gleichzeitig ist entsprechend der Vorgaben und getroffenen Entscheidungen vorbeugend auf eine Verhinderung negativer Aktivitäten dieser Kreise und Personen hinzuwirken.

2. Über IM in leitenden Positionen ist vorrangig darauf Einfluß zu nehmen, daß die derzeitigen Grundhaltungen des leitenden katholischen Klerus gegenüber dem Staat beibehalten und durch Förderung der Beziehungen zwischen den kirchlichen Stellen und den staatlichen Organen, bei Vermeidung von Konfrontationen, gefestigt werden.
Damit ist anzustreben, daß sich die katholische Kirche in ihrer Gesamtheit gegenüber dem Staat weiterhin loyal verhält und sich ausschließlich den Aufgaben der seelsorgischen Tätigkeit widmet.

Des weiteren ist inoffiziell darauf hinzuwirken, die politischen Forderungen zur vollständigen Verselbständigung der katholischen Kirche in der DDR (Bistumsregelung entsprechend den Staatsgrenzen) zu unterstützen.

3. Für eine wirksamere Unterstützung der als loyal einzuschätzenden katholischen Bischöfe und anderer kirchenleitender Personen ist es erforderlich, operative Differenzierungsmaßnahmen gegenüber den leitenden katholischen Bischöfen in Anwendung zu bringen.

Die für die operative Bearbeitung der katholischen Amtsbereiche verantwortlichen Bezirksverwaltungen erarbeiten unverzüglich über die in ihrem Verantwortungsbereich tätigen Bischöfe und Weihbischöfe umfassende Einschätzungen, die als Grundlage für die zu treffenden Differenzierungsmaßnahmen dienen.

Alle Differenzierungsmaßnahmen sind mit der HA XX/4 abzustimmen und zu koordinieren.
Das trifft zu für die Bezirksverwaltungen

BV Berlin	- Bischof	M e i s n e r ,
	Weihbischof	K l e i n e i d a m
BV Dresden	- Bischof	S c h a f f r a n
	Bischof	H u h n
	Weihbischof	W e i n h o l d
BV Magdeburg	- Bischof	B r a u n
	Weihbischof	H u b r i c h
BV Schwerin	- Bischof	T h e i s s i n g
	Weihbischof	W e r b s
BV Erfurt	- Bischof	W a n k e

Aufgrund der im Zusammenhang mit dem "Hirtenwort" vom 8. 3. 1981 vorliegenden operativen Erkenntnisse sind schon jetzt Maßnahmen zur operativen Aufklärung (OPK) der Bischöfe H u h n , Görlitz (BV Dresden)
W a n k e , Erfurt (BV Erfurt)
in Abstimmung mit der HA XX zu treffen.

4. Die den Bezirksverwaltungen vorliegenden operativen Kontrollergebnisse über die Verlesung des "Hirtenwortes" am 8. 3. 1981 sind gründlich in Bezug auf personelle Schwerpunkte, Angriffe und Methoden negativer Kräfte zu analysieren.
Bekannt gewordene Personen und Personengruppen sind aufzuklären und über deren weitere Bearbeitung ist entsprechend zu entscheiden.

5. Eine operativ bedeutsame Aufgabe besteht darin, die Ausbildungsstätten der katholischen Kirche unter operative Kontrolle zu bringen.
In die Lösung dieser Aufgabe sind alle Bezirksverwaltungen einzubeziehen, aus deren Bereichen Theologiestudenten in die jeweiligen Ausbildungsstätten delegiert werden.
Schwerpunkte bilden hierbei

Regional-Priesterseminar Erfurt	(BV Erfurt)
Priesterseminar Bernardinum Neuzelle	(BV Frankfurt/O
Bischöfliches Priesterseminar Huysberg	(BV Magdeburg)
Norbertuswerk Magdeburg	(BV Magdeburg)
Seminar St. Konrad Sprachenkurs Schöneiche	(BV Berlin)

6. Mit Hilfe der im Operationsgebiet eingesetzten IM sind operativ wertvolle Informationen zur katholischen Kirche in der DDR zu beschaffen, insbesondere
   - zu Hintergründen hinsichtlich des "Hirtenwortes" vom 8. 3. 1981
   - zu weiteren Plänen und Absichten zur Ausgestaltung der Position der katholischen Kirche in der DDR
   - zu weiteren Vorhaben des Ausbaues der Beziehungen zwischen der katholischen Kirche in der BRD zur katholischen Kirche in der DDR,
   - zu Fragen der weiteren Bistumsregelungen in der DDR

7. Aufgrund der besonderen Situation in der VR Polen sind alle bekanntgewordenen Hinweise über operativ bedeutsame und aktive Verbindungen zwischen Geistlichen, Gemeinden, Gruppen und einzelnen Personen detailliert zu erfassen und zur Klärung des Charakters dieser Verbindungen aufzuklären. Zur Verhinderung negativer und feindlicher Einflußnahme insbesondere auf Studenten und katholische Akademiker sind gegebenenfalls Maßnahmen zur Unterbindung von Treffen oder Zusammenkünften einzuleiten.
   Einen besonderen Schwerpunkt stellt in diesem Zusammenhang die alljährlich im August stattfindende Marienwallfahr nach Czestochowa dar. Durch alle Bezirksverwaltungen sind Maßnahmen zu treffen, um die Teilnehmer aus der DDR unter inoffizielle Kontrolle zu bekommen.

8. Besondere operative Kontrolle und Sicherungsmaßnahmen sind durch die HA XX in Zusammenarbeit mit den entsprechenden Bezirksverwaltungen zu treffen:
   - im Zusammenhang mit der aus der DDR am 42. Eucharistischen Weltkongreß in Lourdes (Frankreich) teilnehmenden Pilgergruppe (ca. 50 Teilnehmer aus Kirchenbereichen) im Juli 1981.
     Verantwortlich: alle Bezirksverwaltungen
   - in Bezug auf die anläßlich des 750. Todestages der Heiligen Elisabeth von Thüringen im September 1981 in Erfurt vorgesehenen Großveranstaltungen (hierzu werden zahlreiche hohe Würdenträger aus der BRD, der VR Polen und aus anderen Ländern erwartet)

8

9. Ausgehend von den konzeptionellen Zielstellungen sollten die auf Vorschlag der Arbeitsgruppe für Kirchenfragen beim ZK der SED im Zusammenhang mit dem "Hirtenwort" vom 8. 3. 1981 vorgesehenen staatlichen Maßnahmen – diese wurden mit dem MfS abgestimmt – mit den spezifischen Mitteln und Methoden des MfS unterstützt werden.

9.1. Der Staatssekretär für Kirchenfragen, Genosse G y s i wird in seinem Amtssitz in Berlin mit dem Vorsitzenden der "Berliner Bischofskonferenz" Bischof S c h a f f r a n , ein abschließendes Gespräch zum "Hirtenwort" führen.

In diesem Gespräch werden die im "Hirtenwort" enthaltenen ideologischen Angriffe gegen Teilbereiche der gesellschaftlichen Entwicklung in der DDR entschieden zurückgewiesen.
Der Staatssekretär wird darauf verweisen, daß ein derartiges "Hirtenwort" unmittelbar nach dem 15. 1. 1981 (Antrittsgespräch) und kurz vor dem X. Parteitag zu Störungen im Verhältnis zwischen Staat und katholischer Kirche führen könne.
Er erwarte, daß sich Ähnliches nicht wiederholt und daß anstehende Probleme durch Gespräche gelöst werden.
Von Bischof S c h a f f r a n ist die Zusicherung zu erreichen, daß er "Hirtenworte" oder Erklärungen der Bischöfe zu gesellschaftlichen Fragen vorher dem Staatssekretär für Kirchenfragen unterbreitet.

Der Staatssekretär wird im Gespräch auf Möglichkeiten der Stärkung der Position von Bischof S c h a f f r a n innerhalb der "Berliner Bischofskonferenz" mit Hilfe staatlicher Entscheidungen eingehen.
In diesem Zusammenhang wird er empfehlen, daß die Leitung der katholischen Kirche in der DDR die angestrebte Veränderung der Bistumsgrenzen entsprechend den Staatsgrenzen unterstützt und daß der Vorsitzende der "Berliner Bischofskonferenz" keine ständigen Kontakte zum Nuntius des Vatikan in der BRD unterhält.

Es entspräche dem Verhältnis der katholischen Kirche als Weltkirche, wenn solche Kontakte direkt und unmittelbar zum Vatikan bestehen.

9.2. Aufgrund der besonderen Situation des Bistums Berlin wird der Staatssekretär für Kirchenfragen ebenfalls mit Bischof M e i s n e r , Berlin Gespräche im Sinne der Fortführung der Staatspolitik in Kirchenfragen führen.

9

9.3. Der Staatssekretär für Kirchenfragen bzw. dessen Stellvertreter führt mit allen [illegible] Bischöfen in der DDR in regelmäßigen Abständen Aussprachen zu Fragen der Festigung des Verhältnisses zwischen Staat und katholischer Kirche.
Diese Gespräche, die in Abstimmung mit den entsprechenden örtlichen Organen geführt werden, sollten von territorialen Problemen ausgehen.
Sie sind zu nutzen, um auch hier die klare Position des Staates zum Hirtenwort vom 8. 3. 1981 und zu ähnlichen Fragen darzulegen.

9.4. Bei den in der nächsten Zeit durch die katholische Kirche zentral geplanten Veranstaltungen haben die staatlichen Organe im Sinne der Fortführung der Politik von Partei und Regierung in Kirchenfragen ihre Entscheidungen zu treffen.

Hierbei sind jegliche Konfrontationen zwischen Staat und Kirche auszuschließen.

Solche Veranstaltungen sind u. a.

- die Konferenz der deutschsprachigen Generalvikare (24. 5. bis 1. 6. 1981 in Magdeburg)
- die Fronleichnamprozession (Juni 1981)
- die Pilgerreise von ca. 50 kirchlichen Mitarbeitern aus der DDR nach Lourdes (Juli 1981)
- 750. Todestag der Heiligen Elisabeth (September 1981 in Erfurt)

9.5. Die strategische Konzeption der Partei- und Staatspolitik in Kirchenfragen ist noch konsequenter, auch in der konkreten Arbeit der Räte der Kreise, Städte und Gemeinden gegenüber der katholischen Kirche durchzusetzen.

Alle Gespräche und Entscheidungen (z. B. im Baugeschehen, bei Reiseanträgen) sind den politischen Zielstellungen unterzuordnen.

Diese Konzeption wurde am 3. 4. 1981 mit den für die katholischen Amtsbereiche federführenden Bezirksverwaltungen beraten und abgestimmt.

2. 1. 11. „Operativplan zur Bearbeitung der OPK ‚Patron'" vom 10. Mai 1982 (BStU, Ast Magdeburg, AOPK 1521/87)

„Unterlage 11" enthält am Beispiel des hauptamtlichen kirchlichen Mitarbeiters Günter Särchen aus dem Bischöflichen Amt Magdeburg einen gegen eine konkrete Person gerichteten „Operativplan" aus dem Jahre 1982 (dokumentiert mit Zustimmung des Betroffenen).

14

Abteilung XX

Magdeburg, 10. 5. 82
do-schn

bestätigt
Leiter der Abteilung

Reif
Oberstleutnant

O p e r a t i v p l a n
zur Bearbeitung der OPK "Patron", Reg.-Nr. VII/ /82

Die politisch-operative Bearbeitung der OPK erfaßt Erscheinungsformen der politischen Untergrundtätigkeit und der Organisierung einer inneren Opposition in der DDR unter Einbeziehung feindlicher Organisationen einschließlich Geheimdienste und unter Mißbrauch der Kirche in der DDR.

Ziel der operativen Bearbeitung ist die Erarbeitung von Hinweisen auf die Begehung strafbarer Handlungen des Landesverrates, der landesverräterischen Nachrichtenübermittlung bzw. Agententätigkeit, des verfassungsfeindlichen Zusammenschlusses oder angrenzender Verbrechen der allgemeinen Kriminalität, wie Geheimnisverrat oder Zusammenschluß zur Verfolgung gesetzwidriger Ziele.

Auf der Grundlage des Sachstandsberichtes vom 23. 4. 1982 werden politisch-operative Maßnahmen zur Erfüllung der Zielstellung der OPK zu 2 Versionen durchgeführt:

1. Ausgehend von seinen operativ bedeutsamen Verbindungen in das Operationsgebiet in Vergangenheit und Gegenwart, in die VR Polen und zur wissenschaftlichen Intelligenz im gesamten Gebiet der DDR ist eine nachrichtendienstliche Tätigkeit des S. nicht auszuschließen.

2. S. beteiligt sich aktiv an der Bildung einer inneren Opposition gegen die sozialistische Staats- und Gesellschaftsordnung der DDR analog der sozialismusfeindlichen Entwicklung in der VR Polen in den 70iger Jahren. Genannter verfaßt Schriften sozialismusfeindlichen Inhalts, verbreitet diese zumindest in den sogenannten "Polen-Seminaren" der katholischen Kirche öffentlichkeitswirksam und identifiziert sich mit ideologischen Plattformen von "Solidarnocz".

Referatsleiter XX/4

Groch
Major

Operativer Mitarbeiter

Dobberphul
Hauptmann

1. Erarbeitung von Hinweisen auf Handlungen, die den Verdacht auf Verletzung von Strafrechtsnormen gemäß der 1. Version zulassen

Lfd. Nr.	Politisch-operative Maßnahmen	Kräfte/Mittel	Termin/Verantwortlich
1.1.	Aufklärung des Charakters der Verbindung zwischen dem Günter S. und der BRD-Person Dr. Mechtenberg	Abteilung XX/4 in Verbindung mit der KD Zeitz, der HA XX/4, Abt. XX/[illegible] und der Abt. XX/7 der BVfS Magdeburg	laufend Hptm. Dobberphul
1.2.	Analyse und Herausarbeitung der Personen aus Magdeburg, die sowohl Verbindung zu S. als auch zu Dr. M. unterhalten, Charakter dieser Verbindung.	Abteilung XX/4, M, PZF, 26 [illegible]	30. 9. 82 Hptm. Dobberphul
1.3.	Auswertung und Analysierung des AIM-Vorganges "Renè" zur Erarbeitung weiterer Anhaltspunkte zur Erhärtung der 1. Version. Ermittlung des derzeitigen Aufenthaltsortes des AIM "Renè" in der BRD und Feststellung von Rückverbindungen in den Bezirk Magdeburg.	Abteilung XX/4, M, PZF, HA VI	30. 5. 82/laufend Hptm. Dobberphul
1.4.	Aufklärung und Überprüfung des Charakters der Verbindungen des S. in die VR Polen	Abteilung XX/4, II, M, PZF	laufend Hptm. Dobberphul

15

Lfd. Nr.	Politisch-operative Maßnahmen	Kräfte/Mittel	Termin/Verantwortlich
1.5.	Ständige Überprüfung festgestellter Verbindungspersonen aus dem OG der VR Polen und operativ bedeutsame Verbindungen innerhalb der DDR in den Speichern des MfS und der DVP.	Speicherführende DE	laufend Hptm. Dobberphul
1.6.	Überprüfung in der BV Dresden, Abt. XVIII, ob der Bruder des S. weiterhin Verbindung zu einer Person unterhält, die gemäß § 97 StGB operativ bearbeitet wird.	DE XVIII, BV Dresden DE XX/4	30. 5. 1982 Hptm. Dobberphul
1. 7.	Vereinbarung von Koordinierungsmaßnahmen mit der KD Wernigerode im Zusammenhang mit der Bearbeitung der Person [redacted] durch die KD Wernigerode.	DE XX/4 KD Wernigerode	30. 5. 1982 Hptm. Dobberphul

2. Erarbeitung von Hinweisen auf Handlungen, die den Verdacht auf Verletzung von Strafrechtsnormen gemäß der 2. Version zulassen

Lfd. Nr.	Politisch-operative Maßnahmen	Kräfte/Mittel	Termin/Verantwortlich
2.1.	Analyse und Auswertung der Ergebnisse der Maßnahmen 1.1. bis 1. 5. unter dem Aspekt der Version 2.	DE XX/4	laufend Hpfm. Dobberphul

Lfd. Nr.	Politisch-operative Maßnahmen	Kräfte/Mittel	Termin/Verantwortlich
2.2.	Beschaffung und politisch-operative Einschätzung des Inhaltes der von S. verfaßten und verbreiteten Schriften, Kokumentierung ihrer Öffentlichkeitswirksamkeit.	DE XX/4 DE XX/4 der BVfS Halle	laufend Hptm. Dobberphul
2.3.	Dokumentierung/Analysierung des Auftretens des S. bei öffentlichkeitswirksamen Veranstaltungen der katholischen und evangelischen Kirche, wie z. B. "Polen-Seminaren".	DE XX/4 DE XX/4 der BVfS Halle DE XX/OG	
2.4.	Erarbeitung von Informationen an die zuständigen DE, aus deren Bereich Teilnehmer der "Polen-Seminare" u. a. von Särchen organisierter Veranstaltungen kommen. Analysierung dieses Personenkreises auf Hinweise zur Erhärtung des Verdachtes der 2. Version	DE XX/4	laufend Hptm. Dobberphul

3. Aufklärung der Persönlichkeit

Lfd. Nr.	Politisch-operative Maßnahmen	Kräfte/Mittel	Termin/Verantwortlich
3.1.	Zur Realisierung der unter 1., 2. und 3. genannten Maßnahmekomplexe Einleitung von Überprüfungsmaßnahmen hinsichtlich	DE XII DE XX/4	30. 5. 1982 Hptm. Dobberphul

Lfd. Nr.	Politisch-operative Maßnahmen	Kräfte/Mittel	Termin/Verantwortlich
	des Einsatzes geeigneter IM/ GMS - im Arbeitsbereich - im Wohnbereich - aus dem bisher bekannten Umgangskreis		
3.2.	Führung von Absprachen mit der HA XX/4 und DE XX/4 der BVfS Halle hinsichtlich der Möglichkeiten dieser DE bei der Unterstützung eines zielgerichteten IM-Einsatzes	DE HA XX/4 DE XX/4 BVfS Halle DE XX/4	30. 5. 1982 Hptm. Dobberphul
3.3.	Erarbeitung differenzierter Aufträge für bekanntgewordene IM. Suche eines geeigneten IM-Kandidaten aus dem engeren Umgangskreis des S.	DE XX/4	laufend Hptm. Dobberphul
3.4.	Weitere umfassende Aufklärung der politischen Entwicklung des S., sowie seiner Charaktereigenschaften, der Familienverhältnisse, Hobbys und Neigungen	DE XX/4, XX/1, XX/3 DE VIII KD Magdeburg DE M, PZF, 26	30. 9. 1982 Hptm. Dobberphul
3.5.	Herausarbeitung operativ nutzbarer Schwachstellen, die ein Herauslösen des S. aus dem jetzigen Tätigkeitsbereich ermöglichen bzw. Voraussetzungen für eine evtl. Werbung des S. durch das MfS schaffen.	DE XX/4	laufend Hptm. Dobberphul

2. 1. 12. „Beobachtungsbericht" vom 27. Oktober 1984 und „Bildbericht" vom 31. Oktober 1984 zum „Auftrag ‚Kleriker'" (Kardinal Józef Glemp, Warschau) (BStU, ZA, HA XX/4, 853)

„Unterlage 12" belegt das Ergebnis solcher Maßnahmenpläne anhand eines umfangreichen „Beobachtungsberichtes" und eines „Bildberichtes" zum Besuch von Kardinal Józef Glemp aus Polen in Berlin im Oktober 1984. Nicht dokumentiert wurde aus Gründen der Leserlichkeit ein ebenfalls umfangreicher handschriftlicher „Lagefilm" über die jeweils einlaufenden „operativen Hinweise" während des Besuches.

XX/4 5921197

MINISTERRAT
DER DEUTSCHEN DEMOKRATISCHEN REPUBLIK
Ministerium für Staatssicherheit

Hauptabteilung/Abteilung/Referat HA VIII/12
Bezirksverwaltung/Verwaltung Gen. Krentz
Sachbearbeiter
Telefon 37 797

Hauptabteilung/Abteilung HA XX/4
Bezirksverwaltung/Verwaltung Gen. Baethge
Kreis-/Objektdienststelle des Ministeriums für Staatssicherheit

Berlin, den 27.10.1984
12/2/Kn/ 581 /1984

Ml. 286
7. NOV 1984
Tgb. Nr. 24619
Weiter an: ...

Beobachtungsbericht

Betr. G l e m p , Josef, geb. am 18. 12. 1928 in Polen

Wohnhaft Warschau

Decknamen "Kleriker" Reg.-Nr. des Auftragsersuchens

Für die Zeit vom 22.10.84, 09.00 Uhr bis 20.30 Uhr

10.31 Uhr wurde "Kleriker" an der Güst Pommellen zur Beobachtung aufgenommen. "Kleriker" und 3 weitere Personen befanden sich in dem bekannten PKW

Typ: Mercedes 300
Farbe: schwarz
pol. Kennz. [redacted].

"Kleriker" wurde vom bekannten PKW

Audi
[redacted]

begleitet.
Alle genannten Personen fuhren über die Autobahn nach Berlin-Weißensee. An der Autobahnabfahrt Weißensee verließen sie die Autobahn und fuhren über die Klement-Gottwald-Allee, Artur-Becker-Str. zur Französischen Straße.

12.03 Uhr hielt das Fahrzeug von "Kleriker" vor der Residenz in der Französischen Straße.
"Kleriker" stieg aus dem Fahrzeug und wurde von Kardinal Meisner vor der Residenz begrüßt.
3 männliche Personen fotografierten die Ankunft und Begrüßung des "Kleriker". Die Fotografen konnten nicht identifiziert werden.

16.46 Uhr verließen "Kleriker" und die ihn begleitenden Personen mit den bekannten PKW's

Typ: Audi
pol.Kennz. [redacted]

und

Typ: Mercedes 300
pol.Kennz. [redacted]

die Residenz und fuhren über die Straße Unter den Linden zum Brandenburger Tor. Vor dem Brandenburger Tor verhielten sie für ca. 1 min und fuhren anschließend zurück zur Botschaft der VR Polen, welche sie

16.51 Uhr betraten.

17.28 Uhr verließen "Kleriker" und seine Begleitung die Botschaft und fuhren auf direktem Weg zur Residenz, die sie

17.32 Uhr betraten.

17.41 Uhr verließ "Kleriker" in Begleitung die Residenz und begab sich von hinten zur S. Hedwig-Kathedrale.

17.56 Uhr betraten "Kleriker" und die ihn begleitenden Personen die Kathedrale.

19.32 Uhr verließ "Kleriker" die Hedwig-Kathedrale und begab sich auf dem gleichen Wege wieder zur Residenz, die er

19.40 Uhr betrat.

20.30 Uhr wurde die Beobachtung an "Kleriker" unterbrochen.

NS. Die Besucher der S. Hedwig-Kathedrale, die an das Pontifikalamt von Kardinal Meisner aus Anlaß des 6. Jahrestages der Amtsübernahme durch Papst Johannes Paul II. teilnahmen, verhielten sich vor und nach dem Besuch der Kathedrale diszipliniert. Es konnte keine Provokation durch andere Personen festgestellt werden.

14.52 Uhr verließen

[redacted]

und

[redacted]

die Residenz des

Kardinal
M e i s n e r , Joachim

und begaben sich zur

St. Hedwig-Kathedrale,

welche sie

14.53 Uhr betraten. Nach ca. 1 min verließen beide wieder die Kathedrale und gingen über den Bebelplatz und Unter den Linden zum Brandenburger Tor. Von

15.05 Uhr bis

15.08 Uhr verweilten sie auf dem Vorplatz zum Brandenburger Tor. Im Anschluß daran gingen sie durch die Straßen Unter den Linden, die Friedrichstraße, die Georgenstraße, Am Kupfergraben und Marx-Engels-Platz zum

Palast der Republik.

15.29 Uhr betraten beide den

Palast der Republik.

Dort hielten sie sich ca. 1 min im Foyer auf.
Danach verließen sie wieder den Palast und gingen über die Werderstraße und Französische Straße zur Residenz.

15.38 Uhr betraten sie wieder die Residenz des

Kardinal
M e i s n e r , Joachim
hinter der katholischen Kirche.

Während der Zeit der Beobachtung der Kontaktpersonen wurden keinerlei Kontakte zu anderen Personen festgestellt.
[redacted] und Kaplan [redacted] unterhielten sich sehr angeregt und gestikulierten mit den Händen.

Nachdem "Kleriker" mit seiner Begleitung

17.32 Uhr die Residenz des Kardinal Meisner befahren hatten, konnte festgestellt werden, daß von der Hofeinfahrt zur Residenz aus die Ankunft von "Kleriker" und seiner Begleitung durch ein Filmteam der ARD aufgezeichnet wurde. Der Zutritt des Filmteams der ARD auf das Gelände der Residenz wurde durch eine männliche Person verwehrt.

17.35 Uhr begab sich das Filmteam der ARD zum Haupteingang der Hedwig-Kathedrale und filmten dort bis

18.00 Uhr Personen, die die Hedwig-Kathedrale betraten. Danach begab sich das Filmteam der ARD in einem

Kleinbus
Typ: VW
pol.Kennz. [redacted]
Farbe: beige.

Die Personen warteten dort bis

19.25 Uhr und begannen abermals mit Filmaufnahmen von Personen, die die Hedwig-Kathedrale nach dem Gottesdienst verließen.

19.40 Uhr beendete das Filmteam der ARD ihre Filmaufzeichnungen und verstaute die Geräte in dem Kleinbus und dem PKW

Typ: Volvo
pol.Kennz. [redacted]
Farbe: blau

sowie PKW
Typ: Volvo
pol.Kennz. [redacted]
Farbe: blau

und fuhren ab.
Es wurde gesehen, daß die Personen "Julius" und "Strauch" gemeinsam mit dem PKW

Typ: VW Passat
pol.Kennz. [redacted]
Farbe: blau

abfuhren.

Vom ARD-Team wurden die Personen

Deckname "Block" (ARD-Chef)
Deckname "David" (ARD-Chef)
Deckname "Kopf" (Tontechniker)
Deckname "Träger" (Kameraassistent)
Deckname "K[illegible]" (Kameramann)
Deckname "Strauch" (Toningenieur)

erkannt. Eine männliche Person konnte nicht identifiziert werden.

Neben den genannten Fahrzeugen wurden auf dem Bebelplatz die Fahrzeuge

Typ: Citroen
pol.Kennz. [redacted] ("Franke")

Typ: Volvo
pol.Kennz. [redacted] ("Block")

Typ: Opel
pol.Kennz. [redacted] (ZDF)

festgestellt.

1. Lada (gelb)
   Kennz. [redacted]
   Standort: Bebelplatz

2. Fiat
   Kennz. [redacted]
   Standort: Bebelplatz

3. Mercedes 230
   amtl. Kennz. [redacted]
   16.30 Uhr vor Residenz gehalten
   16.32 Uhr Weiterfahrt

4. Trabant 601
   pol. Kennz. [redacted]
   16.30 Uhr vor Einfahrt Residenz

   1 männliche Person las Zeitung. Bei dieser Person handelt es sich um

   [redacted]
   geb. [redacted]
   wh. Glienicke/Potsdam, [redacted]

5. Mercedes
   amtl. Kennz. [redacted]
   17.36 Uhr mit 4 männlichen Personen Residenz befahren
   19.51 Uhr mit 4 männlichen Personen Residenz verlassen

6. Mercedes
   [redacted]
   17.40 Uhr 1 männliche Person Residenz befahren
   17.42 Uhr 1 männliche Person Residenz verlassen

7. Ford Grenada
   amtl. Kennz. [redacted]
   17.55 Uhr 1 weibliche Person vor Residenz, Unterhaltung mit Angestellten der Residenz

   17.56 Uhr Weiterfahrt

   19.50 Uhr die weibliche Person PKW vor Residenz abgeparkt. Danach Residenz mit Blumenstrauß betreten.

Für die Zeit vom 23.10.1984, 07.00 Uhr bis 22.35 Uhr

08.54 Uhr verließen "Kleriker", der

Kardinal
M e i s n e r , Joachim

Weibischof
W e i d e r , Wolfgang

Prälat
L a n g e , Gerhard

Prälat
D i s s e m o n d , Paul

und weitere Personen die Residenz am Ausgang Französische Straße und gingen zum Hofeingang auf der Straße Hinter der katholischen Kirche.
Auf dem Hof wurden nachfolgende PKW von den Kraftfahrern zur Abfahrt bereitgehalten:

1. Typ: Mercedes
   pol.Kennz. [redacted]

2. Typ: Mercedes
   pol.Kennz. [redacted]

3. Typ: Audi
   pol.Kennz. [redacted]

Die Kraftfahrer hielten den vorher genannten Personen die Türen auf und waren ihnen beim Einsteigen behilflich. Im Anschluß daran fuhren die Fahrzeuge vom Hof der Residenz über den Bebelplatz, Unter den Linden, Spandauer Straße, Rosenthaler Straße und Augustraße zum

St. Hedwigs-Krankenhaus
Große Hamburger Straße.

Nachdem die PKW auf dem Krankenhausgelände abgeparkt waren und die aufgeführten Personen von 08.54 Uhr ausgestiegen waren, betraten sie

09.00 Uhr das Krankenhaus.

09.58 Uhr verließen sie wieder die Einrichtung und stiegen in die genannten Kfz und fuhren ab.
In der Zeit des Aufenthaltes von "Kleriker" im St. Hedwigs-Krankenhaus kam es vor dem Gebäude zu keinen Personenansammlungen. Nachdem sich dieser Kolonne der bekannte PKW

Typ: Lada 1500 s
pol.Kennz. [redacted]
Nationalität: Polen
Insassen: 2 männliche Personen

angeschlossen hatte, fuhren sie über die Rosenthaler Straße, Wilhelm-Pieck-Straße, Mollstraße und Leninallee zum Kiebitzgrund.

10.18 Uhr wurden die PKW im Stuckmannweg abgeparkt. Alle Personen, außer die Kraftfahrer der 2 Mercedes und der Audi, stiegen aus und gingen zur Baustelle Kiebitzgrund. Sie wurden von den 2 männlichen Personen des PKW Lada, Kennz. [redacted] begleitet. Auf dem Gelände der Baustelle unterhielten sich "Kleriker" und die ihm begleitenden Personen mit den Bauarbeitern. Es wurden keine Ansammlungen von Personen festgestellt.

10.37 Uhr begaben sich "Kleriker" und die ihm begleitenden Personen zur Leninallee. Dorthin kamen die 3 PKW gefahren. Die Kraftfahrer waren den aufgeführten Personen beim Einsteigen behilflich. Im Anschluß daran wurde die Fahrt zum

Katholischen Seelsorgeheim
Schönagelstr. 14/16

fortgesetzt.

10.39 Uhr befuhren sie das Grundstück. Der PKW Lada, poliz. Kennz. [redacted] fuhr ebenfalls mit. Die Insassen der Kraftfahrzeuge stiegen aus und betraten, nachdem sie von einer männlichen Person begrüßt worden waren, das Gebäude. Während des Aufenthalts von "Kleriker" und seiner Begleitung im Seelsorgeheim kam es zu keinen Personenansammlungen.

10.55 Uhr verließen die aufgeführten Personen wieder das Gebäude, stiegen in die abgeparkten Kfz. und fuhren vom Grundstück über die Allee der Kosmonauten zur

St. Maria-Kirche
Oberfeldstraße.

Auf dem Kirchengelände wurden die Fahrzeuge abgestellt. "Kleriker" und seine Begleitpersonen stiegen aus und betraten

11.00 Uhr das Kircheninnere. Vor der Kirche und deren Umgebung gab es keine Ansammlungen von Personen. Der oben angeführte PKW Typ Lada, Kennz. [redacted] befuhr ebenfalls das Kirchengelände. Der Fahrer des PKW tätigte auf dem Kirchengelände Fotoaufnahmen von "Kleriker" und seinen Begleitpersonen sowie vom Kirchenneubau.

11.25 Uhr kehrten "Kleriker" und die ihn begleitenden Personen vom Inneren der Kirche zu den PKW's zurück. Nachdem alle eingestiegen waren, fuhren sie von der Oberfeldstraße über die Straße der Befreiung, Frankfurter Allee, Karl-Marx-Allee, Gruner Straße, Mühlendamm, Breite Straße, Werderstraße und Französische Straße zur Straße Hinter der katholischen Kirche.

11.44 Uhr befuhren die 2 PKW Mercedes und der PKW Audi den Hof der Residenz. Die Fahrzeuge wurden bereits erwartet, ca. 2 min vor Ankunft der Fahrzeuge öffnete eine männliche Person das Hoftor und hielt sich dort bis zum Eintreffen auf.
Auf dem Hof stiegen zuerst die Kraftfahrer aus den Fahrzeugen, öffneten die anderen Türen und waren "Kleriker" und den begleitenden Personen beim Aussteigen behilflich. Danach betraten alle Personen das Gebäude der Residenz.

13.13 Uhr befuhren die bereits aufgeführten 2 männlichen Personen mit dem bekannten PKW Lada 1500 S, Kennzeichen [redacted] den Hof der Residenz. Nachdem sie ausgestiegen waren, betraten sie das Gebäude.

13.33 Uhr verließen "Kleriker", die Personen von 08.54 Uhr und die 2 männlichen Personen des PKW Lada, Kennz. [redacted], das Gebäude. Die 2 männlichen Personen stiegen in ihren PKW. Die anderen Personen stiegen in die bereits genannten 2 PKW Mercedes und den PKW Audi. Nachdem sich die Fahrzeugkolonne formiert hatte, fuhr sie über die Französische Straße, Breite Straße, Holzmarktstraße, Stralauer Allee, Am Treptower Park, Köpenicker Landstraße, Schnellerstraße und Adlergestell zur Autobahn in Richtung Schönefelder Kreuz und von dort auf der Autobahn weiter nach Michendorf.

14.30 Uhr befuhren die PKW in Michendorf das Grundstück

Langerwischer Str. 27.

Alle Personen stiegen aus und betraten das Gebäude. In der Nähe des Grundstückes wurden keine Personenansammlungen festgestellt.

15.50 Uhr verließ der PKW Typ Lada, Kennz. [redacted], das Grundstück.

16.10 Uhr verließen "Kleriker" und seine Begleitung wieder das Gebäude und stiegen in die Fahrzeuge ein. Danach fuhren die Kfz auf der gleichen Wegstrecke zurück nach Berlin zur Residenz.

17.04 Uhr befuhren die PKW

Typ: Mercedes
pol.Kennz. [redacted]

Typ: Mercedes
pol.Kennz. [redacted] und

Typ: Audi
pol.Kennz. [redacted]

den Hof der Residenz. Die Fahrzeuge wurden wieder von einer männlichen Person erwartet, welche kurz vor dem Befahren das Tor geöffnet hatte.
Nachdem alle Personen ausgestiegen waren, betraten sie das Gebäude.

17.56 Uhr kam der PKW

Typ: Mercedes
pol.Kennz. [redacted]
(mit Stander der VR Polen)

vor den Eingang der Residenz in der Französischen Straße gefahren. Dem PKW entstiegen 3 männliche Personen und betraten das Gebäude.

18.25 Uhr verließen die 3 männlichen Personen von 17.56 Uhr wieder die Residenz, stiegen in den PKW Mercedes

[redacted]

ein und fuhren in Richtung Friedrichstraße davon.

18.35 Uhr begaben sich "Kleriker" und die begleitenden Personen auf den Hof der Residenz. Mit Hilfe der Kraftfahrer, welche die Türen der PKW offen hielten, stiegen sie in nachfolgend aufgeführte Kfz.:

1. Typ: Mercedes
pol.Kennz. [redacted]

2. Typ: Mercedes
pol.Kennz. [redacted]

3. Typ: Audi
pol.Kennz. [redacted] und

4. Typ: Audi
pol.Kennz. [redacted]

Danach fuhren die aufgeführten Fahrzeuge vom Hof der Residenz über die Französische Straße, Breite Straße, Holzmarktstraße, Lichtenberger Straße, Karl-Marx-Allee, Frankfurter Allee, Am Tierpark und Hermann-Duncker-Straße zur

Katholischen Kirche
Gundelfinger Straße.

Vor dieser Kirche wurden die Fahrzeuge

18.50 Uhr abgeparkt. Nachdem alle Personen ausgestiegen waren, betraten sie die Kirche. Dort wurde ein Gottesdienst abgehalten.
Die Kirche war bis auf den letzten Platz gefüllt, in den Seitengängen und der Eingangstür standen Teilnehmer am Gottesdienst. In der Gundelfinger und den angrenzenden Straßen standen ca. 100 Kfz mit DDR- und VR Polen-Kennzeichen, u.a. auch der PKW Lada, [redacted]

20.30 Uhr war der Gottesdienst beendet, die Teilnehmer verließen die Kirche und warteten auf dem Kirchenvorplatz auf das Erscheinen von "Kleriker" und Kardinal Meisner.
Als "Kleriker" und Kardinal Meisner die Kirche verließen, bildeten die Wartenden ein Spalier.
"Kleriker" wurde von einer Vielzahl von Personen angesprochen, mit diesen Personen wechselte er einige Worte und gab ihnen die Hand.
Die um "Kleriker" und Kardinal Meisner versammelte Menschengruppe von ca. 100 Personen bewegte sich zum Maria-Gemeindehaus. "Kleriker", Kardinal Meisner, Prälat Lange, Prälat Dissemond und weitere Personen betraten um

20.45 Uhr das Maria-Gemeindehaus.
Die versammelte Menschenmenge löste sich danach schnell auf.

22.14 Uhr verließen "Kleriker" und seine Begleiter das Maria-Gemeindehaus und stiegen in die PKW's

Typ: Mercedes
pol.Kennz. [redacted]

Typ: Mercedes
pol.Kennz. [redacted]

und fuhren von der Gundelfinger Straße, Hermann-Duncker-Straße, Frankfurter Allee, Karl-Marx-Allee, Holzmarktstraße, Breite Straße und Französische Straße zur Residenz.

22.29 Uhr befuhren die aufgeführten PKW den Hof der Residenz. Nachdem "Kleriker" und seine Begleitpersonen ausgestiegen waren, betraten sie das Gebäude.

22.35 Uhr wurde die Beobachtung unterbrochen.

Zusatz: Bei den beiden männlichen Personen des PKW

Typ: Lada 1500 s
pol.Kennz. [redacted]

handelt es sich um Journalisten. Diese tätigten fotografische Aufnahmen von "Kleriker" und seinen Begleitern.

<u>Für die Zeit vom 24.10.1984, 08.00 Uhr bis 14.45 Uhr</u>

08.55 Uhr verließen "Kleriker" und ihn begleitende Personen die

St. Hedwig-Kathedrale

und begaben sich über den Hof der Residenz ins Gebäude.

09.28 Uhr kamen 2 männliche Personen in dem bekannten PKW

Typ: Lada 1500 s
pol.Kennz. [redacted]

vor die Residenz gefahren. Die 2 Personen stiegen aus und begaben sich auf den Hof der Residenz.

09.50 Uhr begaben sich "Kleriker" und Begleitpersonen ebenfalls auf den Hof. Sie stiegen unter Mithilfe der Kraftfahrer, welche die Türen offen hielten, in nachfolgende aufgeführte PKW:

1. Typ: Mercedes
pol.Kennz. [redacted]

2. Typ: Audi
pol.Kennz. [redacted]

Die 2 männlichen Personen stiegen in ihren PKW Lada 1500 s. Im Anschluß daran fuhren die Fahrzeuge über den Bebelplatz, Unter den Linden zum

Pergamonmuseum
Am Kupfergraben.

Vor dem Museum stiegen "Kleriker" und seine Begleiter aus, wurden von den 2 männlichen Personen fotografiert und betraten

09.54 Uhr diese kulturelle Einrichtung. Auf dem Vorplatz wurden sie von einer männlichen Person begrüßt. Diese Person übernahm die Führung. Im Museum hielt sich zu dieser Zeit, als "Kleriker" sich dort befand, eine Reisegruppe aus der VR Polen auf.Die Angehörigen begrüßten "Kleriker", fotografierten ihn und ließen sich mit ihm fotografieren. Die Reisegruppe kam mit einem Bus

Typ: [redacted]
pol.Kennz.
Halter: [redacted]

10.58 Uhr verließen "Kleriker" und seine Begleiter wieder das Museum,wurden von der männlichen Person verabschiedet und fuhren auf direktem Weg zur Residenz.

11.07 Uhr befuhren die PKW Mercedes und Audi den Hof der Residenz. Nachdem alle Personen ausgestiegen waren, betraten sie das Haus. In der Zeit von

11.30 Uhr bis

11.45 Uhr belud der Kraftfahrer des PKW

Typ: Mercedes
pol.Kennz. [redacted]

das Fahrzeug.

12.30 Uhr begaben sich "Kleriker" und seine Begleiter auf den Hof der Residenz. Dort wurden sie von Angehörigen verabschiedet und fotografiert. Danach stiegen "Kleriker" und die Begleiter in folgende Fahrzeuge:

1. Typ: Mercedes
   pol.Kennz. [redacted]

2. Typ: Audi
   pol.Kennz. [redacted]

und fuhren über die Französische Straße, Breite Straße, Holzmarktstraße, Stralauer Allee, Am Treptower Park, Köpenicker Landstraße, Schnellerstraße und Adlergestell zur Autobahn Richtung Schönefelder Kreuz und von dort weiter auf der Autobahn nach Frankfurt/Oder. An der Güst Frankfurt/O. (Autobahn) verabschiedete.

Prälat
Dissemond, Paul

"Kleriker" und seine Begleiter.

13.34 Uhr reisten "Kleriker" und seine Begleiter im PKW Mercedes nach der VR Polen aus. Danach fuhr der PKW Audi mit Prälat Dissemond auf der Autobahn in Richtung Berlin davon.

13.45 Uhr wurde die Beobachtung beendet.

Nachfolgend aufgeführte PKW fuhren bzw. verließen die Residenz:

23.10.1984

Trabant 601 K [redacted]
Lada 1500 s [redacted]
Lada 1300 [redacted]
Wartburg-Tourist [redacted]
Trabant 601 [redacted]
Wartburg-Tourist [redacted]
Opel Kadett [redacted]
Trabant 601 K [redacted]
Wartburg-Tourist [redacted]
Fiat [redacted]
Wartburg 353 [redacted]
Wartburg [redacted]
Trabant 601 [redacted]

Wartburg 353 [redacted]
Wartburg 353 [redacted]
Trabant 601 [redacted]
Wartburg-Tourist [redacted]
Wolga M 24 [redacted]

24.10.1984

Wartburg-Tourist [redacted]
Wartburg 353 [redacted]
Mirafori Fiat [redacted]
Wartburg 353 [redacted]
Wartburg 353 [redacted]
Trabant 601 K [redacted]
Wartburg 353 [redacted]
Trabant 601 K [redacted]
Opel Kadett [redacted]
Wartburg-Tourist [redacted]
Wartburg 353 [redacted]
Trabant 601 K [redacted]
Wartburg 353 [redacted]
Wartburg-Tourist [redacted]

Leiter der Abteilung	Leiter des Referates
Ulbricht	Fischer
Oberstleutnant	Hauptmann

MINISTERRAT
DER DEUTSCHEN DEMOKRATISCHEN REPUBLIK
Ministerium für Staatssicherheit

Bildbericht

zum Auftrag

" K l e r i k e r "

Gefertigt am 31.10.1984 von

22.10.1984
23.10.1984
Aufnahmen am 24.10.1984 von

11 Blatt

20 Aufnahmen

Bild 01: 22.10.1984, 12.03 Uhr

Diese männlichen Personen fotografierten die Ankunft von "Kleriker" vor der Residenz des Kardinal M e i s n e r, Joachim.

3.v.r.: [redacted]
Journalist AP
F.-Nr.: [redacted], DN: "Eddy"

4.v.r.: [redacted]
Journalist DPA
F.-Nr.: [redacted] DN: "Julius"

Bild 02: 22.10.1984, 15.35 Uhr
v.l.n.r.: 1. Kaplan [redacted]
2. [redacted]

auf der Französischen Straße.

BStU
000164

Bild 03: 23.10.1984, 10.59 Uhr
"Kleriker" und seine Begleitung vor der Kirche
Sankt Maria
Königin des Friedens
Oberfeldstraße

Bild 04: 23.10.1984, 11.25 Uhr
"Kleriker" und seine Begleitung nach dem Verlassen der Kirche
Sankt Maria
Königin des Friedens
Oberfeldstraße

Bild 05: 23.10.1984, 11.26 Uhr
"Kleriker" und seine Begleitung nach dem Verlassen der Kirche
Sankt Maria
Königin des Friedens
Oberfeldstraße

Bild 06: 23.10.1984,
Diese Personen hielten sich bei der Kirche
Sankt Maria
Königin des Friedens
Oberfeldstraße
auf, als "Kleriker" dort war.

Bild 07: 23.10.1984,
Diese Personen hielten sich bei der Kirche
Sankt Maria
Königin des Friedens
Oberfeldstraße
auf, als "Kleriker" dort war.

Bild 08: 23.10.1984, 11.44 Uhr
"Kleriker" und die ihn begleitenden Personen nach dem Befahren der Residenz des Kardinal M e i s n e r, Joachim.

Bild 09: 23.10.1984, 11.45 Uhr
"Kleriker" und die ihn begleitenden Personen nach dem Befahren der Residenz des Kardinal M e i s n e r, Joachim.

Bild 10: 24.10.1984, 09.35 Uhr
"Kleriker" und seine Begleiter im Pergamonmuseum

1.v.l.: "Kleriker"
2.v.l.: Museumsführer
3.v.l.: Kaplan [redacted]

Bild 11: 24.10.1984, 09.56 Uhr
"Kleriker" und seine Begleiter im Pergamonmuseum
1.v.l.: [redacted]
2.v.l.: Prälat L a n g e, Gerhard
3.v.l.: [redacted]
4.v.l.: "Kleriker"
5.v.l.: [redacted]
1.v.r.: [redacted]
2.v.r.: Prälat D i s s e m o n d, Paul

Bild 12: 24.10.1984, 09.56 Uhr
"Kleriker" und seine Begleiter im Pergamonmuseum
1.v.l.: "Kleriker"
2.v.l.: [redacted]
3.v.l.: Museumsführer
4.v.l.: [redacted]
5.v.l.: Prälat D i s s e m o n d, Paul
6.v.l.: [redacted]
7.v.l.: Diese männliche Person fotografierte "Kleriker" und seine Begleiter.

Bild 13: 24.10.1984, 10.05 Uhr
"Kleriker" und seine Begleiter im Pergamonmuseum
1.v.l.: Prälat L a n g e, Gerhard
2.v.l.: [redacted]
3.v.l.: Museumsführer
4.v.l.: [redacted]
5.v.l.: "Kleriker"

Bild 14: 24.10.1984, 10.08 Uhr
"Kleriker" und seine Begleiter im Pergamonmuseum
1.v.l.: [redacted]
2.v.l.: [redacted]
3.v.l.: Prälat L a n g e, Gerhard
4.v.l.: [redacted]
5.v.l.: "Kleriker"
6.v.l.: [redacted]
rechts: Pfarrer [redacted]

Bild 15: 24.10.1984, 10.10 Uhr
"Kleriker" und seine Begleiter im Pergamonmuseum

Bild 16: 24.10.1984, 10.55 Uhr
Unbekannte männliche Person beim Verlassen des Pergamonmuseums.
Diese Person fotografierte "Kleriker" und seine Begleiter im Pergamonmuseum.

Bild 17: 24.10.1984, 10.59 Uhr
Rechts neben dem Laternenmast:
2.v.l.: Pfarrer [redacted]
3.v.l.: "Kleriker"
4.v.l.: [redacted]
nach dem Verlassen des Pergamonmuseums.

Bild 18: 24.10.1984, 11.00 Uhr
1.v.r.: "Kleriker"
2.v.r.: [redacted]
3.v.r.: Pfarrer [redacted]
4.v.r.: Prälat L a n g e, Gerhard
nach dem Verlassen des Pergamonmuseums.

Bild 19: 24.10.1984, 11.01 Uhr
3.v.l.: [redacted]
4.v.l.: "Kleriker"
5.v.l.: Pfarrer [redacted]
nach dem Verlassen des Pergamonmuseums.

Bild 20: 24.10.1984, 11.02 Uhr
v.l.n.r.: 1. [redacted]
2. Prälat L a n g e, Gerhard
3. [redacted]
4. [redacted]
5. "Kleriker"
nach dem Verlassen des Pergamonmuseums.

2. 1. 13. „Bearbeitungskonzeption zur Organisierung einer komplexen politisch-operativen Bearbeitung feindlich-negativer klerikaler Kräfte der katholischen Kirche des Bistums Dresden-Meißen auf dem Territorium des Bezirkes Dresden von 1985 – 1987" vom 26. November 1984 (BStU, ZA, HA XX/4, 766)

„Unterlage 13" ist eine „Bearbeitungskonzeption" für die katholische Kirche des gesamten Bezirkes Dresden vom November 1984 für den Zeitraum der folgenden drei Jahre. Sie wurde wegen der anstehenden Vorbereitung des DDR-weiten „Katholikentreffens" in Dresden im Juli 1987 und angesichts der bevorstehenden letzten Amtsjahre von Bischof Gerhard Schaffran an der Spitze des Bistums Dresden-Meißen erstellt.

Abteilung XX

Dresden, 26. November 19[redacted]
scha-th/4

Kopie

bestätigt:
Leiter der Bezirksv[redacted]tung

Geheime Verschlußsache
GVS
BVfS Dda-Nr.: 319/84
6 Ausf. Bl. 1 bis 9
Pr.85 Pr.88
Pr.86 Pr.89
Pr.87

gez. Böhm
Generalmajor

B e a r b e i t u n g s k o n z e p t i o [redacted]

zur Organisierung einer komplexen politis[redacted]rativen Bearbeitung feindlich-negativer klerikaler Kräfte de[redacted]olischen Kirche des Bistums Dresden-Meißen auf dem Territor[redacted]s Bezirkes Dresden von 1985 - 1987

1. Einschätzung der operativen Lag[redacted]erantwortungsbereich und Stand der Wirksamkeit der ope[redacted]n Durchdringung

Die katholische Kirche des Bis[redacted]resden-Meißen hat 254 080 Glieder, wovon 101 340 auf de[redacted]rk Dresden entfallen.

Das Bistum Dresden-Meißen h[redacted]n Status eines exemten Bistums, d. h., daß der Bischof des[redacted]ms unmittelbar dem Papst unterstellt ist.

Bischof S c h a f f [redacted] ist seit 1970 der Bisch[redacted] des Bistums. Er setzt eine[redacted]liche und loyale Politik seines Klerus gegenüber dem Staat [redacted] 1987 muß Schaffran auf Grund seines Alters dem Papst Pa[redacted]annes II s[redacted] Amt zur Verfügung stellen, und es erfolgt vor[redacted]chtlich [redacted]insatz eines jüngeren Amtsträgers als Bisch[redacted]

Aus diesem Grun[redacted] verstärkt die noch verbleibende Amtszeit des Bischofs S[redacted]ran genutzt werden, um weiter inoffiziell in die katholis[redacted]rche einzudringen und Voraussetzungen zu schaffen, das Ver[redacted]is Staat - Kirche weiter zu festigen.

Langfristi[redacted]erative Bedeutung hat die Vorbereitung und Durchführung [redacted]reffen der Katholiken in der DDR" 1987 in Dresden. Durch d[redacted]Treffen versucht die katholische Kirche, in die "Öffentlichke[redacted] gehen und ihre trotz in der Diaspora lebende Größe zu dokum[redacted]en.

Vo[redacted]tiver Bedeutung ist die seit ca. 1983 festgestellte Akti[redacted]ng von Friedensbestrebungen der katholischen Jugend im R[redacted]der Ökumene. Dies führte zur Gründung eines Friedenskreises [redacted]r KSG Dresden.

Zur Durchsetzung der Staatspolitik in Kirchenfragen, die loyale Haltung der katholischen Kirche zum Staat beizubehalten und zu fördern, ist die Arbeit an operativen Materialien aktiv fortzusetzen und der Differenzierungsprozeß durchzuführen. Es kommt dabei darauf an, den Großteil der Amtsträger und hauptamtlichen Mitarbeiter der katholischen Kirche, die sich für eine loyale Haltung entschlossen haben, zu fördern, die negativ-feindlichen Kräfte sichtbar zu machen und gezielter sowie offensiver zurückzudrängen.

Im Verantwortungsbereich der BV Dresden werden zum Zeitpunkt feindlich-negative Kräfte innerhalb der katholischen Kirche in den OV "Kanzler" und "Kreisel" bearbeitet sowie 3 OPK durchgeführt.

Auf Grund der politisch-operativen Bedeutung der katholischen Kirche, der Kenntnisse über den Differenzierungsprozeß, speziell innerhalb des Klerus, sowie der derzeitigen Bestrebungen der kath. Kirche, in die Öffentlichkeit zu gelangen, und der damit verbundenen potentiellen Möglichkeiten des politischen Mißbrauchs durch feindlich-negative Kräfte ist es erforderlich, die operative Arbeit quantitativ und qualitativ zu verbessern. Dies muß sich in der konkreten Bearbeitung operativer Materialien widerspiegeln.

Es wird eingeschätzt, daß ebenfalls die derzeitige IM-Basis nicht ausreicht, den erforderlichen Informationsbedarf zu decken und den Differenzierungsprozeß innerhalb der katholischen Kirche in hoher Qualität durchzuführen.

2. Grundsätzliche Bearbeitungsziele

Bei der Bearbeitung der feindlich-negativen klerikalen Kräfte in der katholischen Kirche sind folgende grundsätzliche Ziele unter Einsatz der vorhandenen operativen Kräfte und Mittel zu realisieren:

- Unterstützung der Staatspolitik in Kirchenfragen entsprechend den Festlegungen des ZK der SED und den Weisungen des Genossen Minister

- Einheitliche Durchsetzung der strikten Wahrung der sozialistischen Gesetzlichkeit durch kirchenleitende Organe und Amtsträger

- Forcierung des Differenzierungsprozesses unter den Amtsträgern, Angestellten und Laien der katholischen Kirche

- Verhinderung jeglicher Angriffe durch leitende Kleriker, Amtsträger sowie Laien auf die sozialistische Staats- und Rechtsordnung

Schwerpunkte bilden dabei

- Verhinderung der Bestrebungen einer ökumenischen Zusammenarbeit mit der evangelischen Kirche, speziell in der sogenannten unabhängigen Friedensarbeit und in der Mitarbeit der evangelischen kirchlichen Friedensgruppen

- offiziell und inoffiziell darauf Einfluß nehmen, daß die Bestrebungen der BRD-Kirche, ihren Einfluß auf das Bistum auszudehnen, weiter eingeschränkt werden

- Zurückweisung jeglicher Einmischungsversuche durch die Kirche, insbesondere in den Bereichen Volksbildung, Berufsausbildung, Hoch- und Fachschulen und Zivilverteidigung

- Erarbeitung von Beweisen für eine staatsfeindliche Tätigkeit kirchlicher Kräfte und Nachweis einer Steuerung durch Zentren der politisch-ideologischen Diversion unter Nutzung der gesamten Breite des sozialistischen Rechts

- Dokumentation und operative Kontrolle der gegnerischen Kontakttätigkeit und Kontaktpolitik, die als "Patenschaftsarbeit" getarnt sind

Aufgabenstellung für die Abteilung XX und die Kreisdienststellen:

Die politisch-operative Kontrolle der leitenden katholischen Kleriker sowie die Bearbeitung aller negativ-feindlichen Personen dieses Bereiches erfordern eine einheitliche und abgestimmte Gestaltung aller operativen Prozesse unter Federführung der Abteilung XX.

Die operative Kontrolle und Bearbeitung ist auf die erkannten Schwerpunkte zu konzentrieren.

Bei Wahrung der vollen Verantwortlichkeit der Kreisdienststellen ist eine enge Zusammenarbeit durch die Abteilung XX zu organisieren und eine ständige Anleitung, Kontrolle, Information und Koordinierung zu gewährleisten.

Die Zusammenarbeit hat die Hilfe und Unterstützung bei der Bearbeitung operativer Materialien sowie die Vorbereitung und Durchführung langfristiger Werbungen von IM innerhalb der katholischen Kirche des Bistums Dresden-Meißen zum Inhalt.

Die Abteilung XX und die Kreisdienststellen haben auf der Linie katholische Kirche folgende Schwerpunktaufgaben zu lösen:

2.1. Der OV "Kanzler" ist mit der Zielstellung weiterzubearbeiten,

- die Personenaufklärung abzuschließen,
- die zur Anlage des OV gegebenen Verdachtsrichtungen gem. § 99 StGB und § 17 Devisengesetz sowie § 12 des Zollgesetzes sind durch Einleitung geeigneter Maßnahmen eindeutig zu klären bzw. auszuschließen,
- den Differenzierungsprozeß im Bischöflichen Ordinariat fortzuführen und die Staatspolitik in Kirchenfragen durchzusetzen.

Diese Bearbeitungsziele werden trotz ihrer Zusammenhänge in vorgenannten Etappen bearbeitet. Dazu sind halbjährlich Zwischenberichte zu erarbeiten und die einzuleitenden Maßnahmen in Operativplänen festzulegen.

Termin: 30. 3. 1985
30. 10. 1985
30. 3. 1986
Verantw.: Leiter Abteilung XX

2.2. Der OV "Kreisel" der OD TU/H ist mit der Zielstellung der Kontrolle der Aktivitäten der KSG Dresden, der inoffiziellen Einflußnahme auf diese Gruppierung sowie der Schaffung von Voraussetzungen zur Zersetzung des Kreises weiterzubearbeiten.

In Koordinierung mit der Abteilung XX sind die Ziele für die Bearbeitungsetappen festzulegen und daran die operativen Maßnahmen zu orientieren und im Jahresarbeitsplan 1985 zu fixier

Termin: Dezember 1984
Verantw.: Leiter Abteilung XX
Leiter OD TU/H

2.3. Erarbeitung einer politisch-operativen Lageeinschätzung zur katholischen Kirche im Verantwortungsbereich

Die Lageeinschätzung hat sich auf folgende Punkte zu konzentrieren:

- Stand der Bearbeitung operativer Materialien (OV, OPK)
- Einschätzung der Wirksamkeit der vorhandenen IM-Basis
- Wirksamkeit der katholischen Amtsträger im jeweiligen Verantwortungsbereich
- Wirksamkeit der katholischen Jugendarbeit

- ökumenische Bestrebungen der kath. Kirche zur evang. Kirche - speziell auf dem Gebiet der sogenannten staatlich unabhängigen Friedensbewegung
- Wirksamkeit polnischer kath. Amtsträger
- Patenschaftsarbeit der kath. Kirche der DDR zur kath. Kirche der BRD

<u>Termin:</u> 15. 9. 1985
15. 9. 1986
15. 9. 1987
<u>Verantw.:</u> Leiter Abteilung XX
Leiter Kreisdienststellen

2.4. Die Berliner Bischofskonferenz beschloß in ihrer Vollversammlung 9/84 "Ein Treffen der Katholiken in der DDR" 1987 in Dresden.

Zur Aufklärung aller Aktivitäten der kath. Kirche zur Vorbereitung dieses Treffens sind inoffizielle und offizielle Maßnahmen einzuleiten und alle bekanntwerdenden Hinweise an die Abteilung XX zu geben.

<u>Termin:</u> laufend
<u>Verantw.:</u> Leiter Kreisdienststellen

Durch die Abteilung XX ist eine kontinuierliche Zusammenarbeit mit der Hauptabteilung XX/4 zu organisieren. Für das "Treffen der Katholiken in der DDR" erfolgt durch die Abteilung XX die Erarbeitung eines Maßnahmeplanes zur operativen Kontrolle dieses Treffens.

<u>Termin:</u> Erstellung Maßnahmeplan: Dezember 1986
Koordinierung mit HA XX/4: laufend

2.5. Die "Wer ist wer?"-Aufklärung zu Amtsträgern, Angestellten und sonstigen Arbeitskräften ist ständig aktuell fortzusetzen. Aus diesen Materialien sind verstärkt OPK und OV zu entwickeln.

Die Verantwortlichkeit für die Bearbeitung der Objekte und Einrichtungen ist wie folgt:

Abteilung XX	Ordinariat (einschließlich Caritas) Bischofssitz Kathedrale (Hofkirche) Bischof Wienken-Haus KSG

Kreisdienststellen Dekane
Pfarrämter
Ausbildungsstätten
Schulungsobjekte
Klöster

Termin: entsprechend den Festlegungen in Jahresarbeitsplänen
Verantw.: Leiter Abteilung XX
Leiter Kreisdienststellen

2.6. Die Jugendarbeit der katholischen Kirche ist durch die jeweiligen DE verstärkt operativ unter Kontrolle zu halten. Zielstellung ist dabei die Verhinderung ökumenischer Bestrebungen in der kath. Jugendarbeit zur evangelischen Kirche.

Durch die Diensteinheiten sind die Amtsträger, die die Jugendarbeit für reaktionäre und feindlich-negative Ziele mißbrauchen, operativ zu bearbeiten.

Der Friedenskreis der KSG Dresden bildet in der operativen Arbeit einen Schwerpunkt, und es ist erforderlich, ökumenische Bestrebungen zur ESG Dresden zu verhindern, um ein koordiniertes Vorgehen dieser Kreise gegen die Friedens- und Verteidigungspolitik der DDR zu vereiteln.

Termin: laufend
Verantw.: Leiter Abteilung XX
Leiter Kreisdienststellen
Leiter OD TU/H

2.7. Bei Vorliegen von operativen Hinweisen, daß durch Amtsträger oder aktive kirchliche Laien ein politischer Mißbrauch der kirchlichen Kreise (Hauskreise, Familienkreise, Akademikerkreise usw.) angestrebt wird, ist die operative Bearbeitung aufzunehmen. Zur Erarbeitung dieser Hinweise ist ständig der gesamte IM-Bestand der DE zu nutzen.

Verantw.: Leiter Abteilung XX
Leiter Kreisdienststellen

2.8. Durch die Kreisdienststellen ist die operative Kontrolle polnischer Amtsträger, die polnische Arbeitskräfte betreuen, zu gewährleisten. Die Zielstellung dieser Bearbeitung ist, daß diese Kleriker nur unter den polnischen Laien wirksam werden und nicht die Ideologie von "Solidarnosć" hineintragen.

Gleichfalls sind die Kontakte und Beziehungen des Klerus der kath. Kirche des Bistums zum kath. Klerus der VR Polen unter Kontrolle zu halten. Dabei ist die gegnerische Kontakttätigkeit, speziell der BRD, zu beachten, die versucht, in Form der Patenschaftsarbeit und über die kath. Kirche Polens Einfluß auf die kath. Kirche der DDR zu nehmen. Bekanntwerdende Aktivitäten sind unter operative Kontrolle zu nehmen.

In Zusammenarbeit mit den zuständigen PKE der Abteilung VI sind die Reisetätigkeit und die Verbindungen zu Privatpersonen aufzuklären und übersichtsmäßig zu erfassen.

Termin: laufend
Verantw.: Leiter AbteilungXX
Leiter Kreisdienststellen

3. Zur Realisierung der unter 2. genannten politisch-operativen Aufgaben ist eine Qualifizierung der IM-Arbeit auf der Linie katholische Kirche notwendig.

3.1. Durch die Abteilung XX/4 ist bis Mai 1985 auf den Kreisdienststellen zu prüfen, welche IM sich eignen durch operative Kombinationen in operativ interessante kirchliche Objekte oder Gruppierungen eingeschleust zu werden.

Zu den geeigneten IM sind bis August 1985 durch die zuständigen DE Entwicklungs- und Einsatzkonzeptionen zu erarbeiten.

Verantw.: Leiter Abteilung XX
Leiter Kreisdienststellen

3.2. Langfristig sind IM zu gewinnen, die entsprechend ihrer Herkunft und ihrer Entwicklung geeignet sind, einTheologiestudium oder Jurastudium im Auftrage des MfS über eine Delegierung durch das Bistum Dresden-Meißen aufzunehmen.

Als geeignet erscheinen Schüler der EOS (Klassenstufe 10 und 11) , Studenten, die in eine andere Studienrichtung gelenkt werden können, Jugendliche, die sich als Bausoldaten mustern lassen, weibliche Personen, die als Sachbearbeiter oder Schreibkräfte tätig werden können.

Objektiv geeignete Amtsträger oder kirchliche Angestellte mit entsprechenden Wirkungsmöglichkeiten sind aufzuklären und mit geeigneten IM derart zu beeinflussen, daß sich Ansatzpunkte für eine offene oder legendierte Kontaktierung ergeben.

Geplante Maßnahmen sind mit der Abteilung XX/4 abzustimmen und etappenweise zu realisieren. Über die erreichten Ergebnisse ist im Zusammenhang mit der jährlichen operativen Lageeinschätzung zu berichten.

Termin: 15. 9. 1985
15. 9. 1986
15. 9. 1987
Verantw.: Leiter Abteilung XX
Leiter Kreisdienststellen

4. Die spezifischen Aufgaben der operativen Diensteinheiten sowie das Zusammenwirken mit den staatlichen Organen sind entsprechend den Aufgaben der Bearbeitungskonzeption zur Organisation einer komplexen politisch-operativen Bearbeitung der Evangelisch-Lutherischen Landeskirche Sachsens auf dem Territorium des Bezirkes Dresden bis 1985, GVS 230/83, Pkt. 4 und 5, durchzuführen.

5. Zusammenarbeit mit der HA XX/4 und den Bezirksverwaltungen Leipzig und Karl-Marx-Stadt

5.1. Entsprechend der Aufgaben- und Zielstellung der Bearbeitungskonzeption ist eine ständige Zusammenarbeit und ein Erfahrungsaustausch mit der HA XX/4 erforderlich.
Auf dieser Basis hat eine ständige Aktualisierung der Konzeption zu erfolgen.

Termin: laufend
Verantw.: Leiter Abteilung XX

5.2. Mit der Abteilung XX der Bezirksverwaltungen Leipzig und Karl-Marx-Stadt sind auf der Grundlage der Bearbeitungskonzeptionen Koordinierungsberatungen durchzuführen.

Ziel dieser Koordinierungen ist das einheitliche Vorgehen sowie die gegenseitige Unterstützung bei der operativen Bearbeitung operativer Materialien.

Termin: ab 1985 2mal jährlich
Verantw.: Leiter Abteilung XX

6. Maßnahmen zur einheitlichen Durchsetzung der Bearbeitungskonzeption mit den Kreisdienststellen

6.1. Die operativen Sachbearbeiter der Kreisdienststellen, in deren Verantwortungsbereich eine hohe Konzentration der kath. Kirche vorhanden ist, werden durch die Abteilung XX/4 individuell in die Bearbeitungskonzeption eingewiesen. Auszüge dieser Bearbeitungskonzeption werden entsprechend der Verantwortlichkeit den Kreisdienststellen überstellt.

Termin: Januar 1985
Verantw.: Leiter Abteilung XX

6.2. Entsprechend Punkt 7.2. der GVS 230/83 werden bei den Beratungen gleichzeitig der Stand der Erfüllung sowie die politisch-operativen Aufgaben - katholische Kirche - abgerechnet und abgeleitet.

Termin: März, Oktober 1985, 1986, 1987

6.3. Durch die Abteilung XX ist eine ständige sachbezogene Anleitung und Unterstützung bei der Bearbeitung von OPK, OV, bei der Vorbereitung und Durchführung von Werbungen und anderen politisch-operativen Aufgaben zu gewährleisten.

Termin: laufend
Verantw.: Leiter Abteilung XX

6.4. Die Bearbeitung der feindlich-negativen klerikalen Kräfte der kath. Kirche der Apostolischen Administratur Görlitz hat analog dieser Bearbeitungskonzeption durch die KD Görlitz und Niesky in Abstimmung mit der Abteilung XX zu erfolgen.

Durch die Abteilung XX der BV Dresden ist die Koordinierung mit den Abteilungen XX der BV Cottbus und Frankfurt/Oder zu gewährleisten.

Termin: laufend
Verantw.: Leiter KD Görlitz und Niesky
Leiter Abteilung XX

Die Anleitung und Kontrolle der Durchsetzung der Bearbeitungskonzeption erfolgt in Verantwortung des Stellvertreters Operativ, Genossen Oberst Bormann.

Stellvertreter Operativ	Leiter der Abteilung
Bormann	Tzscheutschler
Oberst	Oberst

2. 1. 14. „Maßnahmeplan zur politisch-operativen Sicherung der Vorbereitung und Durchführung des ‚Katholikentreffens 1987' der katholischen Kirche in Dresden" vom 11. Februar 1987 (BStU, Ast Magdeburg, VVS 0017-61/87)

„Unterlage 14" zeigt am Beispiel der BV Magdeburg den gewaltigen Aufwand des MfS im Vorfeld des Katholikentreffens aller katholischen Jurisdiktionsbezirke in der DDR im Juli 1987 in Dresden. Entsprechende „Maßnahmepläne" existieren auch von den anderen 14 BV des MfS sowie der HA XX/4.

Bezirksverwaltung für
Staatssicherheit Magdeburg
Leiter

Magdeburg, 11. 02. 1987

Vertrauliche Verschlußsache
VVS-o017
BVfS Mgb-Nr.: 61/87
1 Ausf. Bl./S. 1 bis 9

Maßnahmeplan
zur politisch-operativen Sicherung der Vorbereitung und Durchführung des "Katholikentreffens 1987" der katholischen Kirche in Dresden

Müller
Generalmajor

Durch die Regierung der Deutschen Demokratischen Republik wurde einem Antrag des Vorsitzenden der "Berliner Bischofskonferenz", Kardinal MEISNER, zugestimmt, in der Zeit vom 10. bis 12. Juli 1987 in Dresden das erste nationale Katholikentreffen in der DDR (im weiteren "Treffen" genannt) durchzuführen und die staatliche Unterstützung bei dessen Vorbereitung und Durchführung zugesichert.

Die katholische Kirche hat bereits in allen Gemeinden mit der Vorbereitung des Treffens, die sich bis zu dessen unmittelbaren Durchführung erstreckt, begonnen.

Zur Teilnahme an den Veranstaltungen (Anlage 1) werden ca. 80 000 katholische Christen aus der DDR erwartet. Mit der Teilnahme hochrangiger Würdenträger aus dem Ausland ist zu rechnen.

Auf der Grundlage der Weisung des Stellvertreter des Ministers, Genossen Generaloberst Mittig (VVS Mgb. o008 - 101/87) zur Realisierung aller in Vorbereitung und Durchführung des Treffens stehender politisch-operativer Maßnahmen im Bezirk Magdeburg

w e i s e i c h a n :

1. Führungsmäßige Grundsätze

1.1. Mit der Gesamtleitung und Führung aller politisch-operativen Maßnahmen im Zusammenhang mit dem Treffen beauftrage ich meinen Stellvertreter Operativ, Genossen Oberst Dallmann.

1.2. Der Leiter der Abteilung XX hat mit den Leitern der anderen Diensteinheiten zur Realisierung der festgelegten Aufgabenstellungen eine qualifizierte Zusammenarbeit und einen ständigen Informationsaustausch zu gewährleisten.
Er hat den Stellvertreter Operativ über die aktuelle Lage zu informieren und Entscheidungen zur Durchsetzung der angewiesenen Maßnahmen für diesen vorzubereiten.

1.3. Als Führungsoffizier der Bezirksverwaltung zur politisch-operativen Sicherung des Treffens in der Vorbereitungs- und Durchführungsphase wird der

Genosse Major Dobberphul
Abteilung XX
Tel. 2778

eingesetzt.

Er hat dem Leiter der Abteilung XX Vorschläge zur Durchsetzung weiterer Festlegungen und Orientierungen der HA XX vorzubereiten und spezifiziert den Einsatz der IM/GMS aus dem Verantwortungsbereich der Bezirksverwaltung Magdeburg zu koordinieren und anzuleiten.

1.4. Die Leiter der zuständigen operativen Diensteinheiten haben auf der Grundlage der Dienstanweisung Nr. 1/85 und dieses Maßnahmeplanes sowie unter Beachtung der politisch-operativen Lage und ihrer Entwicklung im jeweiligen Verantwortungsbereich die erforderlichen politisch-operativen Maßnahmen entsprechend der Zuständigkeit eigenverantwortlich einzuleiten und durchzusetzen.

2. Grundsätzliche politisch-operative Aufgabenstellungen

Zur rechtzeitigen vorbeugenden Verhinderung aller feindlich-negativen Handlungen im Zusammenhang mit dem Treffen und zur Erzielung einer hohen Wirksamkeit aller politisch-operativen Sicherungsaufgaben sind Hauptanstrengungen auf die Realisierung folgender Maßnahmen zu konzentrieren:

2.1. Aufklärung der Pläne, Absichten, Maßnahmen sowie Mittel und Methoden feindlicher Zentren und Kräfte, insbesondere imperialistischer Geheimdienste sowie politisch-klerikale Kräfte, die sich gegen das Treffen und die damit im Zusammenhang vorgesehenen Veranstaltungen richten bzw. mit denen das Treffen für revanchistische Ziele, feindlich-negative Aktivitäten oder für "gesamtdeutsche" Tendenzen mißbraucht werden soll.

2.2. Einleitung zielgerichteter politisch-operativer Maßnahmen zur verstärkten abwehrmäßigen Sicherung bzw. operativen Beachtung operativ bzw. besonders bedeutsamer Personen, insbesondere unter katholischen Würdenträgern, kirchenleitenden Persönlichkeiten und Anhängern der katholischen Kirche.

2.3. Konzentrierte inoffizielle Arbeit in den politisch-operativen Schwerpunktbereichen zur Aufklärung und vorbeugenden Verhinderung feindlich-negativer Pläne, Absichten und Maßnahmen in Vorbereitung und Durchführung des Treffens gemäß Dienstanweisung Nr. 2/85 des Genossen Minister und meines Maßnahmeplanes (VVS MfS o017 - 41/85).

2.4. Einleitung zielgerichteter politisch-operativer Maßnahmen zur Ermittlung der Teilnehmer des Treffens und ihrer Personifizierung im jeweiligen Verantwortungsbereich. Die kleinen Personalien der festgestellten Teilnehmer sind der Abteilung XX zu übersenden.

2.5. Überprüfung des IM/GMS-Bestandes im jeweiligen Verantwortungsbereich hinsichtlich der konfessionellen Bindung und Feststellung, welche IM/GMS katholischen Glaubens sich bereits als Teilnehmer am Treffen in ihrer Pfarrgemeinde angemeldet haben bzw. von sich aus beabsichtigen oder objektiv die Möglichkeit haben, am Treffen teilzunehmen.

Diese IM/GMS sind der Abteilung XX unter Angabe der Diensteinheit, Deckname und Reg.-Nr. mitzuteilen.

2.6. Einleitung und Durchführung differenzierter, den Sicherheitserfordernissen entsprechender Maßnahmen zur politisch-operativen Sicherung der am Treffen teilnehmenden operativ-bedeutsamen ausländischen Personen, vor allem kirchlicher Würdenträger.

2.7. Einflußnahme auf die Abteilungen Innere Angelegenheiten beim Rat des Bezirkes bzw. den Räten der Kreise zur konsequenten Durchsetzung zentraler Festlegungen im Zusammenhang mit dem Antrags-, Genehmigungs- und Entscheidungsverfahren bei Einreisen kirchlicher Würdenträger.

2.8. Vorbeugende Verhinderung des Auftretens und Wirksamwerdens feindlich-negativer Kräfte unter Beachtung eines möglichen Zusammenwirkens mit Personen aus dem Operationsgebiet.

3. Spezifische politisch-operative Aufgabenstellungen

3.1. Abteilung XX

3.1.1. Einleitung politisch-operativer Maßnahmen zur Sicherung, Kontrolle und Bearbeitung politisch-operativer Schwerpunkte, insbesondere unter leitenden katholischen Amtsträgern des Bischöflichen Amtes Magdeburg (BAM).

3.1.2. Erarbeitung operativ-bedeutsamer Informationen über innere Pläne, Absichten und Maßnahmen leitender Amtsträger des BAM in Zusammenhang mit der Vorbereitung und Durchführung des Treffens mit der vorrangigen Zielstellung, feindlich-negative Handlungen, Vorkommnisse und Erscheinungen vorbeugend zu verhindern.

3.1.3. Koordinierung erforderlicher politisch-operativer Maßnahmen mit der HA XX, der Abteilung XX der BV Halle und Leitern anderer Abteilungen/Kreisdienststellen der BV Magdeburg.

3.1.4. Herstellung und Aufrechterhaltung stabiler Arbeitsbeziehungen zu staatlichen Gremien, insbesondere dem Rat des Bezirkes, Sektor Kirchenfragen, die für die Einflußnahme auf die Katholische Kirche verantwortlich sind. Unterstützung derselben zur Durchsetzung staatlicher Interessen und Einflußnahme auf die Gesprächsführung mit leitenden Würdenträgern des BAM.

3.1.5. Organisierung und Durchführung einer auftragsbezogenen Instruierung IM-führender Mitarbeiter anderer Diensteinheiten der BV Magdeburg, die in Vorbereitung und Durchführung des Treffens IM/GMS zum Einsatz bringen.

3.2. Abteilung II

Kontrolle möglicher Aktivitäten von in der DDR akkreditierten Korrespondenten sowie bevorrechteten Personen nichtsozialistischer und anderer politisch-operativ interessierender Staaten und Westberlins zur Verhinderung ihres feindlich-negativen Wirksamwerdens.

Dabei ist eine enge Zusammenarbeit mit dem Leiter der Abteilung XX zu gewährleisten.

3.3. Abteilung VI

Gewährleistung einer reibungslosen und den Sicherheitserfordernissen Rechnung tragenden Grenzpassage zum Treffen einreisender hochrangiger kirchlicher Würdenträger entsprechend getroffener Festlegungen.

Operative Kontrolle und Überwachung des grenzüberschreitenden Personenverkehrs im Verantwortungsbereich mit dem Ziel der Feststellung operativ-bedeutsamer Personenkonzentrationen und sich daraus entwickelnder Schwerpunkte und Gefahrenmomente.
Gewährleistung eines schnellen Informationsflusses an den Leiter der Abteilung XX.

3.4. Abteilung VII

Einflußnahme auf die Organe des MdI (Ziffer 2.7.) und Organisierung eines engen Zusammenwirkens mit der Arbeitsrichtung I der DVP zur Erarbeitung operativ-bedeutsamer Informationen, die im Zusammenhang mit der Vorbereitung und Durchführung des Treffens stehen.
Herstellung stabiler Arbeitsbeziehungen zum Stellvertreter des Vorsitzenden für Inneres des Rates des Bezirkes Magdeburg.

3.5. Abteilung XIX

Politisch-operative Einflußnahme auf die Gewährleistung erforderlicher staatlicher Maßnahmen zur reibungslosen Organisierung der mit dem Treffen in Zusammenhang stehender Transportaufgaben, insbesondere der An- und Abreise der Teilnehmer (mittels Sonderzügen und Bussen) sowie zur Verhinderung öffentlichkeitswirksamer feindlich-negativer Handlungen.
Gewährleistung eines schnellen Informationsflusses an den Leiter der Abteilung XX.

3.6. Abteilungen M, 26, III

Die aus spezifischen Aufgaben gewonnenen Erkenntnisse zum Treffen sind dem Leiter der Abteilung XX zu übermitteln.

4. Auswertungs- und Informationstätigkeit

4.1. Ab sofort sind alle einsatzbezogenen Informationen über feindliche Pläne, Absichten und Maßnahmen dem Leiter der Abteilung XX zu übersenden.

4.2. Die Leiter der beteiligten Diensteinheiten haben dem Leiter der Abteilung XX Einschätzungen zur politisch-operativen Lage im Bereich der katholischen Kirche im Verantwortungsbereich sowie zum Stand und der Wirksamkeit der im Zusammenhang mit dem Treffen eingeleiteten politisch-operativen Sicherungsmaßnahmen zu übersenden. Dabei sind jeweils die Personalien der festgestellten Teilnehmer (Ziffer 2.4.) und die zum Einsatz kommenden IM/GMS (Ziffer 2.5.) mit zu melden.

1. Bericht bis zum 30. 03. 1987

2. Bericht bis zum 10. 06. 1987

Abschlußbericht bis zum 13. 07. 1987, 08.00 Uhr.

4.3. Der Leiter der Abteilung XX hat bis zum

07. April 1987 und

1[illegible]. Juni 1987

den Bezirksbericht zu erarbeiten und nach Bestätigung durch meinen Stellvertreter Operativ, Genossen Oberst Dallmann, je ein Exemplar dem Leiter der HA XX, dem ZOS des MfS und dem Leiter der AKG der Bezirksverwaltung zu übersenden.

4.4. Der Abschlußbericht ist bis zum 13. 07. 1987 fertigzustellen und nach Bestätigung, dem gleichen Empfängerkreis wie Ziffer 4.3. zu übersenden.

5. Schlußbestimmungen

5.1. Dieser Maßnahmeplan tritt mit sofortiger Wirkung in Kraft.

5.2. Die operativen Mitarbeiter sind in die Aufgabenstellungen dieses Maßnahmeplanes einzuweisen.

5.3. Dieser Maßnahmeplan ist bis zum 29. 08. 1987 an die Abteilung BdL/VSH zurückzusenden.

Anlage 1

Hauptveranstaltungen des Treffens und Themengruppen

1. Hauptveranstaltungen

10. Juli 1987	-	Pastoraltag mit Priestern und kirchlichen Angestellten
11. Juli 1987	-	von 08.00 Uhr bis 15.00 Uhr ein kleines Katholikentreffen mit ca. 3 000 Teilnehmern in 10 Gebäuden der Katholischen Kirche (Themengruppen)
		um 17.00 Uhr Vespergottesdienst in der Kathedrale ca. 5 00 Personen
		um 20.00 Uhr [illegible]gottesdienst in der Kathedrale [illegible] 000 Personen
12. Juli 1987	-	um 10.00 Uhr Festgottesdienst auf der Festwiese ca. [illegible]0 000 Personen
		um 14.00 Uhr Abschlußfeier auf der Festwiese [illegible] 80 000 Personen

2. Themengruppen

Themengruppe [illegible]	-	Impulse aus der 3. Welt - Hoffnung für unsere Gemeinden
Themengruppe 2	-	Mut zum Frieden
Themengruppe 3	-	Frauen entdecken sich in der Bibel
Themengruppe 4	-	Ökumenisch leben in Familie und Gemeinde
Themengruppe 5	-	Kirche - Anwalt des Menschen
Themengruppe 6	-	Gemeinde in der DDR - angefragt von der Zukunft
Themengruppe 7	-	Unsere Verantwortung für die Schöpfung
Themengruppe 8	-	Chancen und Gefährdungen in Ehe und Familie
Themengruppe 9	-	Familie zwischen Schule und Kirche
Themengruppe 10	-	arbeiten - verdienen - verantworten

Anlage 2

Informationsbedarf
zur Einschätzung der politischen Situation der katholischen Kirche in der DDR unter Beachtung der Vorbereitung und Durchführung des Katholikentreffens 1987 in Dresden

- Einschätzung der politischen Grundpositionen der Bischöfe und anderer leitender Klerikaler im Verantwortungsbereich, wie Generalvikare, Prälaten, Dekane sowie der Leiter von kirchlichen Einrichtungen.
  Insbesondere sind herauszuarbeiten:

  . ihre zum Teil differenzierten Haltungen zum sozialistischen Staat und zur Politik der Partei in Kirchenfragen,

  . Einstellungen/Haltungen insbesondere zur Friedens-, Verteidigungs- und Sicherheitspolitik der DDR, zur kommunistischen Erziehung der Jugend sowie zur Bildungs- und Sozialpolitik der DDR,

  . Erkenntnisse über Bestrebungen/Aktivitäten kirchlicher Amtsträger, Bürger katholischen Glaubens politisch negativ zu beeinflussen, sie an der Mitgestaltung der entwickelten sozialistischen Gesellschaft in der DDR zu hindern,

  . Erkenntnisse über unterschiedliche Positionen und Auffassungen leitender Klerikaler zum Verhältnis katholische Kirche-Staat, zur Gestaltung der Beziehungen der katholischen Kirche in der DDR zur katholischen Kirche in der BRD bzw. zum Vatikan, über Gegensätze/Widersprüche des sog. unteren Klerus zu Festlegungen/Orientierungen kirchenleitender Gremien und Kräfte, die für weitere offensive Maßnahmen im Interesse der Vertiefung des Differenzierungsprozesses genutzt werden können.

- Einschätzung bekanntgewordener/geplanter Aktivitäten des leitenden katholischen Klerus sowie von Pfarrern - auch von polnischen Seelsorgern - und katholischen Laienvereinigungen, wie z.B. Akademikerkreise, Studenten und Jugendgemeinden, insbesondere in Vorbereitung und Durchführung des Katholikentreffens 1987 in Dresden.
  Schwerpunkte bilden Aktivitäten, die auf einen politischen Mißbrauch der katholischen Kirche in der DDR abzielen und zu einer Belastung des Verhältnisses Staat-katholische Kirche führen können, wie

. Ausarbeitung, Vorbereitung von sog. Positionspapieren u.a. Materialien politisch negativen Inhalts, Auftritte reaktionärer kirchlicher Kräfte auf Veranstaltungen, Zusammenkünfte von Wehrdienstverweigerern, Auftritte politisch negativer Kunst- und Kulturschaffender,

. Zusammenwirken mit politisch negativen Kräften aus dem Bereich der evangelischen Kirchen in der DDR.

- Einschätzung der Wirksamkeit der politisch-operativen Maßnahmen und des Zusammenwirkens mit staatlichen und gesellschaftlichen Einrichtungen und Kräften zur positiven Entwicklung des Verhältnisses Staat/katholische Kirche in der DDR.
Schlußfolgerungen für die weitere Erhöhung der Wirksamkeit dieser Maßnahmen einschließlich der Herausarbeitung und des Abbaus störender Faktoren, die zu Spannungen und Konfrontationen im Staat-Kirche-Verhältnis führen können (z.B. Reisetätigkeit, kirchliche Bauvorhaben, Vergabe von EOS- bzw. Studienplätzen u.a.m.).

- Zusammenfassende Einschätzung über die erfolgte Auswertung des Pastoralschreibens der "Berliner Bischofskonferenz" zum Thema "Katholische Kirche im sozialistischen Staat" in der mittleren leitenden und unteren Ebene unter besonderer Beachtung dabei erkannter unterschiedlicher, im Gegensatz zum Inhalt des Pastoralschreibens stehender Positionen katholischer Geistlicher (Beachtung der entsprechenden Anforderungen des Leiters der Abteilung XX vom 12. 11. 1986).

2. 2. Zur exemplarischen Illustrierung des Informationsstandes des MfS

Der Informationsstand des MfS war zwischen 1950 und 1989 letztendlich immer von der Verfügbarkeit über technische oder menschliche Quellen abhängig. Die folgenden Dokumente sollen anhand des Inhaltes von Sitzungen der BOK bzw. BBK Reichweite und Grenzen des MfS-Informationsstandes illustrieren.

Zwischen 1950 und 1957 hatte das MfS offenbar keine Kenntnisse von Inhalten dieser Sitzungen.

In den Jahren 1958 und 1959 konnte es durch abhörtechnische Vorrichtungen in bischöflichen Amtssitzen zahlreiche Interna über Vorgänge in der BOK bzw. aus ihren Sitzungen in Erfahrung bringen. Diese Anlagen mußten jedoch im September 1959 abgeschaltet werden, nachdem Weihbischof Alfred Bengsch in seiner Wohnung in Ostberlin eine Abhöranlage entdeckt hatte und der Vorgang der westlichen Presse bekannt wurde.

Zwischen 1960 und 1968 verfügte das MfS nach heutigem Erkenntnisstand wiederum über keine Informationen zu den Inhalten der Sitzungen der BOK.

2. 2. 1. *„Information über Auseinandersetzungen in der Bischofskonferenz der katholischen Kirche in der DDR" vom 29. Dezember 1969 (BStU, ZA, ZAIG, Z 1774)*

Mit der Einsetzung von Prälat Otto Groß als Beauftragtem der BOK zu Gesprächen mit verschiedenen staatlichen Organen, erhielt das MfS zwischen 1968 und 1974 punktuell und retrospektiv Informationen über einzelne Aspekte dieser Sitzungen. Obwohl sich Groß eindeutig auf der kirchen- und personalpolitischen Linie von Kardinal Bengsch bewegte, vermittelte er dem MfS auch Informationen zu innerkirchlichen Differenzen, die Bengsch selbst gegenüber staatlichen Organen niemals durchblicken ließ.

Solche Informationen vermischte das MfS mit Kenntnissen aus anderen Quellen und fertigte daraus geheime Texte für die Partei- und Staatsführung. Solche Texte wurden im MfS-Sprachgebrauch als „Information" bezeichnet. Ihr Inhalt konnte auf einer oder mehreren menschlichen oder technischen Quellen beruhen. Diese Quellen wurden in der MfS-Textgattung der „Information“ nicht identifiziert, lassen sich jedoch durch Lektüre anderer MfS-Akten teilweise oder auch vollständig ermitteln.

Ein Beispiel ist die in „Unterlage 15“ vorgestellte MfS-„Information“ vom 29. 12. 1969 zur Sitzung der BOK am 1. und 2. 12. 1969. Sie wurde in vier Exemplaren gefertigt und ging an SED-Politbüromitglied Paul Verner, ZK-Arbeitsgruppenleiter Willi Barth, Generalmajor Fritz Schröder als Stellvertreter von Minister Erich Mielke sowie in die Ablage.

1. Verner
2. Barth üb IX/4
3. Schrö/IX/4
4. Abl.

8.1.

Ablage

29.12.69

1352 69

Inf. über

Auseinandersetzungen in der Bischofskonferenz der katholischen Kirche in der DDR

Dem MfS wurde inoffiziell bekannt, daß am 1. und 2. 12. 1969 im katholischen St. Josefsheim in Berlin eine als streng vertraulich bezeichnete Konferenz der katholischen Bischöfe und Bischöflichen Kommissare der DDR stattfand.
Zur Teilnahme an dieser Konferenz wurden auf Veranlassung von Kardinal B e n g s c h keine Sekretäre von Bischöfen – außer Prälat D i s s e m o n d , Sekretär der Bischofskonferenz – zugelassen (gegenüber der sonst üblichen Teilnahme der Sekretäre aller Bischöfe).

Auf dieser Konferenz erstattete Kardinal Bengsch Bericht über den Verlauf der Bischofssynode im Oktober 1969 in Rom, an der er teilgenommen hatte.
Ein weiterer Tagesordnungspunkt befaßte sich mit der Nachfolge für den 70jährigen Magdeburger Weihbischof R i n t e l e n .
Außerdem wurde auf der Konferenz eine Sammlung des Caritas für die Aktion "Not in der Welt" beschlossen.

Im Verlauf der Konferenz berichtete Kardinal Bengsch im wesentlichen über die Bischofssynode in Rom nur das, was bereits aus der Presse bekanntgeworden ist. Eine persönliche Einschätzung über die Synode nahm er vor diesem Gremium nicht vor. Er sprach auch nicht über die in Rom zwischen ihm und Kardinal D ö p f n e r aufgetretenen Differenzen. (Kardinal Bengsch hatte in Rom für die Beibehaltung des päpstlichen Primats plädiert, während Kardinal Döpfner für eine Dezentralisierung der Macht des Vatikans und für eine Delegierung verschiedener Rechte an die nationalen Bischofskonferenzen eingetreten war.)
In seinem Bericht vor den Bischöfen der DDR unterstrich Kardinal Bengsch besonders die während der Bischofssynode in Rom spontan entstandene Gemeinschaft zwischen den Bischöfen der sozialistischen Länder und denen der sogenannten Dritten Welt.

Während der Konferenz fand eine Diskussion zum Problem des Nachfolgers für den 70jährigen Magdeburger Weihbischof Rintelen statt.
(Kardinal Bengsch hat vorgesehen, durch den Vatikan den derzeitigen Rektor des Spätberufenenseminars Magdeburg, B r a u n , als Nachfolger einsetzen zu lassen. Im Gegensatz dazu versuchen Rintelen - kirchenjuristisch zu Paderborn/Westdeutschland gehörend - und der Paderborner Kardinal J ä g e r , dem Vatikan als Nachfolger den westdeutschen Weihbischof N o r d h u e s zu empfehlen.)

Dieser Diskussion ging der von Kardinal Bengsch vorgetragene Vorschlag voraus, daß er einen entsprechenden Kandidaten auswählen und namentlich dem Vatikan zur Bestätigung einreichen werde.

Weihbischof Rintelen brachte vor allen Bischöfen zum Ausdruck, daß er mit diesem Vorschlag des Kardinals nicht einverstanden ist. Er erklärte, er habe bereits Anweisung gegeben, unter den

Geistlichen seines Kommissariats eine Umfrage einzuleiten, die zum Ziel hat, geeignete Nachfolgekandidaten für seine Person zu ermitteln. Mit dieser Anweisung würde er den Vorschlägen seiner Priester Rechnung tragen.

Dem MfS wurde dazu bekannt, daß der Priesterrat des Kommissariats Magdeburg auf einer Sitzung am 10. 11. 1969 folgenden Vorschlagsmodus für die Nominierung von geeignet erscheinenden Bischofskandidaten erarbeitet hat:
Jeder Geistliche sollte die Namen eines oder mehrerer Kandidaten auf einen Zettel schreiben (ohne Unterschrift) und in einem verschlossenen Umschlag seinem Erzpriester zur Weiterleitung an Bischof Rintelen übergeben.
Zwei Mitglieder des Priesterrates sollten dann im Beisein von Weihbischof Rintelen die Stimmenauszählung vornehmen.
Ein Schreiben mit den Namen der 5 aussichtsreichsten Kandidaten sollte danach an die Geistlichen versandt werden mit der Aufforderung, einen Kandidaten zu wählen. Der Kandidat, der aus dieser Wahl mit den meisten Stimmen hervorging, sollte dem westdeutschen Kardinal Jaeger/Paderborn als Vorschlag des Kommissariats Magdeburg mitgeteilt werden. Inzwischen erging von Kardinal Jaeger an Weihbischof Rintelen die Weisung, drei Kandidaten zu nominieren, die er dann dem Papst zur Entscheidung nennen wollte.

Kardinal Bengsch warf im Verlaufe der Debatte während der Bischofskonferenz Weihbischof Rinteler vor, die von ihm veranlaßte Aktion sei ungewöhnlich; sie werde in dieser Form vom Vatikan niemals gebilligt.

Rintelen erwiderte, er habe mit dieser Anweisung einen "Versuch" unternommen in der Absicht, den Wünschen seiner Geistlichen nachzukommen.
Die von Bengsch eindringlich ausgesprochene Bitte, von der Weiterführung dieses "Versuchs" Abstand zu nehmen, lehnte Rintelen rundweg ab und verwies darauf, er sehe an seiner Haltung nichts Falsches. Er halte es vielmehr für richtiger, die von ihm ermittelten Kandidaten seinem zuständigen Kardinal Jaeger/Paderborn zur Weiterleitung nach Rom vorzuschlagen.

Kardinal Bengsch erklärte, daß es für Rintelen besser wäre, diese Fragen mit ihm, einem Kardinal der DDR, zu beraten. Er würde dann einen entsprechenden Antrag nach Rom weiterleiten.
Daraufhin brachte Rintelen zum Ausdruck, daß er das gern tun würde, aber mit Sicherheit auf das Unverständnis der staatlichen Stellen stoßen würde. Dabei führte er an, Staatssekretär Seigewasser - mit dem er ein gutes Verhältnis pflege - wünsche nicht, daß ein Nachfolger für ihn - Rintelen - durch Bengsch in Rom vorgeschlagen werde. Seigewasser sehe es lieber, wenn der von Rintelen vorgeschlagene Weg gegangen werde.

Auf Grund dieser Erklärung von Rintelen vor allen anwesenden Bischöfen brach Bengsch die Diskussion zu diesem Thema ab.

Nach der Bischofskonferenz brachte Bengsch in einem internen Gespräch zum Ausdruck, daß er an die Erklärung von Rintelen hinsichtlich der Haltung von Staatssekretär Seigewasser nicht glaube. Bengsch vertrat die Auffassung, es müsse unter allen Umständen vermieden werden, diese Differenzen zwischen ihm und dem Magdeburger Weihbischof an die Öffentlichkeit kommen zu lassen. Bei einer passenden Gelegenheit wolle er im Staatssekretariat für Kirchenfragen nachprüfen, ob Staatssekretär Seigewasser derartige Ansichten vertritt.

Bengsch beabsichtigt weiter, mit Rintelen eine persönliche Aussprache zu führen und notwendigenfalls den Vatikan über Rintelens kirchenrechtlich ungesetzliche Schritte zu unterrichten.
(Inzwischen ist Rintelen erkrankt und bettlägerig, so daß eine persönliche Aussprache zwischen Bengsch und ihm bisher nicht stattfinden konnte.)

Dem MfS wurden zum Einsatz eines neuen Weihbischofs von Schwerin folgende Einzelheiten bekannt:
(Der Bischof von Schwerin, S c h r a e d e r , beabsichtigt - wie in unserer Information Nr. 1201/69 berichtet - zurückzutreten und einen Antrag auf Übersiedlung nach Westdeutschland zu stellen.)

Am 1o. 12. 1969 wurde Kardinal Bengsch durch einen Vertreter des Vatikans über Westberlin informiert, daß der Vatikan den Vorschlag des Einsatzes des Berliner Weihbischofs T h e i s s i n g als Bischof und Apostolischer Administrator anstelle des jetzigen Schweriner Weihbischofs Schraeder zugestimmt hat.
Der Vatikan wünscht, daß Theissing vorerst als Koadjutor (Hilfsbischof) mit dem Recht der persönlichen Nachfolge dem Schweriner Weihbischof Schraeder beigegeben wird. Dann sollte geklärt werden, wann Schraeder zurücktritt und Weihbischof Theissing durch den Vatikan zum Bischof ernannt und evtl. sofort bzw. nach einem weiteren Zeitraum als Apostolischer Administrator eingesetzt wird. Bengsch ist bereits im Besitz der Ernennungsurkunde für Theissing als Koadjutor in Schwerin.
Bisher hat Bengsch weder Theissing noch die anderen Bischöfe der DDR über diese Ernennung informiert. Bengsch will in nächster Zeit mit Weihbischof Schraeder in Schwerin eine Aussprache über dessen Rücktritt führen. Bei dieser Aussprache soll sowohl der Termin des Einsatzes von Theissing als Koadjutor als auch der des Rücktritts von Schraeder vereinbart werden.
Bengsch beabsichtigt, erst wenn diese Termine feststehen, die anderen Bischöfe der DDR über die Ernennung von Theissing zu informieren.
Mit dem Einsatz von Theissing in Schwerin ist im Januar/Februar 197o zu rechnen.

Diese Information darf aus Gründen der Sicherheit der Quellen auf keinen Fall öffentlich ausgewertet werden.

2. 2. 2. *„Information über Aktivitäten des Vatikans zur Verselbständigung der katholischen Kirche in der DDR" vom 15. Mai 1976 (BStU, ZA, ZAIG, Z 2502)*

Von wichtiger Bedeutung wurden für die Kirchenabteilungen des MfS seit den sechziger Jahren zusätzlich Erkenntnisse aus Quellen der Hauptverwaltung Aufklärung in Rom und Bonn. „Unterlage 16", eine „Information" vom 15. 5. 1976, berichtet detailliert und mit nur marginalen Fehlern über ein innerkirchlich streng vertrauliches Schreiben des vatikanischen Staatssekretärs, Kardinal Jean Villot, vom 10. 4. 1976 an Kardinal Bengsch über die einzuleitenden Schritte zur kirchenrechtlichen „Verselbständigung" der BOK. Diese „Information" beruhte auf der zweifelsfreien Kenntnis des Originalschreibens. Sie wurde in sieben Exemplaren gefertigt und ging an Politbüromitglied Paul Verner, Außenminister Oskar Fischer, Willi Barth im ZK und an Erich Mielkes Stellvertreter Rudi Mittig. Drei Exemplare verblieben in der HA XX/4 bzw. der Ablage.

MINISTERIUM FÜR STAATSSICHERHEIT

BStU
000001

Streng geheim!
Um Rückgabe wird gebeten!

1. Ker
2. Fis
3. Barth
4. Mitt
5. XX/4
6. Schoen

Berlin, den 15. Mai 1976

7 Blatt

Exemplar

Nr. 374/76

INFORMATION

über

Aktivitäten des Vatikans zur Verselbständigung der katholischen Kirche in der DDR

In Ergänzung der Information des MfS Nr. 852/75 vom 6. 12. 1975 wurden dem MfS streng vertraulich neue Schritte des Vatikans zur vollen Verselbständigung der katholischen Kirche in der DDR bekannt.

Danach soll der Vatikanische Staatssekretär, Kardinal VILLOT, Mitte April 1976 den leitenden katholischen Klerus in der DDR davon in Kenntnis gesetzt haben, daß durch den Papst eine inoffizielle persönliche Entscheidung hinsichtlich der Umwandlung der "Berliner Ordinarienkonferenz" in eine Bischofskonferenz in der DDR bereits getroffen sei.
(Damit würde die "Berliner Ordinarienkonferenz" aufhören, eine regionale Konferenz im Verband der "Deutschen Bischofskonferenz" - Bischofskonferenz der BRD - zu sein und als selbständige Bischofskonferenz in der DDR ihre Tätigkeit aufnehmen.)

821 1174 3.0

Der Vatikan soll darauf verwiesen haben, daß mit dieser "innerkirchlichen Maßnahme" noch eine Reihe von Fragen sondiert werden müßten, wobei der Meinung der katholischen Bischöfe in der DDR Bedeutung beigemessen werden sollte.

In diesem Zusammenhang wurden den katholischen Bischöfen in der DDR Ende April/Anfang Mai 1976 durch Kardinal BENGSCH mündlich Fragenkomplexe übermittelt, zu denen sich diese eine persönliche Meinung bilden sollen.

Dabei handelt es sich sinngemäß um folgende Probleme:

- Stimmen die Bischöfe einer Kirchenprovinz in der DDR zu? (Hierunter ist zu verstehen, daß das Bistum Berlin in den Rang eines Erzbistums erhoben wird und diesem alle anderen Bistümer zugeordnet werden. Der Bischof des Erzbistums Berlin würde automatisch zum Erzbischof ernannt werden und dadurch den Vorsitz in der zu bildenden Bischofskonferenz innehaben. Gegenwärtig würden Titel und Funktion dem Berliner Kardinal BENGSCH zustehen.
  Unabhängig von diesen Maßnahmen wurde Kardinal BENGSCH der Titel Erzbischof in Würdigung seiner Persönlichkeit auch ohne Erzbistum vom Vatikan bereits früher verliehen. Derartige Erzbistümer gibt es auch in anderen Ländern. Eine solche Regelung würde den Status der Selbständigkeit der DDR-Kirchen unterstreichen.)

- Sollen die gegenwärtig von Apostolischen Administratoren verwalteten kirchlichen Bereiche Meiningen, Erfurt, Magdeburg und Schwerin als Bistümer errichtet werden?
  (Es handelt sich hierbei um die Bereiche in der DDR, die de jure noch zu den Bistümern in der BRD - Fulda, Paderborn, Osnabrück und Würzburg - gehören. Sie werden seit 23. 7. 1973 von Apostolischen Administratoren verwaltet, die direkt dem Vatikan unterstehen.)

- Soll der Bereich Meiningen ein eigener kirchlicher Amtsbereich bleiben oder anderen Bistümern (Erfurt) zugeordnet werden?
  (Bei Meiningen handelt es sich um einen kirchlichen Bereich in der DDR, der de jure ebenfalls noch zu einem Bistum in der BRD gehört (Würzburg) und der wegen seiner geringen Zahl von katholischen Gläubigen bereits vom Erfurter Bischof mit verwaltet wird.)

- Soll der Amtsbereich Görlitz - Rest vom früheren deutschen Bistum Breslau -, jetzt Apostolische Administratur, ein eigenes Bistum werden?
  (Der Bereich Görlitz wurde am 28. 6. 1972 in den Rang einer Apostolischen Administratur erhoben und wird seit dem von einem Apostolischen Administrator verwaltet, der direkt dem Vatikan untersteht.)

- Soll die Umbildung der kirchlichen Amtsbereiche in voll selbständige Bistümer gleichzeitig erfolgen?

- Soll erst die "Berliner Ordinarienkonferenz" in eine Bischofskonferenz umgewandelt werden und danach erst die Verselbständigung der katholischen Amtsbereiche in Bistümer erfolgen oder soll beides gleichzeitig geschehen?

Dem MfS wurde weiter intern bekannt, daß die katholischen Bischöfe in der DDR ihre Antworten zu den genannten Fragen in einer außerordentlichen Tagung der "Berliner Ordinarienkonferenz" Mitte Mai 1976 in Form einer geheimen Umfrage geben sollen. Die Ergebnisse dieser Umfrage sollen anschließend sofort dem Vatikan übermittelt werden.

Auf Grund verschiedener intern bekannt gewordener Äußerungen ist anzunehmen, daß sich die Bischöfe

für die Einrichtung einer Kirchenprovinz mit dem Erzbistum Berlin,

für die Umwandlung der kirchlichen Amtsbereiche Erfurt, Magdeburg und Schwerin in voll selbständige Bistümer,

für die Umwandlung aller kirchlichen Amtsbereiche in Bistümer zur gleichen Zeit und

für die Umwandlung der "Berliner Ordinarienkonferenz" in eine Bischofskonferenz und die gleichzeitige Umwandlung der Amtsbereiche in Bistümer

entscheiden.

Wie dem MfS weiter intern bekannt wird, sei über den genauen Zeitpunkt der Einführung dieser Maßnahmen aus dem Vatikan bisher nichts verlautet. Es sei von besonderer Bedeutung, daß gegenwärtig der rein "innerkirchliche Charakter" dieser vatikanischen Vorhaben betont werde, um mit diesen Maßnahmen keine politischen Akzente zu setzen. Die Vorhaben des Vatikans wären deshalb als Realisierung der Dokumente des II. Vatikanischen Konzils zu verstehen und von den entsprechenden Gesetzen und Durchführungsbestimmungen zur Bildung von Bischofskonferenzen abzuleiten.

Der "innerkirchliche Charakter" dieser Maßnahmen sei auch im Hinblick auf die diesjährigen Wahlen in der BRD zu verstehen. Führende Kreise der katholischen Kirche in der BRD befürchteten im Zusammenhang damit Stimmenverluste für die CDU/CSU. Deshalb wäre nicht auszuschließen, daß mit der Realisierung der Maßnahmen erst nach den Wahlen begonnen werde.

Kardinal VILLOT soll den leitenden katholischen Klerus in der DDR weiter aufgefordert haben, unverzüglich den Entwurf eines Status der Bischofskonferenz der DDR vorzubereiten und dem Vatikan zur Bestätigung einzureichen.

Kardinal BENGSCH habe die Bischöfe in der DDR in internen Gesprächen darüber informiert, daß die "Deutsche Bischofskonferenz" in der BRD unter Vorsitz von Kardinal DÖPFNER ebenfalls ein neues Statut der Bischofskonferenz vorbereitet und dem Vatikan zur Bestätigung vorgelegt habe. Dieses Statut habe der Vatikan aber bisher nicht bestätigt, da zwei Formulierungen den Realitäten in beiden deutschen Staaten nicht entsprechen würden. In dem einen Punkt sei formuliert worden: "Zu den <u>deutschen</u> Bistümern gehören ..."
Hier habe der Vatikan Formulierungen gefordert, die sich eindeutig auf die BRD beziehen.
Im zweiten Punkt sei im Statut die Teilnahme des Bischofs von Berlin an den Sitzungen der westdeutschen Bischofskonferenz aufgenommen worden und in dem Zusammenhang formuliert, daß im Falle der <u>Behinderung</u> des Bischofs von Berlin, Kardinal BENGSCH, dessen Generalvikar (der Westberliner Generalvikar TOBEI) die Sitzungen wahrnehmen könne. (Kardinal BENGSCH ist als Bischof des Bistums Berlin gleichzeitig verantwortlich als Bischof von Westberlin.)
Der Vatikan habe sich gegen die Formulierung "Behinderung" gewandt, da diese als Diskreditierung der DDR ausgelegt werden könnte.

Nach einer erfolgten Überarbeitung sei das Statut in einer vorläufigen Fassung erneut dem Vatikan zur Bestätigung vorgelegt worden.

Vertrauliche Äußerungen aus dem Kreis der leitenden Kleriker in der DDR beinhalten, Kardinal DÖPFNER, Vorsitzender der "Deutschen Bischofskonferenz" in der BRD, und leitende katholische Persönlichkeiten der BRD hätten - insbesondere nach einem internen Gespräch zwischen Kardinal BENGSCH und Kardinal DÖPFNER am 24. 3. 1976 in der Hauptstadt Berlin - keine grundsätzlichen Einwände mehr gegen die geplante Verselbständigung der katholischen Kirche in der DDR. Allerdings bleibe die Absicht leitender Kleriker in der BRD bestehen, politische Aspekte in die Vorbereitungshandlungen zu bringen, die den Auffassungen des leitenden katholischen Klerus in der DDR widersprechen und bei diesem auch auf Ablehnung stoßen. Z. B. habe die Absicht bestanden, in das neue Statut der Bischofskonferenz in der BRD Formulierungen aufzunehmen, die das "Streben der Kirche nach künftiger Einheit" ausdrücken, ähnlich wie bei der Gründung des "Bundes der Evangelischen Kirchen in der DDR". Dem Sekretär der "Deutschen Bischofskonferenz" der BRD, Prälat HOHMEYER, sei die ablehnende Haltung der DDR-Bischöfe zu diesen Absichten mitgeteilt worden.

Kardinal BENGSCH hat es vertraulichen Äußerungen zufolge für empfehlenswert gehalten, wenn auf diplomatischer Ebene DDR - Vatikan der gegenwärtige Stand der Verselbständigung der katholischen Kirche in der DDR zur Sprache gebracht würde. Es sei aber anzunehmen, daß seitens des Vatikans dabei folgende Fragen aufgeworfen würden:

Die seelsorgerliche Betreuung in Krankenhäusern, Gefängnissen und Neubaugebieten;

caritative Tätigkeiten in katholischen Krankenhäusern, Altersheimen, Kindergärten;

finanzielle Fragen, z. B. Grundbesitz der Kirche (eine Reihe von Grundstücken gehört sogenannten Mutterhäusern in der BRD);

die Priesteraus- oder -weiterbildung in vatikanischen Einrichtungen in Rom;

die Herausgabe theologischer Schriften in der DDR, Fragen der eigenen Drucklegung im "Benno-Verlag" sowie die Herausgabe einer eigenen katholischen Kirchenzeitung in der DDR;

Fragen der Bildungsmöglichkeiten für katholische Kinder;

Fragen der Zusammenarbeit zwischen der katholischen Kirche der DDR und der BRD (z. B. die Teilnahme kirchlicher Personen an Veranstaltungen im anderen Staat).

Kardinal BENGSCH ist in der gegenwärtigen Phase um Besuche leitender Kleriker in seinem Amtssitz bemüht, offensichtlich auch in dem Bestreben, seine Position weiterhin zu stärken und aufzuwerten.
Nach dem erwähnten Besuch von Kardinal DÖPFNER hat Kardinal BENGSCH Kardinal KÖNIG, Österreich, für den 23. 6. 1976 in die Hauptstadt Berlin eingeladen, zumal an diesem Tag alle katholischen Priester im Bistum Berlin zur "Besinnung auf ihre geistliche Tätigkeit" zusammengerufen werden. Das Zusammentreffen mit Kardinal KÖNIG ist gemeinsam mit den Priestern im Bischöflichen Bildungsheim, Pappelallee 61, vorgesehen. An dieser Veranstaltung werden auch Westberliner Geistliche teilnehmen. Kardinal BENGSCH hat Kardinal KÖNIG gebeten, vor den Priestern einen Vortrag zu halten und einen Gottesdienst abzuhalten. Im Rahmen des Besuches von Kardinal KÖNIG sind Besuche der Hofkirche in Dresden und des Priesterseminars in Erfurt geplant.

Die Information ist wegen Quellengefährdung streng vertraulich zu behandeln und nur zur persönlichen Kenntnisnahme bestimmt.

2. 2. 3. *„Information über die beabsichtigte Verlesung eines ‚Hirtenwortes' in allen katholischen Kirchen der DDR am 10. 1. 1982" vom 24. Dezember 1981 (BStU, ZA, ZAIG, Z 3178)*

Die punktuelle und retrospektive Information zu einzelnen Aspekten der Sitzungen der BOK bzw. BBK wurde auch von den Nachfolgern von Otto Groß als zentrale kirchliche Gesprächsbeauftragte zum MfS, Paul Dissemond (1974-1987) und Josef Michelfeit (1987-1989), praktiziert. Weihbischof Theodor Hubrich führte als Mitglied der BBK zwischen 1975 und 1987 in Magdeburg sowie als Bischof von Schwerin seit 1988 ebenfalls als Beauftragter Gespräche mit dem MfS. Stellenweise kam es dabei auch zu Informationen im Sinne von Interna mit personenbezogenen Angaben.
Ein signifikantes Beispiel hierzu ist „Unterlage 17", eine „Information" vom 24. 12. 1981 über einen wichtigen Tagesordnungspunkt der Sitzung der BBK am 30. 11./1. 12. 1981, der auf einer einberufenen Sonderberatung von der BBK am 15. 12. 1981 erneut erörtert wurde. Aufgrund der personenbezogenen Informationen über die Verfahrensweise zur Verlesung des Hirtenbriefes erhielten die staatlichen Stellen die Möglichkeit einer Einflußnahme auf einzelne Bischöfe. Unterlagen sind dazu bisher nicht aufgefunden worden. Jedenfalls erfolgte eine Absage der Verlesung des Hirtenwortes, weil ein Bischof am 4. 1. 1982 dem schon fertigen Text nicht zustimmte und wegen des kircheninternen Prinzips der Einstimmigkeit ein gemeinsamer Hirtenbrief vorläufig obsolet wurde. Einzelne Bischöfe verwendeten ihn daraufhin in der Fastenzeit 1982 zur eigenen Verkündigung in ihren Jurisdiktionsbezirken. Im Verlaufe des Jahres 1982 wurde ein neuer Entwurf erstellt, der schließlich die Zustimmung aller Bischöfe erhielt und am 2. 1. 1983 als „Friedenshirtenbrief" in allen katholischen Gemeinden in der DDR verlesen wurde (dem hier einflußlosen MfS lag dieser neue Text erst am 30. 12. 1982 vor). Die Einflußnahme auf den Inhalt oder die Tatsache der Verlesung eines Hirtenbriefs der katholischen Bischöfe in der DDR war den staatlichen Organen zwischen 1950 und 1989 nur in diesem konkreten Fall möglich, welchen die „Information"

vom 24. 12. 1981 darstellt. Letztere wurde in sechs Exemplaren gefertigt und wegen ihrer Bedeutung an Generalsekretär Erich Honecker, Politbüromitglied Paul Verner und Generalleutnant Rudi Mittig gegeben. Drei Exemplare verblieben in der HA XX/4 bzw. in der Ablage.

MINISTERIUM FÜR STAATSSICHERHEIT

001318

Streng geheim!
Um Rückgabe wird gebeten!

1. Hon
2. Ver
3. Mittig
4. HA XX, Ltr.
5. Wolter
6. Abl.

Berlin, den 22. Dez. 1981

4 Blatt

6. Exemplar

8 Blatt Anlage

Nr. 665 / 81

INFORMATION

über

die beabsichtigte Verlesung eines "Hirtenwortes" in allen katholischen Kirchen der DDR am 10. 1. 1982

Die "Berliner Bischofskonferenz" trat am 30. 11. und 1. 12. 1981 zu ihrer turnusmäßigen Sitzung in der Residenz des Berliner Bischofs, Berlin, Französische Straße 34 zusammen.

Streng vertraulich wurde bekannt, daß im Verlaufe der Beratung auf der "Berliner Bischofskonferenz" beschlossen wurde, sich zu entscheidenden Fragen des Friedens zu äußern. Die wesentlichsten Beweggründe dafür waren:

- die gefährliche Zuspitzung der weltpolitischen Situation,

- ein ständiges Drängen durch katholische Geistliche und Gläubige, zur Friedensfrage etwas zu sagen,

- umfangreiche Aktivitäten der evangelischen Kirche auf diesem Gebiet.

MINISTERIUM FÜR STAATSSICHERHEIT

Aus Anlaß des katholischen Weltfriedenstages am 1. Januar 1982 (der 1. Januar wird seit 1968 auf Weisung von Papst Paul VI. alljährlich als katholischer Weltfriedenstag begangen) ist deshalb beabsichtigt, ein gemeinsames "Hirtenwort" der katholischen Bischöfe in der DDR herauszubringen.

In der Aussprache bemühte sich der Vorsitzende der "Berliner Bischofskonferenz", Bischof Schaffran, Dresden, anfangs die Notwendigkeit eines solchen "Hirtenwortes" in Frage zu stellen, schloß sich dann jedoch sehr schnell der Auffassung aller anderen Bischöfe, die ohne Ausnahme für ein solches "Hirtenwort" waren, an.
Den Bischöfen lag ein durch Dozenten des philosophisch-theologischen Seminars (Priesterseminar) Erfurt ausgearbeiteter Entwurf eines "Hirtenwortes" vor, der auf die Schwerpunkte

Krieg und Frieden
Wehrdienst
Wehrunterricht und "Haßerziehung" und
die Situation in der VR Polen

einging.
Die Bischöfe legten fest, den vorliegenden Entwurf zu überarbeiten und ihm in einigen Passagen eine "gewisse Schärfe" zu nehmen bzw. "mögliche Mißdeutungen" zu beseitigen.

Das betraf z. B. den Punkt Wehrdienst, wo das Problem "Bausoldaten" nicht überzogen dargestellt werden sollte bzw. als Ermunterung aufgefaßt werden könnte.
Weiter sollte ein Hinweis aufgenommen werden, wonach man auch über "andere Formen" der Wehrdienstableistung sprechen könne, ohne als "verfassungsfeindlich" eingestuft zu werden. Auch der Punkt bezüglich sogenannter Erschwernisse im Reiseverkehr in die VR Polen sollte überarbeitet werden.

MINISTERIUM FÜR STAATSSICHERHEIT

Die Bischöfe S c h a f f r a n , Dresden, H u h n , Görlitz, und der Weihbischof W e r b s , Schwerin, erklärten sich bereit, die Überarbeitung zu übernehmen und den neuen Entwurf in einer außerordentlichen Zusammenkunft am 15. 12. 1981 in Berlin den Bischöfen vorzulegen.

Bei dieser Zusammenkunft der Bischöfe, an der außer Bischof B r a u n , Magdeburg, und Weihbischof H u b r i c h , Magdeburg, alle anderen Bischöfe teilnahmen, wurde auf der Grundlage des neu erarbeiteten Entwurfs das "Gemeinsame (s) Hirtenwort zum Weltfriedenstag 1982" beraten und definitiv erarbeitet. (Der Wortlaut des "Hirtenwortes" ist als Anlage beigefügt.)

In der Beratung wurde übereinstimmend davon ausgegangen, daß der neue Text des "Hirtenwortes" von den unmittelbaren aktuellen Ereignissen tangiert werde.
Man müsse berücksichtigen, daß die Begegnung zwischen dem Staatsratsvorsitzenden der DDR und dem BRD-Bundeskanzler von den gegenwärtig besonders bedeutsamen Grundsätzen der Verständigungsbereitschaft gekennzeichnet war – das lasse Schlüsse für eine perspektivische Entwicklung auch der katholischen Kirche zu – und daß in der VR Polen eine neue Lage entstanden sei.
Ein "Hirtenwort" der katholischen Bischöfe dürfe deshalb in dieser Situation auf keinen Fall Konfrontationen zum Staat in der DDR schaffen und auch keine Mißdeutungen zulassen.
Aus diesem Grunde wurde festgelegt, den Passus Polen ganz aus dem "Hirtenwort" herauszunehmen, da man abwarten müsse, wie sich hier die Lage entwickelt. Die Bischöfe sprachen sich in diesem Zusammenhang dafür aus, in dieser Frage keinerlei Aktivitäten innerhalb der katholischen Kirche zu entwickeln.
Weiter wurde beschlossen, daß das "Gemeinsame(s) Hirtenwort.." am 10. 1. 1982 in den Gottesdiensten der katholischen Kirche verlesen wird.
Sollte sich die internationale Situation in der nächsten Zeit, d. h. vor oder nach Weihnachten, entscheidend zuspitzen, so wird von der Verlesung des "Hirtenwortes" völlig Abstand genommen.

 4

MINISTERIUM FÜR STAATSSICHERHEIT

Eine endgültige Entscheidung hierüber sollen die Bischöfe Schaffran, Dresden, Meisner, Berlin, und Theissing, Schwerin, am 4. Januar 1982 treffen. Erst danach werden die Bischöfe das "Hirtenwort" den katholischen Geistlichen über die Dekane zustellen.

Die Information ist wegen äußerster Quellengefährdung nur zur persönlichen Kenntnisnahme bestimmt.

2. 2. 4. „Information G/18579 zu Aktivitäten der katholischen Kirche in der DDR" vom 28. Dezember 1982 und „Information" zu „Reaktionen und Aktivitäten bürgerlicher Korrespondenten bzw. Medien auf den Hirtenbrief der katholischen Bischöfe in der DDR vom 2. 1. 1983" vom 11. Januar 1983 (BStU, ZA, HA XX/4, 1134 bzw. 33)

„Unterlage 18" und „Unterlage 18a" belegen am Beispiel der Recherchen von bundesdeutschen Journalisten zum „Friedenshirtenbrief" der BBK, der am 2. 1. 1983 in allen katholischen Kirchen der DDR verlesen wurde, die Reichweite der MfS-Telefonüberwachung in Westberlin durch die HA II (zuständig für „Spionageabwehr"). Dadurch gewonnene Erkenntnisse erhöhten auch den Informationsstand der Kirchenabteilung der HA XX/4 beträchtlich.

xx/UK/9426/82
xx/14/6132/82

Aktivitäten der katholischen Kirche in der DDR

Streng vertraulich
(2, Mg, 20)

(v. lat Ex.)
Bm
Mj.

Information G/18579/ /12/82

Zuverlässig wurde bekannt, daß durch die Berliner Bischofskonferenz am 2. Januar 1983 ein Hirtenbrief verlesen werden soll, in dem sich die katholischen Bischöfe in der DDR zum Thema Frieden äußern werden.

Nach bisher vorliegenden Hinweisen soll die Verlesung des Hirtenbriefes während eines abendlichen Gottesdienstes zum Neujahrstag in der

Sankt Hedwigs Kathedrale

in der Hauptstadt der DDR, Berlin, erfolgen.

Gegenwärtig ist festzustellen, daß Journalisten der BRD und Westberlins bereits ein starkes Interesse am Inhalt und Wortlaut des Hirtenbriefes zeigen, um über die westlichen Massenmedien auf die Bevölkerung der DDR Einfluß ausüben zu können.

Besondere Aktivitäten gehen von Kräften der

Katholischen Nachrichtenagentur (KNA)

aus, wobei im Mittelpunkt die Recherchen des Leiters der KNA in Westberlin,

JAUCH, Ernst-Alfred, (1)

standen.

Erste indirekte und für Jauch bestätigende Hinweise auf das Erscheinen eines Hirtenbriefes will Jauch am 18. 12. 1982 während eines Gespräches zwischen dem Bischof von Berlin,

MEISNER, Joachim, (2)

und ausgewählten Journalisten führender BRD- und Westberliner Zeitungen erfahren haben. Während des Treffens hätte sich der für die "Frankfurter Allgemeine Zeitung" in der DDR akkreditierte Korrespondent

WINTERS, Peter-Jochen (3)

an Meisner gewandt und zum Ausdruck gebracht, daß sich die evangelische Kirche in der DDR sehr aktiv in der Friedensfrage engagiere und deshalb der Vorwurf an die katholische Kirche bestehe, daß sie sich äußerst zurückhaltend zu dieser Problematik verhalte.

Winters wollte von Meisner konkret wissen, ob nicht in der Zukunft mit Aktivitäten der katholischen Kirche in der DDR zur Friedens-Frage zu rechnen sei. Meisner habe sich gegenüber Winters reserviert verhalten und betont, daß er die Frage im Augenblick nicht beantworten könne.

Am 27. 12. 1982 erfuhr Jauch von Winters, daß dieser inzwischen über konkrete Angaben verfüge, wonach der Hirtenbrief am 2. 1. 1983 verlesen werden soll.

Jauch ist mit Nachdruck bemüht, Angaben über den Hirtenbrief zu erhalten. Er traf bereits mit dem Mitarbeiter im Bischöflichen Amt in Westberlin

KNAUFT, Wolfgang (4)

zusammen, der über den Wortlaut des Briefes verfügen soll.

Knauft zeigte sich jedoch lediglich dazu bereit, Jauch über den Wortlaut erst in den Abendstunden des 2. 1. 1983 zu informieren. Aufgrund dieser Zurückhaltung des Knauft beabsichtigt Jauch, Kontakt zum Ordinariatsrat beim Bischöflichen Amt in der Hauptstadt der DDR

LANGE, Gerhard, (5)

aufzunehmen, um von diesem den Brief zu erhalten. Jauch schätzte aber ein, daß auch Lange dazu nicht bereit sein wird.

Jauch vermutet aufgrund der bisherigen Zurückhaltung der genannten Kirchenvertreter, daß sie in Vorbereitung der Veröffentlichung des Hirtenbriefes vermeiden wollen, BRD- und Westberliner Massenmedien einzubeziehen. Dadurch soll ein möglicher Vorwurf staatlicher Stellen der DDR ausgeschlossen werden, daß im Zusammenhang mit dem Hirtenbrief wiederum eine Kampagne von den westlichen Massenmedien ausging. Jauch wertet dies als Versuch der katholischen Kirche in der DDR, ihre eigene Rolle als Urheber des Hirtenbriefes zu wahren.

Jauch selbst schloß weiterhin die Möglichkeit nicht aus, daß er in die Hauptstadt der DDR einreist und am Gottesdienst in der Sankt Hedwigs Kathedrale teilnimmt. Während des Gottesdienstes könnte er Notizen oder Bandaufnahmen fertigen. Eine Entscheidung soll jedoch von der Leitung der KNA in Bonn getroffen werden.

Darüber hinaus wurde bekannt, daß sich Kräfte der KNA mit der zurückliegenden Audienz katholischer Bischöfe aus der DDR bei Papst Johannes Paul II. befassen. Bei dieser Audienz war zum Ausdruck gekommen, daß der Papst den DDR-Bischöfen riet, in der Friedens-Frage eng mit der evangelischen Kirche in der DDR zusammenzuarbeiten.

In diesem Zusammenhang entstand bei KNA-Mitarbeitern der Eindruck, daß der Papst die DDR-Bischöfe scharf kritisiert hätte und sie zur Zusammenarbeit mit der evangelischen Kirche und zu mehr Engagement in der Friedens-Frage aufforderte.

Während des Treffens zwischen Meisner und den westlichen Journalisten hatte sich Jauch in dieser Frage an Meisner gewandt. Meisner habe jedoch den Eindruck einer Kritik des Papstes abgeschwächt und zum Ausdruck gebracht, daß der Papst alle und nicht nur die DDR-Bischöfe zu einem Engagement für den Frieden aufgefordert habe. Es liege in der Sache an sich, daß die katholische Kirche gemeinsam mit der evangelischen Kirche in der DDR in der Friedensfrage tätig werde. Auf keinen Fall sollten die westlichen Medien die Worte des Papstes in der Form interpretieren, daß die DDR-Bischöfe vom Papst gerügt wurden.

Von führenden Mitarbeitern der KNA wurde kritisiert, daß sich die evangelische Kirche in der BRD die Äußerungen des Papstes aufgegriffen und den evangelischen Pressedienst (epd) angewiesen hatte, dazu eine Berichterstattung vorzunehmen. Die KNA-Mitarbeiter schätzten ein, daß die bereits erfolgte Berichterstattung des epd nicht in dieser übertriebenen Form hätte vorgenommen werden sollen. Außerdem sei es ein Vorrecht der KNA, über diese Probleme zu berichten. Aus dem Grund ist vorgesehen, eine KNA-Meldung zu erarbeiten, in der die "guten Kontakte" zwischen Meisner und dem Vorsitzenden der Konferenz der Evangelischen Kirchenleitungen in der DDR, Bischof

HEMPEL, Johannes, (6)

hervorgehoben werden.

<u>Erfassungsverhältnisse:</u>

(1) erfaßt für HA XX/4
(2) erfaßt für HA XX/4
(3) erfaßt für HA II/13
(4) erfaßt für HA XX/4
(5) erfaßt für HA XX/4
(6) erfaßt für BV Dresden, Abteilung XX

Hauptabteilung II

Streng geheim

Berlin, den 11. 1. 83

Informations-Nr.: 31672/16/83

Blatt

Information

Reaktionen und Aktivitäten bürgerlicher Korrespondenten bzw. Medien auf den Hirtenbrief der katholischen Bischöfe in der DDR vom 2. 1. 1983

Im Zusammenhang mit dem am 2. 1. 1983 in den Katholischen Kirchen der DDR verlesenen Hirtenbrief der katholischen Bischöfe der DDR wurden Reaktionen und Aktivitäten bürgerlicher Korrespondenten und Medien bekannt, die vor allem darauf abzielen,

- die Katholische Kirche in die Bestrebungen zur Organisierung der sogenannten "unabhängigen" Friedensbewegung bzw. derartigen Aktivitäten der evangelischen Kirche in der DDR einzubeziehen;

- das Verhältnis der katholischen Kirche gegenüber dem Staat zu belasten.

Mit dem Ziel einer breiten Publizierung des Sachverhaltes im Rahmen der zu der genannten Zielstellung gegen die DDR geführten politisch-ideologischen Diversion nahmen leitende Redakteure der ARD Kontakte zu den akkreditierten ständigen Korrespondenten der ARD in der DDR,

MERSEBURGER, Peter,
FS

und

RÖNTGEN, Robert,
RF

auf und orientierten diese zu journalistischen Aktivitäten.

Während Merseburger bereits aus eigener Initiative Kontakte zu Vertretern der Katholischen Kirche in der DDR aufgenommen hatte, um von diesen Stellungnahmen zu erreichen, nahm der akkreditierte ständige Reuter-Korrespondent

MILLAR, Peter

Verbindung zur Pressestelle der evangelischen Kirche in der DDR auf, um deren Reaktionen zu erfahren bzw. entsprechende zu initiieren.

Im Einzelnen wurden folgende Hinweise bekannt:

Merseburger realisierte am 3. 1. 1983, vermutlich als Reaktion auf die an diesem Tage veröffentlichte Meldung des Westberliner Büros der Katholischen Nachrichtenagentur KNA zum Hirtenbrief, eine Zusammenkunft mit Ordinariatsrat Lange vom Bischöflichen Amt in der DDR-Hauptstadt.

Merseburger gewann im Gespräch mit Lange den Eindruck

- die Katholische Kirche -

  - ist nicht gewillt, sich über den Hirtenbrief hinaus zu engagieren,
  - ist an Interviews mit BRD-Fernseh- und Rundfunkanstalten zum Hirtenbrief bzw. den Positionen der Kirche nicht interessiert.

Angeblich stehe die Katholische Kirche des weiteren auf dem Standpunkt, daß bei einem Interview für das BRD-Fernsehen gleichzeitig dem DDR-Fernsehen ein Interview gewährt werden müsse, woran die Katholische Kirche kein Interesse habe.

Es wurde nicht bekannt, inwieweit dieser Sachverhalt mit der bis dahin nicht erfolgten öffentlichen Reaktion der DDR im Zusammenhang steht.

Den Standpunkt der Katholischen Kirche bekräftigte Merseburger gegenüber dem zuständigen Redakteur der "Rapport"-Sendung vom 11. 1. 1983 in der ARD.

von LÖJEWSKI, Wolf
- Bayrischer Rundfunk - FS

der an einem Interview der Katholischen Kirche zum Hirtenbrief für die betreffende Sendung ebenfalls Interesse zeigte.

Im Zusammenhang mit der bekanntgewordenen geplanten Ernennung von Bischof Meisner zum Kardinal, am 2. 2. 1983 in Rom, nahm Merseburger am 5. 1. 1983 erneut mit Ordinariatsrat Lange Verbindung auf. Merseburger bezeugte gegenüber Lange, aus dem genannten Anlaß mit Meisner ein Interview führen zu wollen.

Zu den Plänen des Merseburger dieses Interview bei einem eventuellen Zustandekommen auf die mit dem Hirtenbrief zusammenhängende Problematik auszudehnen und die Ernennung zum Kardinal eventuell nur als Vorwand zu nutzen, wurden bisher keine konkreten Hinweise bekannt.

Aus den Reaktionen des Merseburger ist zu erkennen, daß er bei einer zustimmenden Haltung des Meisner zum Interview vermutlich einen Antrag beim MfAA stellen wird.

Der akkreditierte ständige Korrespondent der Nachrichtenagentur Reuter

MILLAR, Peter

nahm unmittelbar nachdem er persönlich vom Hirtenbrief Kenntnis erhielt, am Mittag des 4. Januar 1983, Verbindung zur Mitarbeiterin der Pressestelle der Evangelischen Kirche in der DDR

[redacted]

auf. Millar interessierte sich für erfolgte bzw. vorgesehene Reaktionen der evangelischen Kirche auf den Hirtenbrief, zu denen der [redacted] keinerlei Hinweise vorlagen.

Millar brachte gegenüber der [redacted] zum Ausdruck, daß er sich eine "Begrüßung" des Hirtenbriefes durch die Evangelische Kirche denkt und versuchte offenbar über die [redacted] solcherart Reaktionen zu initiieren.

Das Reuter-Büro in Westberlin wurde bereits am 3. 1. 1983 von dem Westberliner Büro der KNA über den Hirtenbrief informiert.

Aus den vorliegenden Informationen ist ersichtlich, daß die Katholische Nachrichtenagentur und insbesondere deren Korrespondent in Westberlin

JAUCH, Ernst-Alfred

maßgeblichen Anteil an der Verbreitung des Hirtenbriefes hat.

4

Bereits vor der Verlesung des Hirtenbriefes hatte ebenfalls der akkreditierte ständige Korrespondent der "FAZ"

WINTERS, Peter Jochen

konkrete Angaben zum Hirtenbrief.

Quellenschutz ist erforderlich!

2. 2. 5. *„Information über interne Meinungsäußerungen zur turnusmäßigen Tagung der Berliner Bischofskonferenz (BBK) vom 6. bis 8. März 1989 in Berlin" (undatiert) (BStU, ZA, ZAIG, Z 3762)*

Über punktuelle Aspekte hinaus, die in Gesprächen mit kirchlichen Beauftragten mehr oder weniger in Erfahrung gebracht werden konnten, gelang es dem MfS, nach Einschätzung der bisherigen Aktenlage möglicherweise erst ab 1985, durch „operative Technik" Sitzungen der BBK im Bischöflichen Ordinariat in der Französischen Straße 34 in Berlin-Mitte aus benachbarten Gebäuden abzuhören. Dieses galt ebenso für die gemeinsamen Sitzungen der BBK mit Vertretern der Deutschen Bischofskonferenz und des Zentralkomitees der deutschen Katholiken im gleichen Gebäude. „Unterlage 19" ist beispielsweise eine komprimierte „Information" des MfS aus dem März 1989 zur Sitzung der BBK vom 6. bis 8. 3. 1989. Sie wurde in acht Exemplaren gefertigt und ging an Politbüromitglied Werner Jarowinsky, ZK-Arbeitsgruppenleiter Peter Kraußer, Staatssekretär Kurt Löffler von der Dienststelle des Staatssekretärs für Kirchenfragen und Generaloberst Rudi Mittig. Vier Exemplare verblieben in der HA XX/4 bzw. in der Ablage.

MINISTERIUM FÜR STAATSSICHERHEIT

Streng geheim!
Um Rückgabe wird gebeten!

1. Jäni
2. Krausser
3. Löff
4. Mittig
5. HA XX/Ltr.
6. HA XX/4
7. Wein
8. Abl.

Berlin, den

6 Blatt

8. Exemplar

Nr. 169 / 89

INFORMATION

über

interne Meinungsäußerungen zur turnusmäßigen Tagung der Berliner Bischofskonferenz (BBK) vom 6. bis 8. März 1989 in Berlin

Nach dem MfS streng intern vorliegenden Hinweisen nahmen an der Tagung der BBK außer dem erkrankten Bischof BRAUN/Magdeburg alle Bischöfe aus der DDR teil.

Unter der Leitung des amtierenden Vorsitzenden der BBK wurden vornehmlich innerkirchliche Fragen behandelt, wie die Vorbereitung des 7. Symposiums der katholischen Bischöfe aus den europäischen Ländern im Oktober 1989 in Rom, die Tätigkeit der Internationalen Arbeitsgemeinschaft der Liturgischen Kommission, die Arbeit des katholischen Priesterseminars in Erfurt und die Bestätigung für den Einsatz katholischer Geistlicher in verschiedenste Funktionen.

Streng vertraulich wurde bekannt, daß im Verlauf der Tagung einige Bischöfe Positionen zu gesellschaftspolitischen Problemen und zum Verhältnis Staat - Kirche bezogen.

MINISTERIUM FÜR STAATSSICHERHEIT

Bischof WANKE/Erfurt, der die Tagung nach dem Weggang Kardinal MEISNERs erstmalig als amtierender Vorsitzender der BBK leitete, erklärte eingangs, er habe sich nicht nach diesem Amt gedrängt, werde es jedoch in der bisherigen Form weiterführen.

WANKE hob hervor, daß beim Staatssekretär für Kirchenfragen mit Kardinal MEISNER ein Abschiedsgespräch stattgefunden habe, bei dem MEISNER Gelegenheit gehabt hätte, u. a. folgende Punkte anzusprechen:

Der Kardinal hätte dem Staatssekretär gegenüber betont, daß er bei ihm eine gute Dialogbereitschaft vorgefunden habe und Fragen offen ansprechen konnte, auch wenn nicht alle Wünsche erfüllt worden seien.

Maßstab für die weitere Arbeit - so MEISNER - werde stets das Erreichte sein, wobei er beispielhaft die Wallfahrten innerhalb der DDR, die Pilgerreisen von Katholiken u. a. nach Lourdes/Frankreich (Krankenwallfahrt) und nach Rom sowie das Katholikentreffen in Dresden (Juli 1987) erwähnt habe. MEISNER habe dazu seine Position dahingehend formuliert, man müsse gegenwärtig danach trachten, sich nicht zu überfordern.

Kardinal MEISNER habe dem Staatssekretär aber auch unverhohlen zu verstehen gegeben, daß für seinen Nachfolger weitere Fragen offen blieben, die ebenfalls einer Lösung zugeführt werden müßten.

Genannt habe er das Jugendweiheproblem, wobei er eine bereits zu einem früheren Zeitpunkt gegebene Zusage über eine offizielle Veröffentlichung, in der das Freiwilligkeitsprinzip der Jugendweihe bekräftigt wird, angemahnt hätte.

Darüber hinaus habe Kardinal MEISNER auf das Problemfeld der "Ideologisierung" im Volksbildungssystem und auf notwendige Vorbereitungen eines Papstbesuches in der DDR aufmerksam gemacht.

MINISTERIUM FÜR STAATSSICHERHEIT

Einen breiten Raum hätten in der Aussprache während der turnusmäßigen Tagung Feststellungen eingenommen, wonach eine erhebliche Zunahme kritischer Meinungsäußerungen von Geistlichen und Gläubigen zur Reiseverordnung vom 30. November 1989 zu verzeichnen sei.

Bemängelt worden sei vor allem von den Bischöfen und geistlichen Ordensträgern, daß in der Reiseverordnung keine Regelungen enthalten seien hinsichtlich der Anerkennung von Reisegründen für langjährig bestehende kirchliche Bindungen zwischen Amtsträgern, für Ordensangehörige bzw. zur Teilnahme an Priesterjubiläen, obwohl solche Regelungen durch den Staatssekretär für Kirchenfragen bereits zu einem früheren Zeitpunkt zugesagt worden seien.

Die Bischöfe kamen überein, dieses Problem beim geplanten Gespräch des Staatssekretärs für Kirchenfragen mit Bischof WANKE als amtierendem Vorsitzenden der BBK (vorgemerkt sei der 21. April 1989) vorzubringen.

Bischof WANKE habe sich im Verlaufe der Beratung auch zur Zusammenkunft der katholischen Bischöfe aus der DDR mit leitenden Mitgliedern des Zentralkomitees der deutschen Katholiken der BRD (ZdK) am 8. Februar 1989 in Berlin geäußert.

(Aus der BRD hatten daran teilgenommen:

Rita WASCHBÜSCH	Präsident des ZdK
Friedrich KRONENBERG	Generalsekretär des ZdK
Hans MAIER, Prof.	ehem. Präsident des ZdK
Bernhard VOGEL	ehem. Ministerpräsident Rheinl./Pfalz
Klaus HEMMERLE	Bischof von Aachen
Wilhelm SCHÄTZLER	Generalsekretär der "Deutschen Bischofskonferenz"
Klaus DICK	Weihbischof in Köln
Paul BOCKLET	Prälat, Leiter des kathol. Büros in Bonn
Heinz THIEL	Leiter des Caritasverbandes WB)

MINISTERIUM FÜR STAATSSICHERHEIT

Obwohl diese Zusammenkunft vornehmlich der Verabschiedung von Kardinal MEISNER gegolten habe, wäre sie wiederum sehr nützlich für gegenseitige Informationen und Meinungsaustausche gewesen.
Bischof WANKE soll hervorgehoben haben, daß die diesmal behandelten Themen - "Weitergabe des Glaubens", "Vorbereitung des 7. Bischofssymposiums im Oktober 1989 in Rom zur Geburt und zum Tod als Herausforderung für die Kirche", die Informationen zur Vorbereitung des 90. Katholikentages in Westberlin 1990 und zur weiteren Durchführung der Ökumenischen Versammlung in beiden deutschen Staaten - sehr praktische und nützliche Fragen für die eigene Arbeit beinhaltet hätten.

Es sei vorgesehen, diese Treffen zweimal im Jahr beizubehalten und dort außer vorher längerfristig festgelegten Diskussionsthemen zusätzlich kurzfristig aktuelle und für die gegenseitige Verständigung bedeutsame Fragen aufzunehmen.

Wie weiter bekannt wurde, habe sich die BBK eingehend mit der Situation innerhalb der katholischen Kirche in der DDR befaßt. Sie habe dazu zwei vorbereitete Vorträge entgegengenommen, die u. a. statistische Angaben zur Mitgliederbewegung in der katholischen Kirche in der DDR in den letzten 10 bis 20 Jahren enthielten.

In der sich anschließenden Beratung seien erste Überlegungen angestellt worden, wie die innerkirchliche Tätigkeit aktiviert werden müsse, um keinen weiteren Rückgang der Mitgliederzahlen zuzulassen. Danach wolle man in der katholischen Seelsorge vom sogenannten flächendeckenden Betreuungssystem der Pfarrer abgehen und die Tätigkeit der katholischen Kirche mehr in die Ballungsgebiete der Städte verlagern. Damit solle der sich angeblich vollzogenen Entwicklung der "Abwanderung" von katholischen Gläubigen aus den Dörfern in die Städte Rechnung getragen werden.

Im Ausgleich dafür sollen neue Formen der Betreuung katholischer Christen in den ländlichen Gebieten, z. B. durch eine Verstärkung der Laienarbeit, gefunden werden.

MINISTERIUM FÜR STAATSSICHERHEIT

Die BBK wolle darauf orientieren, in der nächsten Zeit generell die Tätigkeit der Laienarbeit in den Gemeindekirchenräten und anderen kirchlichen Gremien zu aktivieren. Bemängelt worden sei durch die Bischöfe das Fehlen einer "Laienorganisation" nach dem Beispiel des ZdK in der BRD.

Darüber hinaus habe die BBK Berichte zum Stand der Vorbereitungen für die 3. Ökumenische Versammlung der Christen und Kirchen in der DDR (26. bis 30. April 1989 in Dresden) entgegengenommen.

Die Tagung habe in Übereinstimmung mit früheren Festlegungen bekräftigt, daß mit der Teilnahme von Vertretern der katholischen Kirche an dieser Vollversammlung das Mandat der Delegierten der katholischen Kirche ende.

Auf einen Vorschlag seitens der evangelischen Kirche in der DDR eingehend, wonach Kirchenpräsident NATHO im Namen aller Kirchen auf der Vollversammlung das Schlußwort halten solle, habe man festgelegt, daß die katholische Kirche mit einem eigenen Schlußwort, vorgetragen durch Bischof HUHN, auftritt. Die BBK wolle dies der evangelischen Kirche gegenüber damit begründen, daß sie im Gremium der Arbeitsgruppe Christliche Kirchen (AGCK) nur eine beratende Funktion ausübe und deshalb Präsident NATHO nicht mit für die katholische Kirche sprechen könne.

Es sei entschieden worden, eine Auswertung der Ökumenischen Versammlung in der katholischen Kirche der DDR durch die katholischen Pfarrer in den Gemeinden vorzunehmen.

Eine Debatte habe sich zur Position der Berliner Bischofskonferenz gegenüber der "Berliner Konferenz Europäischer Katholiken" (BK) und der Zeitschrift "begegnung" entwickelt. Erneut sei deutlich geworden, daß durch die Bischöfe Tätigkeit und Verlautbarungen der BK und Veröffentlichungen in der "begegnung" interessiert verfolgt werden.

MINISTERIUM FÜR STAATSSICHERHEIT

Die BBK wäre wiederum davon ausgegangen, daß die Arbeit der BK und der "begegnung" - die sie fälschlicherweise als Organ der BK wertete - gegen die Bischofskonferenz gerichtet sei. Die Bischöfe wären übereinstimmend der Ansicht gewesen, die Haltung der BBK gegenüber der BK könne sich ändern, wenn erkennbar wäre, daß deren Tätigkeit nur noch auf Gruppen konzentriert werde.

Übereinstimmung sei erzielt worden, alles zu unternehmen, damit Vertreter der "Berliner Konferenz Europäischer Katholiken" und der "begegnung" auf der "Europäischen Ökumenischen Versammlung" in Basel (15. bis 21. Mai 1989) nicht anwesend sind. Deshalb wolle man das Sekretariat des "Rates der Europäischen Bischofskonferenz" in geeigneter Form über die Positionen der BBK zur BK und "begegnung" informieren und es auffordern, deren Teilnahme zu verhindern.

Die Bischöfe stellten ferner übereinstimmend fest, daß die Ausländerseelsorge in der DDR immer größere Beachtung erfordere, da die zu betreuenden katholischen Christen aus anderen Ländern zahlenmäßig bedeutend angewachsen seien (z. B. aus Vietnam). Bischof WANKE hätte die anderen Bischöfe darüber informiert, daß er den Leiter seines Seelsorgeamtes Erfurt-Meiningen bereits als Verantwortlichen für die Ausländerseelsorge eingesetzt habe. Allen anderen Bischöfen empfahl er, in ihren Amtsbereichen ebenfalls einen Geistlichen mit dieser Tätigkeit zu beauftragen.

Des weiteren habe Bischof WANKE darüber informiert, daß der Stellvertreter des Vorsitzenden des Staatsrates der DDR und Vorsitzende der CDU, Gerald GÖTTING, der BBK sein Interesse signalisiert habe, dem Raphaelsheim in Heiligenstadt (katholisches Heim für geistig behinderte Kinder) einen Besuch abzustatten. Die Bischöfe hätten diesem Ansinnen unter der Voraussetzung zugestimmt, daß Gerald GÖTTING diesen Besuch in seiner Funktion als Stellvertreter des Vorsitzenden des Staatsrates der DDR durchführt.

Die Information ist wegen äußerster Quellengefährdung nur zur persönlichen Kenntnisnahme bestimmt.

3. Ordnungszahlen des MfS für die Bezirke der DDR

I	Rostock
II	Schwerin
III	Neubrandenburg
IV	Potsdam
V	Frankfurt/Oder
VI	Cottbus
VII	Magdeburg
VIII	Halle
IX	Erfurt
X	Gera
XI	Suhl
XII	Dresden
XIII	Leipzig
XIV	Karl-Marx-Stadt
XV	Berlin (MfS-Zentrale; Bezirksverwaltung Berlin bis 1982)
XX	Berlin (Bezirksverwaltung, ab 1983)

4. Abkürzungsverzeichnis

ACDP	Archiv für Christlich-Demokratische Politik Sankt Augustin
AIM	Archivierter Inoffizieller Mitarbeiter
AKH	Aktionskreis Halle
AOP/AOV	Archivierter Operativer Vorgang
AP	Allgemeine Personenablage des MfS
Ast	Außenstelle (des BStU)
BAP	Bundesarchiv, Abteilungen Potsdam
BBK	Berliner Bischofskonferenz (1976-1990)
BK	Berliner Konferenz katholischer Christen aus europäischen Staaten (1964–1978); Berliner Konferenz Europäischer Katholiken (1978-1992)
BOK	Berliner Ordinarienkonferenz (1950-1976)
BStU	Bundesbeauftragter für die Unterlagen des Staatssicherheitsdienstes
BV	Bezirksverwaltung des MfS

DAB	Diözesanarchiv Berlin
DE	Diensteinheit
FIM	Führungs-Inoffizieller Mitarbeiter
GI	Geheimer Informator des MfS (1950-1967)
GM	Geheimer Mitarbeiter des MfS (1950-1967)
GMS	Gesellschaftlicher Mitarbeiter Sicherheit des MfS
HA	Hauptabteilung des MfS
HIM	Hauptamtlicher Inoffizieller Mitarbeiter (1979-1989)
H-IME	Hauptamtlicher Inoffizieller Mitarbeiter „für einen besonderen Einsatz"
IM	Inoffizieller Mitarbeiter
IMB	„IM der Abwehr mit Feindverbindung bzw. zur unmittelbaren Bearbeitung in Verdacht der Feindtätigkeit stehender Personen" (1979-1989)
IME	„IM für einen besonderen Einsatz" (1968-1989)
IMF	„IM der inneren Abwehr mit Feindverbindungen zum Operationsgebiet" (1968-1979)
IMS	„IM zur politisch-operativen Durchdringung und Sicherung des Verantwortungsbereiches" (1979-1989)
IMV	„IM, die unmittelbar an der Bearbeitung und Entlarvung im Verdacht der Feindtätigkeit stehender Personen mitarbeiten" (1968-1979)
IM-Vorl.	IM-Vorlauf
KD	Kreisdienststelle des MfS
KK	Kerbloch-Kartei-Erfassung des MfS
KP	Kontaktperson des MfS
KW	Konspirative Wohnung
MA	Mitarbeiter des MfS
MdI	Ministerium des Innern
MfAA	Ministerium für Auswärtige Angelegenheiten
MfS	Ministerium für Staatssicherheit
OibE	Offizier in einem besonderen Einsatz des MfS
OPK	Operative Personenkontrolle des MfS
OV	Operativer Vorgang des MfS
PDS	Partei des Demokratischen Sozialismus
PKE	Paßkontrolleinheit
POZW	Politisch-Operatives Zusammenwirken
ROO	Regionalarchiv Ordinarien Ost (im Bistumsarchiv Erfurt)

SED	Sozialistische Einheitspartei Deutschlands
SfS	Staatssekretariat für Staatssicherheit (1953-1955)
SiVo	Sicherungsvorgang des MfS
StUG	Stasi-Unterlagengesetz
ÜV	Überprüfungsvorgang des MfS
VVN	Vereinigung der Verfolgten des Nazi-Regimes
VPP	Volkspolizeipräsidium
ZA	Zentralarchiv des BStU
ZdK	Zentralkomitee der deutschen Katholiken
ZK	Zentralkomitee der SED
ZMA	Zentrale Materialablagen des MfS
ZOV	Zentraler Operativvorgang

JURISDIKTIONSBEZIRKE DER BBK
Stralsund
Rostock
Greifswald
Güstrow
Schwerin
SCHWERIN
Neubrandenburg
Pasewalk
Ludwigslust
Wittenberge
Eberswalde-Finow
Neuruppin
Oranienburg
BERLIN
Stendal
Nauen
Strausberg
Berlin
Frankfurt
Brandenburg
Potsdam
Burg
MAGDEBURG
Magdeburg
Luckenwalde
Neuzelle
Oschersleben
Egeln
Lübben
GÖRLITZ
Wittenberg
Halberstadt
Bernburg
Dessau
Cottbus
Finsterwalde
Heiligenstadt
Kirchgandern
Bischofferode
Nordhausen
Eisleben
Torgau
Senftenberg
Kirchworbis
Leinefelde
Halle
Ershausen
Küllstedt
Lengenfelde
Leipzig
Hubertusburg
Kamenz
Görlitz
Bautzen
ERFURT-
Naumburg
Zeitz
Meißen
Eisenach
Erfurt
DRESDEN-MEISSEN
Dresden
Zittau
Gotha
Weimar
Gera
Altenburg
Pirna
Arnstadt
Chemnitz
Geisa
Zwickau
Meiningen
Suhl
Saalfeld
Aue
Plauen
MEININGEN
0 20 40 60 80 100 km

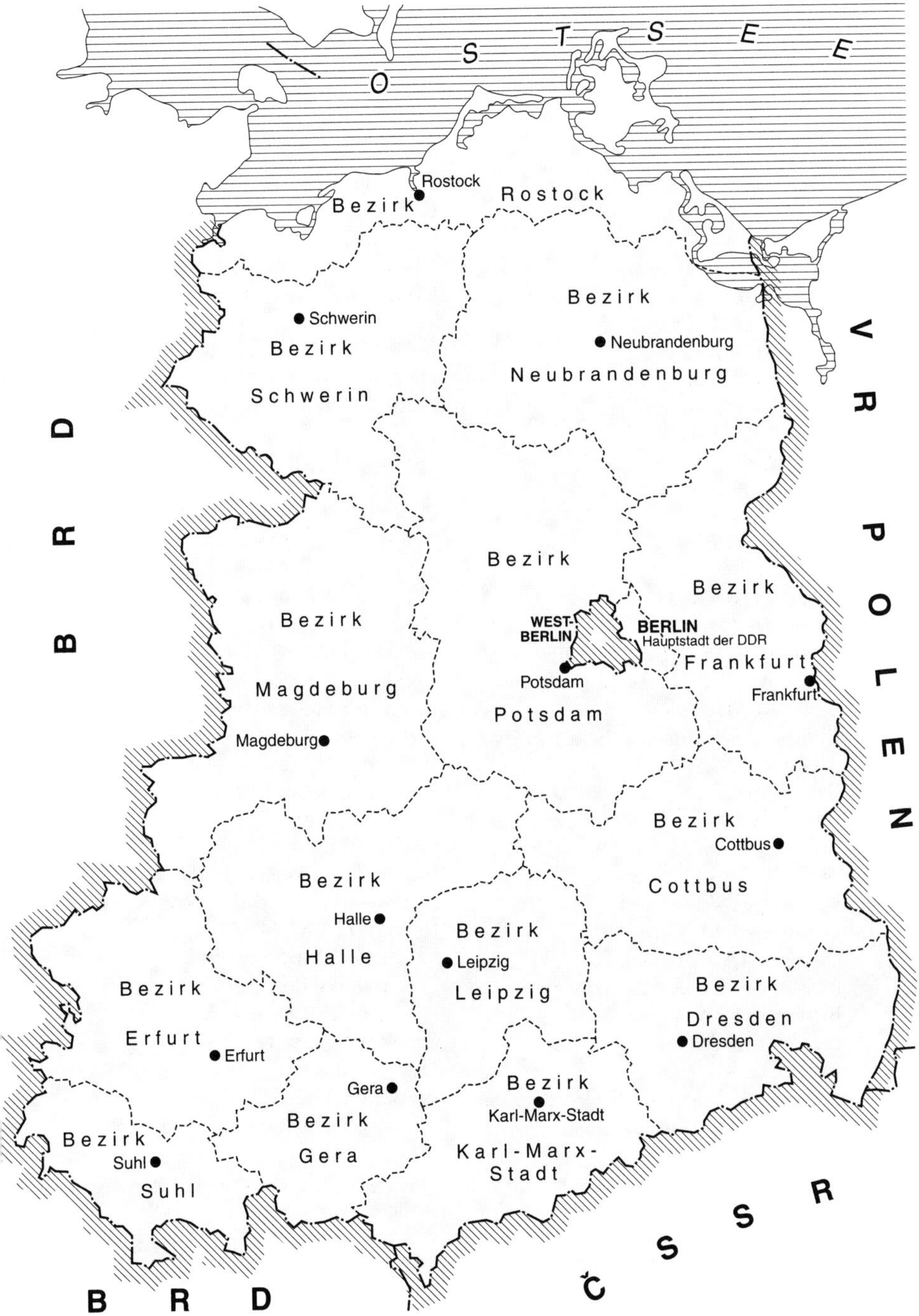
O S T S E E
Bezirk
Rostock
Rostock
Bezirk
Neubrandenburg
Neubrandenburg
Schwerin
Bezirk
Schwerin
B R D
V R P O L E N
Bezirk
Potsdam
WEST-BERLIN
BERLIN
Hauptstadt der DDR
Potsdam
Bezirk
Frankfurt
Frankfurt
Bezirk
Magdeburg
Magdeburg
Bezirk
Cottbus
Cottbus
Bezirk
Halle
Halle
Bezirk
Leipzig
Leipzig
Bezirk
Dresden
Dresden
Bezirk
Erfurt
Erfurt
Gera
Bezirk
Gera
Bezirk
Karl-Marx-Stadt
Karl-Marx-Stadt
Bezirk
Suhl
Suhl
B R D
Č S S R

„IM-Vorgänge“[1]

[1] Unterschieden wird nur zwischen den Berliner Hauptabteilungen und den Bereichen der jeweiligen Bezirksverwaltungen. Nicht alle IM wurden direkt von der angegebenen Bezirksverwaltung „geführt“, sondern fallweise auch von einer der ihr unterstehenden Kreisdienststellen im Bezirk.

Namentlich erwähnte „Operative Vorgängeì (Textteil)

Personenverzeichnis

[2] Bei manchen Offizieren des MfS ergaben sich aus den Akten des BStU keine Vornamen. Sie sind durch Beantragung der Vorgangshefte oder Kaderakten dieser Offiziere zu ermitteln.